이단 예방설교,
어떻게 할 것인가?

이단 예방설교, 어떻게 할 것인가?

저자 양평주

초판 1쇄 발행 2025. 3. 13.

발행처 도서출판 브니엘
발행인 권혁선

책임교정 조은경
책임영업 기태훈
책임편집 브니엘 디자인실

등록번호 서울 제2006-50호
등록일자 2006. 9. 11.

서울특별시 송파구 백제고분로28길 25 B101호 (05590)
마케팅부 02)421-3436
편 집 부 02)421-3487
팩시밀리 02)421-3438

ISBN 979-11-93092-36-1 03230

독자의견 02)421-3487
이 메 일 editorkhs@empal.com

북카페주소 cafe.naver.com/penielpub.cafe
인스타그램 @peniel_books

도서출판 브니엘은 독자들의 원고를 설레는 마음으로 기다리고 있습니다.
위의 이메일로 간단한 기획 내용 및 원고, 연락처 등을 보내주십시오.

도서출판 브니엘은 갓구운 빵처럼 항상 신선한 책만을 고집합니다.

이단 예방설교,
어떻게 할 것인가?

—— · · · ——

양형주 | 지음

브니엘

보건복지부가 발표한 2022년 우리나라의 암 사망률은 인구 10만 명당 77명으로 미국, 일본과 같은 주요 비교 대상군보다 현저하게 낮았다.[1] 이는 한국의 뛰어난 의료기술뿐 아니라 국립건강보험공단이 정기적으로 실시하는 검진과 조기 대응 덕분이다. 한국교회도 이단이라는 영적 바이러스로부터 건강을 지키려면 조기 예방이 필수다. 정기검진이 암을 예방하듯 강단에서의 이단 예방설교가 성도들의 영적 생명을 지킬 수 있다.

하지만 많은 교회가 예방에 너무 안일했다. 이단은 한국교회가 경계에 안일한 틈을 타고 100년 전부터 파고들기 시작하여 어느덧 전체 교회 출석 성도의 약 8.2~10.7%를 병들게 했고 그 세력을 계속 확장 중이다.[2] 이제 이단 문제는 결코 피할 수 없는 목회의 주요한 분야가 되었다.[3]

종말이 가까이 올수록 거짓 선지자와 거짓 그리스도의 출현과 미혹은 점점 거세진다. 예수님은 마태복음 24장에서 이에 대해 무려 세 차례나 경고하셨다(마 24:3-5, 11, 23-24). 하지만 우리는 이 경고를 그동안 너무 가볍게 흘려보냈고, 그 사이 이단은 국내는 물론이거니와 전 세계를 무대로 그 선교적 영향력을 확장하고 있다. 해외 선교지의 이단 피해는 점점 심각해지고 있다. 한국세계선교협의회(KWMA)가 선정한 2024년 10대 선교뉴스 중 하나가 선교지의 이단 대응문제였을 정도다.[4]

더는 방관할 수 없다. 이제는 적극적으로 예방에 힘을 써야 한다. 강단에서 이단 예방설교를 자주 하고 약한 신학적 고리를 파악해 성경적 진리를 선포해야 한다. 이는 영적 질병을 예방하는 효과적인 백신이다. 감사하게도 점점 많은 교회가 이단 예방설교의 필요성을 절감하고 이단 경계주일을 지킨다. 이럴 때 이단 예방설교는 이단 사역 전문가나 이단에 있다가 이탈한 이탈자의 간증에 의존하는 경우가 많다. 하지만 언제까지나 이를 전문가에게만 의존할 수 없다. 전문가도 부족하거니와 증가하는 요청으로 일일이 다 부응하기도 쉽지 않다. 목회자의 개별적인 이단 대처 역량은 이제 필수가 되었다.

이에 목회자들이 스스로 이단 예방설교를 준비할 수 있는 매뉴얼을 내놓는다. 이 책은 목회자들이 이단 예방설교를 준비할 수 있도록 성경적 근거와 설교 자료를 제공한다. 여기서 제시하는 이단 예방설교는 필자가 목회와 이단사역의 치열한 현장에서 사용했던 현장 자료를 바탕으로 한다. 부디 이 자료가 교회와 선교지에서 이단의 미혹을 예방하고 바른 진리로 교회와 성도들을 세우는 작은 길잡이가 되길 바란다.

글쓴이 양형주 드림

[프롤로그 각주]

1) 강다은, "한국 암 사망률 10만 명당 77명, 美·日보다 낮아", 조선일보, 2024. 12. 27.
2) 이 수치는 바이블백신센터가 목회데이터연구소와 함께 공동으로 실시한 통계조사 자료에 기초한다. 양형주, "인에비터블 컬트", 「한국교회 트렌드 2024」(서울: 규장, 2023), 281-283.
3) 목회 데이터 연구소가 펴낸 「한국교회 트랜드 2024」는 한국교회가 주목해야 할 키워드 중 하나로 "인에비터블 컬트(Inevitable Cult)"를 꼽았다.
4) 박성희, "[선교] 한국세계선교협의회, 2024 10대 선교뉴스 발표", 한국장로신문, 2024. 12. 17.

C · O · N · T · E · N · T · S
차 례

프롤로그 _ 이단 예방설교, 더 이상 미룰 수 없다 / 4

〉〉〉 Section 1.
인에비터블 이단시대, 거룩한 불주사를 준비하라 _ 013

1. 멀리해도 가까이 오는 이단
2. 너무나도 매혹적인 이단 성경 공부
3. 매혹적이고 치명적인 이단 성경 공부 해부
4. 에덴동산에서 시작된 이단 성경 공부
5. 피할 수 없는 이단, 거룩한 불주사를 접종해야 한다

〉〉 Section 2.
신약성경은 이단예방 백신설교다 _ 031

1. 복음서
2. 사도행전
3. 바울서신
4. 베드로후서
5. 요한서신
6. 요한계시록
7. 요약 : 신약성경에 나타난 이단의 실천적, 교리적 특징

>> Section 3.
이단 예방설교, 주제 선정 길라잡이 _ 081

1. 교리별 접근
   A. 계시론
   B. 신론
   C. 인간론
   D. 기독론
   E. 구원론
   F. 교회론
   G. 종말론

2. 단체별 접근
   A. 미혹하는 접근법에 대한 예방
   B. 미혹 교리와 핵심 교리를 구별하라
   C. 단체별 교리의 특징을 파악하라

>> Section 4.
이단 예방설교의 여섯 분야 _ 099

1. 총론설교
2. 난해 구절 예방설교
3. 미혹 교리 예방설교
4. 핵심 교리 예방설교
5. 이단 예방 강해설교
6. 교리 백신 예방설교

>>> Section 5.
총론 설교의 실제 _ 105

설교 1. 다른 예수, 진짜 예수 (행 4:12)

설교 2. 바르게 깨어 있어야 한다 (갈 1:6-9)

설교 3. 거짓 그리스도, 거짓 선지자 (마 24:3-5,11,23)

>>> Section 6.
난해 구절 예방설교의 실제 _ 145

설교 1. 두렵고 떨림으로 구원을 이루라 (빌 2:12)

설교 2. 검을 주러 왔노라 (마 10:34-39)

설교 3. 무화과나무의 비유를 배우라 (마 24:32-35)

>>> Section 7.
미혹 교리 예방설교의 실제 _ 185

설교 1. 아담 이전에 사람이 있었는가? (창 2:24)

설교 2. 성탄절은 진짜일까 가짜일까? (마 2:1-12)

>>> Section 8.
핵심 교리 예방설교의 실제 _ 211

설교 1. 가계에 흐르는 저주는 없다 (출 20:5-6)

설교 2. 사람의 씨와 짐승의 씨 (렘 31:27)

설교 3. 육체 영생 교리의 비밀 (계 20:4-5)

설교 4. 안식일이 무엇이길래 (마 12:1-8)

설교 5. 참된 안식일에 무엇을 해야 할까? (마 12:9-14)

〉〉〉 Section 9.
이단 예방 강해설교의 실제 : 세례 요한 시리즈 _ 275

설교 1. 세례 요한도 실족할 뻔했다? (마 11:2-6)

설교 2. 세례 요한은 누구인가? (마 11:7-11)

설교 3. 천국은 침노를 당하나니 (마 11:12)

〉〉〉 Section 10.
교리 백신 예방설교의 실제 _ 317

설교 1. 성 삼위일체 하나님을 바로 아는 지식 (엡 1:3-5,13-14)

설교 2. 주 예수를 바로 아는 지식 (빌 2:6-11)

설교 3. 성령 하나님을 바로 아는 지식 (요 14:16-17)

설교 4. 성령 훼방죄란 무엇인가? (마 12:31-32)

에필로그 _ 교묘한 거짓 가르침의 미혹을 경계하기 위해선 / 370

주요 참고문헌

인에비터블(inevitable) 이단시대,
거룩한 불주사를 준비하라

• • • • •

※ 인에비터블(inevitable)이란 '불가피한', '피할 수 없는' 이란 뜻이다.

1. 멀리해도
   가까이 오는 이단

"이단에 속한 사람을 한두 번 훈계한 후에 멀리하라"(딛 3:10).

이단이 교회에 침투할 때 오랫동안 많은 성도가 취했던 태도다.[1] 하지만 이런 소극적인 태도로 이단을 대처한 결과 한국교회 안의 이단은 어느덧 그 비중이 최대 10%를 넘게 되었다. 2023년 바이블백신센터와 목회데이터연구소가 공동 조사한 바에 따르면 개신교인 중 교회 출석자 가운데 이단에 속한 교회에 출석하는 이들이 8.2%로 조사되었다.[2] 표본오차율 2.5%를 더하면 최대 10.7%에 이른다. 이는 이단에 소속되어 있지만 출석하지 않는 이들까지 포함하면 족히 두

배를 넘길 것이다. 이렇게 이단이 적극적으로 침투하는 동안, 많은 목회자와 성도는 이단의 가르침에 그다지 신경 쓰지 않았다. "위폐(이단의 가르침)를 분별하려면 진폐(복음)를 많이 보면 된다"고 하며 복음만 제대로 가르치면 된다고 생각했다.

하지만 현실은 그렇게 만만하지 않다. 이단은 전도대상자를 한 번 타깃으로 삼으면 아무리 피하려 해도 우연을 가장해서라도 우리를 미혹하기 위해 끝까지 집요하게 다가온다. 전에 개인 가정사에 어려움이 있던 어느 성도가 도시 내 여러 지역에서 개최하는 바자회에 참여하여 물건을 팔고 있었다. 그런데 서로 다른 바자회 장소에서 정말 좋은 사람들을 만났다. 바자회 장소마다 만나는 사람들이 정말 천사 같았다. 몇 번 만나 이야기를 나누다 보면 정말 말이 잘 통했고 자신의 어려운 처지를 너무나 잘 이해하고 도와주었다. 그리고 그즈음 신기한 일이 자주 일어났다. 생각만 했던 일, 그저 막연한 희망으로 가슴 한편에 두었던 일들이 현실로 자꾸 나타나는 것이다. 그야말로 꿈꾸는 것 같았고 구름 위를 걷는 기분이었다.

그러던 어느 토요일 오후였다. 그 성도는 오후에 유성 지역에서 열린 온천 축제에 갔다가 피곤한 몸을 쉬기 위해 족욕탕에 가서 뜨거운 온천수에 발을 담그고 있었다. 그런데 눈앞에 믿기 어려운 장면이 펼쳐졌다. 네 명을 각각 다른 장소에서 만났고 서로가 아는 관계일리 없을텐데, 이들은 서로 알고 있는 관계였다. 너무 놀라 이 성도는 "어? 저기…" 하고 소리를 냈다. 이 소리에 이야기를 나누던 이들은 이 성도를 보고 놀라고 또 이야기를 나누던 서로를 보며 당황해하면서 물어보지도 않은 대답을 했다. "어? 우리 서로 몰라요…" 그러더니 서둘러 자리를 피하더라는 것이다. 알고 보니 이 성도를 미혹하기 위해 서로 이 성도에 대한 정보를 공유하며 모략을 짜던 신천지인들이었다. 우리가 멀리해도 이들은 우리가 모르는 사이 어느덧 또다시 가까이 다가온다.

또 이런 경우도 있다. 한 성도가 지인의 초대를 받아 인문학 강연회를 다녀왔다. 그 성도 주변에는 평소에 신천지인들이 자주 접근해서 그 성도는 이들에게 앞으로 자기 앞에서 신천지의 '신' 자도 꺼내지 말고 성경 공부의 '성' 자도 꺼내지 말라고 화내며 말하고 다녔다. 신천지인의 접근을 무척이나 경계하였던 것이다. 그런데 지인의 초대를 받고 강연회를 다녀와서 재미있기는 한데 조금 찜찜한 것 같다고 했다. 그래서 무슨 내용을 말했는지 가져와 보라고 했다. 노트를 보니 신천지인이 처음에 미혹할 때 사용하는 내용이었다. 신천지 성경 공부 처음 내용이라고 알려주었다. 그 성도는 "내 앞에 다시는 신천지 이야기 꺼내지도 말라고 했더니 또 속아 넘어갔다"며 분개했다. 기억하라. 우리는 이단을 잊고 이단을 멀리해도 저들은 우리를 잊지 않고 호시탐탐 미혹할 기회의 문을 두드리고 있다.

2. 너무나도 매혹적인 이단 성경 공부

이단들은 우리가 이들이 이단임을 눈치채지 못하게 다가와 자연스럽게 성경 공부를 권면한다. 이렇게 성경 공부를 하다 보면 처음에는 이들의 성경 공부가 정통 교회와의 차이를 느끼지 못할 정도로 유사하기에 대부분 속아 넘어간다. 아무리 복음을 잘 알고 있어도 이들이 성경을 왜곡하여 접근하는 방식이 너무나 교묘하기에 점점 그들의 미혹하는 성경 공부에 빠져들어 가는 것이다. 아무리 진폐를 보아도 위폐가 어떤 식으로 진폐를 위조하는지를 제대로 모르면 제대로 분별하지 못하고 넘어가는 것이다. 시험을 앞두고 교과서만 열심히 보는 것과 교과서와 함께 실전 문제를 풀어보는 것은 분명 큰 차이를 만든다. 마찬가지로 바른 복음만 듣는 것과 이단들이 복음을 어떻게 왜곡하여 비트는지를 아는 것은 분별력을 기르는 데 분명 큰 차이가 있다.

다음은 신천지가 처음 접근하여 성경 공부를 권면하며 시작하는 기초 성경 공부의 내용이다. 과연 이 내용이 기성 교회에서 말하는 것과 무엇이 다른지 한번 생각해 보라.

> 성경에 "나더러 주여 주여 하는 자마다 다 천국에 들어갈 것이 아니요. 다만 하늘에 계신 내 아버지의 뜻대로 행하는 자라야 들어가리라"(마 7:21)고 했어.
> 넌 천국에 들어갈 자신이 있니? 여기서 '아버지의 뜻'이란 무엇일까? (대부분 이 질문에 당황하며 제대로 답을 못한다. 상당수가 '글쎄, 정말 아버지의 뜻이 무엇일까?' 자문하고는 답을 못하고 머뭇거리고 있다).

그럼, 성경은 아버지의 뜻을 무엇이라고 말씀할까?

우리 성경대로 성경을 찾아보며 확인해 보자. 요한복음 6장 40절을 보자.

"내 아버지의 뜻은 아들을 보고 믿는 자마다 영생을 얻는 이것이니 마지막 날에 내가 이를 다시 살리리라 하시니라"

여기 보면 아버지의 뜻은 영생을 얻는 것이라고 하셨어. 그렇다면 영생은 무엇일까? 성경대로 알아가 보자. 요한복음 17장 3절 말씀을 볼까?

"영생은 곧 유일하신 참 하나님과 그가 보내신 자 예수 그리스도를 아는 것이니이다"(요 17:3).

자, 이 말씀에 따르면 영생은 아는 것이라 했어. 아니, 우리가 생각할 때는 믿는 것이 되어야 하지 않을까? 우리는 때로 '주여 믿습니다' 하고 입술로 내뱉고 너무 덮어놓고 믿잖아. 엎어져도 '주여', 자빠져도 '주여'를 외치지. 하지만 제대로 알지도 못하고 믿기만 하면 나중에 도대체 무엇을 믿는지 믿음의 내용이 빠져 버리지. 그래서 에베소서 4장 13절은 이렇게 말씀해.

"우리가 다 하나님의 아들을 믿는 것과 아는 일에 하나가 되어 온전한 사람을 이루어 그리스도의 장성한 분량이 충만한 데까지 이르리니"(엡 4:13)

성경은 분명 우리에게 덮어 놓고 믿으라고 하지 않아. 이 말씀처럼 믿는 것과 아는 것이 일치해야 해. 제대로 알고 믿어야 하는 것이지. 호세아서 4장 6절에도 하나님께서 이스라엘을 향하여 무엇이라 탄식하셨지? "내 백성이 지식이 없으므로 망하는도다" 하지 않으셨어? 그래서 호세아 6장 3절은 "그러므로 우리가 여호와를 알자 힘써 여호와를 알자"고 말씀하잖아. 6장 6절은 분명하게 말씀해. "나는 인애를 원하고 제사를 원하지 아니하며 번제보다 하나님을 아는 것을 원하노라." 지금까지 우리는 제대로 성경을 알지도 못하고 덮어 놓고 믿었어. 하지만 그랬다간 하나님이 탄식하신다. 제대로 모르고 덮어 놓고 믿다가는 지식이 없어 망할 수 있어. 이제는 제대로 알아야 해.

그렇다면 우리는 영이신 하나님을 어떻게 알 수 있을까? 하나님은 영이시기에 우리가 볼 수도 없고 들을 수도 없어. 그런데 여기 하나님을 아는 방법이 있어. 요한복음 1장 1절을 보자.

"태초에 말씀이 계시니라. 이 말씀이 하나님과 함께 계셨으니 이 말씀은 곧 하나님이시니라"(요 1:1)

자, 여기 보면 태초부터 말씀이 계셨고 이 말씀이 곧 하나님이라고 했어. 하나님이 말씀이고 말씀이 곧 하나님이지. 그렇다면 우리가 하나님을 제대로 알려면 무엇을 해야 할까? 바로 이 말씀을 제대로 알아야 해. 이제 하나님을 제대로 알기 위해 우리 함께 성경 공부를 해 보면 어떨까?

이상이 이단 신천지 공부로 초대하기 위해 시작하는 기초 성경 공부의 내용이다. 이 내용을 일반 교회의 성도에게 이야기하면 끄덕끄덕하고 내용을 열심히 필기하다 마지막에 가서는 '아멘!'으로 뜨겁게 화답하는 경우가 대부분이다. 자, 이단이 만든 위폐와 복음의 진폐를 구별할 수 있겠는가?

3. 매혹적이고 치명적인 이단 성경 공부 해부

무엇이 잘못되었을까? 언뜻 보아서는 제대로 구별이 잘 안 된다. 하지만 이 내용을 하나하나 자세히 살펴보면 신천지는 각 구절을 교묘하게 왜곡하고 연결하여 그들만의 논리를 만들어 성도들을 설득함을 알 수 있다. 이를 하나하나 살펴보자.

첫째, 신천지는 마태복음 7장 21절을 인용한다. "나더러 주여 주여 하는 자마다 다 천국에 들어갈 것이 아니요…" 여기서 '주여 주여 하는 자' 는 누구일까? 많은 성도가 '주여 주여 하는 자' 를 믿는 성도 로 생각한다. 하지만 문맥의 흐름을 볼 때 이는 거짓 선지자를 가리 킨다.[3] 이어지는 7장 22절을 보라. "…주여 주여 우리가 주의 이름으로 선지자 노릇 하며" 라고 하지 않는가? 진짜 선지자가 아닌 선지자 노릇을 하는 사람은 거짓 선지자다. 그래서 7장 21절이 위치한 단락 의 시작인 7장 15절에서 예수님께서는 분명히 이런 거짓 선지자를 명시하며 이에 대해 경고하신다.

> "거짓 선지자들을 삼가라. 양의 옷을 입고 너희에게 나아오나 속에 는 노략질하는 이리라"(마 7:15).

둘째, 아버지의 뜻을 설명하기 위해 신천지가 인용하는 요한복음 6장 40절은 '내 아버지의 뜻' 은 '영생' 이라는 핵심적인 두 단어를 연결하기 위한 것이다. 하지만 본 구절을 자세히 살펴보면 아버지의 뜻은 '아들을 보고 믿는 자에게 주시는 영생' 을 뜻한다. 여기서 아들 은 예수 그리스도를 뜻한다. 예수 그리스도를 보고 믿는다는 것은 예 수 그리스도를 성자 하나님으로(요 1:14,18), 구원자로 믿는 것을 의 미한다. 즉 아버지의 뜻은 예수 그리스도를 나의 주, 나의 하나님이 요 구세주로 고백하는 자마다 구원을 얻는 것이다(요 1:29, 20:28). 하지만 신천지는 아버지의 뜻은 '영생' 이라고만 연결한다. 이는 본 절의 의미를 무시하고, 이어지는 17장 3절을 인용하여 '아는 것이 영 생' 이라고 연결하기 위해서다. 참고로 마태복음 7장 21절에 언급하는 '아버지의 뜻'은 마태복음 전체를 통해 진술하는 '하나님 사랑과 이웃 사랑'을 뜻한다(마 22:37-40).

셋째, 요한복음 17장 3절의 "영생은 곧 유일하신 참 하나님과 그가 보내신 자 예수 그리스도를 아는 것"이라는 말씀의 핵심은 하나님이 세상을 이처럼 사랑하사 주신 독생자 예수 그리스도를 제대로 아는 것이 영생이라는 뜻이다. 여기서 예수 그리스도를 아는 지식은 예수께서 하나님의 독생자이시며 성자 하나님이시고 세상 죄를 지고 가는 하나님의 어린 양임을 아는 것을 뜻한다. 하지만 신천지는 '영생은 아는 것'이라고 하고 결국 그 대상을 예수 그리스도가 아닌 자신들의 성경 공부 내용을 아는 것으로 슬쩍 비틀려고 한다.

그렇다면 이들의 성경 공부 내용은 무엇인가? 비유 풀이와 이에 기초한 요한계시록 공부를 통해 신천지가 마지막 시대 구원의 방주이며 이만희는 마지막 시대의 구원자라는 것이다. 이것이 2천 년 동안 감춰진 성경의 비밀이라는 것이다. 하지만 요한복음 17장 3절에 '영생은 아는 것'이란 예수께서 참된 구원자이자 하나님이심을 아는 것을 의미한다. 신천지는 예수께서 성자 하나님임을 부인한다. 그들에게 예수님은 그저 초림시대의 목자, 즉 한 인간에 불과하다.

넷째, 에베소서 4장 13절의 '믿는 것과 아는 일에 하나가 되는 것'은 그 대상이 하나님의 아들이신 예수 그리스도이심을 진술한다. 하지만 '아는 것'을 자기네의 왜곡된 비유풀이와 요한계시록 성경 공부하는 것으로 전제한다. 그러나 여기서 '아는 것'은 예수 그리스도그분을 제대로 아는 것을 뜻한다. 에베소서는 이 예수 그리스도가 창세 전부터 계신 영원하신 하나님임을 말한다(엡 1:4). 즉 믿는 것과 아는 일에 하나가 된다는 것은 예수 그리스도를 하나님으로 믿는 것과 그분을 인격적으로 알아가는 것에 하나가 된다는 뜻이다. 따라서 여기서 안다는 것은 단순히 신천지식 성경공부의 내용인 비유 풀이와 계시록의 실상을 안다는 의미가 아닌 것이다.

다섯째, 호세아서 말씀을 인용하여 아는 것의 중요성을 호소하는 것은 신천지가 주장하려는 '영생은 아는 것', 궁극적으로는 '영생은 신천지 말씀을 아는 것'이라는 전제를 뒷받침하기 위해서다. 하지만 호세아서에서 말씀하는 '하나님을 아는 지식'은 단순히 하나님에 대한 정보나 이론적인 지식을 의미하는 것이 아니다. 각 구절을 하나씩 살펴보면 다음과 같다.

호세아 4장 6절의 "내 백성이 지식이 없음으로 망하는도다"는 단순한 지적 결핍으로 망한다는 뜻이 아니다. 당시 이스라엘 백성에게는 외적인 제사와 종교 행위가 있었다. 문제는 하나님과 올바른 관계에 바탕을 둔 참된 지식, 하나님의 뜻에 순종하려는 헌신이나 경외가 없었다. 따라서 여기서 하나님을 아는 지식은 하나님을 진정으로 알고 그분의 뜻에 순종하는 마음을 가리킨다.

호세아 6장 3절의 "그러므로 우리가 여호와를 알자 힘써 여호와를 알자"는 하나님과의 친밀한 인격적 관계를 갈망하자는 표현이다. 하나님을 알기 위해 힘쓴다는 것은 하나님께 마음을 다하여 나아가고 그분의 뜻을 따르겠다는 헌신을 강조하는 표현이다. 여기서 하나님을 아는 지식은 깊은 신앙과 신뢰를 바탕으로 한 친밀한 관계를 의미한다.

호세아 6장 6절의 "나는 인애를 원하고 제사를 원하지 아니하며 번제보다 하나님을 아는 것을 원하노라"는 말씀은 외적인 제사보다 하나님의 인애(히. 헷세드), 즉 언약적 신실함에 기초한 자비로운 사랑과 그분의 뜻에 순종하는 관계적 지식을 원한다는 뜻이다.

이렇게 볼 때 호세아 4장 6절, 6장 3, 6절에 나오는 '하나님을 아는 지식'은 하나님과 인격적 관계에서 비롯된 실천적 지식을 뜻한다. 하나님을 사랑하고 경외하며 그분의 뜻에 순종하는 삶을 의미한다.

여섯째, 요한복음 1장 1절은 하나님의 뜻인 영생을 위해서는 말씀 공부를 해야 한다는 결론으로 이끌기 위해 신천지가 쓰는 성경 구절이다. 말씀이 하나님이고 하나님이 곧 말씀이라는 주장이다. 하지만 여기서 '말씀'은 신천지가 생각하는 '성경 말씀'이 아니다. 여기서 말씀은 개역개정 난하주 2번에서도 설명한 것처럼 성자 하나님의 신성을 특징적으로 나타내는 요한복음의 고유한 언어인 '로고스'다. "태초에 말씀이 계시니라"(요 1:1)고 할 때 '말씀'은 성자 하나님의 구별된 위격을 나타내는 표현으로 그 앞에 정관사 '호'가 붙는다. 그래서 태초에 계신 말씀은 성경 말씀이 아니라 성자와 구별된 바로 그 성자되는 로고스, 즉 성자 하나님을 가리킨다. 그런데 이 성자 하나님 되신 바로 그 로고스(호 로고스)는 하나님이라고 한다. 여기서 '말씀은 곧 하나님'이라고 할 때 구별적인 성부 하나님을 지칭하는 정관사 헬라어 '호'가 원문에는 없다. 정관사 없는 하나님(헬. 테옷)은 하나님의 본체(빌 2:6, 히 1:3), 즉 하나님의 본성을 나타낸다. 따라서 여기서 '말씀은 곧 하나님'이란 말씀의 의미는 성자 예수님을 지칭하는 요한복음의 호칭인 '로고스'가 곧 하나님의 본체, 즉 하나님과 같은 본질이신 성자 하나님을 의미하는 것이다. 따라서 신천지가 의도하려 했던 '성경 말씀이 곧 하나님'이란 말은 본래 요한복음이 의도했던 뜻과 전혀 다른 해석이다.

이처럼 이단의 성경 공부는 성경 말씀을 적절히 왜곡하고 적절히 가감하여 자신들이 원하는 그릇된 주장으로 이끌고 간다.

4. 에덴동산에서 시작된 이단 성경 공부

진리를 왜곡하는 이러한 이단의 교묘한 성경 공부는 사실 에덴동산에서부터 시작되었다.[4] 에덴동산에서 뱀이 하와에게 처음 말을 걸때 시시콜콜한 농담을 건네지 않았다. 뱀은 처음부터 하나님이 하와에게 주신 말씀을 갖고 이를 살짝 비틀어서 접근한다. "하나님이 참으로 너희에게 동산 모든 나무의 열매를 먹지 말라고 하더냐?" 이 질문을 창세기 2장 16~17절과 비교해 보라. 뱀은 처음부터 의도적으로 하나님의 말씀을 살짝 비틀어 하와에게 접근했음을 알 수 있다.

결국 왜곡된 성경 공부는 꼬리에 꼬리를 물고 다음과 같은 결론에 이르게 된다. "너희가 선악과를 먹어도 결코 죽지 않을 것이다. 도리어 그것을 먹는 날에는 눈이 밝아져 하나님과 같이 되어 선악을 알게 될 것이다!" 하나님이 의도하신 것과 정반대의 주장을 하는 것이다. 하지만 하와가 이때 사탄의 말을 듣고 마음이 동요되어 움직인 것은 선악과를 먹어도 죽지 않는다는 것이 그동안 사탄과 함께 성경 말씀을 공부하며 나름대로 논리적으로 도달한 결론이었기 때문이다. 사람의 한계 있는 지성은 하나님이 원래 말씀하신 것과 다른 결론이라도 논리적이면 그것이 비록 왜곡된 논리라 하더라도 그것을 진리로 붙들게 된다. 많은 이단이 교주의 영생불사를 믿고 순교자의 영이 자기에게 임하는 접신을 꿈꾸며 어머니 하나님이 계신다는 황당한 주장을 믿는 이유가 바로 여기에 있다.

5. 피할 수 없는 이단, 거룩한 불주사를 접종해야 한다

해마다 한국교회의 미래 트렌드를 전망하는 책, 「한국교회 트렌드 2024」에서는 한국교회의 주요 키워드 중 하나로 '인에비터블 컬트' (Inevitable Cult)를 들었다. 이는 '피할 수 없는 이단'이란 뜻으로, 이단은 박멸할 수 있는 것이 아니라 앞으로 한국교회에 끊임없이 상존하는 상시적인 위협 요소가 될 것이란 전망이다. 이런 전망은 바이블백신센터와 한국목회데이터연구소가 공동 실시한 통계에도 고스란히 등장한다.[5] 한국교회에 출석하는 성도의 가족이나 지인 중 이단에 속한 사람이 13.3% 정도로 나타났다.

그런데 가족이나 지인 가운데 이단에 속한 이들을 알고 있는 이들 중 68.2%는 지속해서 이단 모임의 권유를 받고 있었다. 그 가운데 실제로 모임에 가본 경우도 31.8%나 되었다. 성도들은 관계 가운데 잠재적인 포교의 위협에 노출된 것이다. 게다가 최근 들어 교회로 몰래 위장등록을 하여 잠재적인 포교 대상과 접촉하여 포교하려는 추수꾼의 교회 잠입이 다시 시작되고 있다. 전방위적인 이단의 잠재적인 위협이 주변에 도사리고 있는 것이다.

왜 이단은 사라지지 않고 이렇게 끈질기게 성도들을 미혹할까? 도대체 이단은 언제 없어질까? 안타깝게도 이단은 예수님이 다시 오실 때까지 사라지지 않는다. 도리어 예수님이 오실 때가 가까울수록 더욱 흥왕하게 된다. 그 이유는 예수님의 말씀에 근거한다. 예수님이 성전 멸망과 종말을 예고하셨던 마태복음 24장에는 마지막 때 거짓 그리스도와 선지자들에 대한 경고가 무려 세 차례나 등장한다.

"예수께서 감람산 위에 앉으셨을 때에 제자들이 조용히 와서 이르되 우리에게 이르소서. 어느 때에 이런 일이 있겠사오며 또 주의 임하심과 세상 끝에는 무슨 징조가 있사오리이까. 예수께서 대답하여 이르시되 너희가 사람의 미혹을 받지 않도록 주의하라. 많은 사람이 내 이름으로 와서 이르되 나는 그리스도라 하여 많은 사람을 미혹하리라"(마 24:3-5).

예수께서 말씀하신 종말의 징조 중 첫 번째가 거짓 그리스도의 미혹이다! 한두 명의 거짓 그리스도가 아니다. '많은 사람이' 거짓 그리스도 행세를 하며 '많은 사람을 미혹'할 것이다. 예수께서는 거짓 그리스도뿐만 아니라 거짓 선지자도 많이 일어날 것을 경고하셨다.

> "거짓 선지자가 많이 일어나 많은 사람을 미혹하겠으며"
> (마 24:11).

거짓 선지자들도 많이 일어나 많은 사람을 미혹할 것이다. 거짓 선지자의 특징이 무엇인가? 자신이 하나님으로부터 특별한 계시를 받았다는 것이다. 이런 미혹 가운데 예수님은 천국 복음이 모든 민족, 온 세상에 증언될 것이고 그제야 끝이 올 것이라 말씀하신다. 그러고 나서 예수님은 세번째로 또 다시 경고하신다.

> "그 때에 사람이 너희에게 말하되 보라 그리스도가 여기 있다 혹은 저기 있다 하여도 믿지 말라. 거짓 그리스도들과 거짓 선지자들이 일어나 큰 표적과 기사를 보여 할 수만 있으면 택하신 자들도 미혹하리라"(마 24:23-24).

마지막 경고는 거짓 그리스도와 거짓 선지자에 대한 경고다. 이들이 사람들을 미혹하는데 할 수만 있으면 택하신 성도들도 미혹한다. 미혹의 대상에 가능한 한 믿는 자를 포함하는 것이다. 거짓 그리스도와 거짓 선지자들은 정말이지 많은 사람, 많은 성도를 미혹할 것이다.

그렇다면 교회는 어떻게 할 것인가? 이들에 대한 거룩한 저항력을 길러야 한다. 이단들의 교묘한 가르침을 분별하고 저항할 힘을 길러주어야 한다. 이러한 거룩한 불주사를 성도들에게 접종할 때 성도들은 세상의 많은 거짓 그리스도와 거짓 선지자들의 미혹에 넘어가지 않을 것이다. 그렇다면 가장 효과적인 불주사는 무엇일까? 바로 강단에서 선포하는 설교다. 성경 공부의 경우 자발적인 신청자에게만 국한되지만 설교는 모든 교인에게 동시에 접종할 수 있기 때문이다.[6]

감사한 것은 한국교회 가운데 이단 경계 주일을 교단 차원에서 또는 교회 차원에서 지키는 교회가 점점 많아진다는 점이다. 교회에서도 이단을 예방하도록 돕는 이단 예방설교의 필요성이 점차 커지고 있다. 이제 교회는 이단 예방설교를 잘 준비할 수 있어야 한다.

[Section 1. 각주]

1) 사실 이 본문에 대한 바른 의미는 오랫동안 간과되었다. 이는 마태복음 18장 15-17절을 반영한 진지한 권고이며, 이러한 권고를 위해서는 이단에 대한 깊이 있는 이해와 반증이 필요하다. 이에 대한 보다 구체적인 설명은 61-62쪽을 참조하라.
2) 양형주, "인에비터블 컬트", 지용근 외, 「한국교회 트렌드 2024」(서울: 규장, 2023), 281-283쪽.
3) 양형주, 「정말 구원받았습니까」(서울: 브니엘, 2023), 36-38쪽.
4) 양형주, 「바이블백신 1」(서울: 홍성사, 2019), 23-24쪽.
5) 양형주, "인에비터블 컬트", 지용근 외, 「한국교회 트렌드 2024」, 284-285쪽.
6) 송지섭, 「그리스도를 그려내는 설교: 신천지 대처를 위한 설교 가이드」(대전: 한국침례신학대학교출판부, 2022), 27쪽.

신약성경은
이단예방 백신설교다

· · · · ·

신약성경은 끊임없이 거짓 그리스도, 거짓 선지자들을 경고하며 이들의 가르침에 미혹되지 말 것을 경고하고 있다. 신약성경은 이단적인 가르침에 대해 단순히 멀리 거리를 두는 소극적인 태도를 넘어 구체적인 가르침을 이야기한다. 여기서는 신약성경에 나타나는 이단예방 메시지를 살펴보도록 하자.

1. 복음서

마태복음에 나타난 가르침(마 24:3-5, 24:11, 24:23-24)은 앞서 살펴본 바 있기에 여기서는 생략하고 나머지 복음서를 중심으로 살펴보도록 하겠다.

＊ 마가복음에서 예수님은 마태복음과 비슷한 경고를 하신다.

"예수께서 이르시되 너희가 사람의 미혹을 받지 않도록 주의하라. 많은 사람이 내 이름으로 와서 이르되 <u>내가 그라 하여 많은 사람을 미혹하리라</u>"(막 13:5-6).

"그 때에 어떤 사람이 너희에게 말하되 보라 <u>그리스도가 여기 있다 보라 저기 있다 하여도 믿지 말라. 거짓 그리스도들과 거짓 선지자들이 일어나서 이적과 기사를 행하여 할 수만 있으면 택하신 자들을 미혹하려 하리라</u>"(막 13:21-22).

여기서 거짓 그리스도와 선지자들은 할 수만 있으면 택하신 자들을 주로 미혹한다고 경고한다. 앞서 마태복음에서 '택하신 자들도' (even the elect-NIV) 미혹한다고 하며 불신자와 신자 모두를 향해 경고했다면, 마가복음 13장 22절에서는 할 수만 있으면 '택하신 자들을' (the elect) 미혹한다고 하여 미혹의 주대상이 예수 그리스도를 믿는 신자임을 말씀한다.

＊ 누가복음에서도 비슷한 경고가 나오는데 특히 거짓 그리스도들이 종말이 가까이 왔다고 외치며 미혹할 때 그들을 따르지 말 것을 경고한다.

"이르시되 미혹을 받지 않도록 주의하라. <u>많은 사람이 내 이름으</u>

로 와서 이르되 내가 그라 하며 때가 가까이 왔다 하겠으나 그들을 따르지 말라"(눅 21:8).

* 요한복음은 이단에 대한 경고가 직접 등장하지는 않지만 성도들을 빼앗아 가려는 악한 세력에 대해 짧게 언급한다.

"도둑이 오는 것은 도둑질하고 죽이고 멸망시키려는 것뿐이요 내가 온 것은 양으로 생명을 얻게 하고 더 풍성히 얻게 하려는 것이라"(요 10:10).

2. 사도행전

사도 바울은 에베소 장로들과 작별을 고하며 자신이 에베소 교회를 떠난 후 사나운 이리와 같은 거짓 교사들이 등장할 것을 경고한다.

"내가 떠난 후에 사나운 이리가 여러분에게 들어와서 그 양 떼를 아끼지 아니하며 또한 여러분 중에서도 제자들을 끌어 자기를 따르게 하려고 어그러진 말을 하는 사람들이 일어날 줄을 내가 아노라"(행 20:29-30).

바울은 이들 거짓 교사들이 제자들을 이탈시켜 자기를 따르게 하려고 진리를 왜곡하는 말을 할 것이라 경고한다.

3. 바울서신

사도 바울은 많은 교회를 개척하며 선교사역을 왕성하게 펼치며 동시에 자신이 개척한 교회가 거짓 교사나 선지자들에게 흔들리지 않도록 바로잡는 일종의 이단 예방사역을 참 많이 한 사도였다. 이는 그의 서신에 나타난다. 사도 바울은 그의 서신을 통해 그 누구보다 이단예방 설교사역을 많이 했다. 그가 이렇게 이단 예방사역에 힘을 쏟았던 이유는 사도 바울이 복음을 전한 곳에는 얼마 지나지 않아 거짓 교사들의 무리가 교묘하게 들어와 교회를 혼란스럽게 하고 어지럽혔기 때문이다. 사도 바울은 그의 서신에서 잘못된 가르침을 날카롭게 비판하고 경고하며, 우리가 믿는 바 예수 그리스도 복음의 진수를 더욱 선명하게 드러내고 있다. 바울 서신에 복음의 정수가 선명하게 드러나는 것은 그가 그 어떤 사도보다 더 치열하게 이단들의 거짓 가르침에 맞서 왔기 때문이다.

✳ 로마서

사도 바울은 로마서를 통해 복음의 정수를 설명한 후 끝부분에서 교회를 분열시키고 거짓된 가르침을 퍼뜨리는 자들을 경계할 것을 말한다. 그들은 그리스도를 섬기기 위해서 그러는 것이 아니라 자기 잇속을 차리기 위해 교활한 말로 순진한 이들의 마음을 미혹한다고 경고한다.

"형제들아 내가 너희를 권하노니 너희가 배운 교훈을 거슬러 분쟁을 일으키거나 거치게 하는 자들을 살피고 그들에게서 떠나라. 이같은 자들은 우리 주 그리스도를 섬기지 아니하고 다만 자기들의 배만 섬기나니 교활한 말과 아첨하는 말로 순진한 자들의 마음을 미혹하느니라"(롬 16:17-18).

바울은 이러한 거짓 교사들을 '말리라'거나 '설득하라'고 하지 않는다. 오히려 단호하게 '떠나라'고 명령한다. 거짓 교사들은 자기들의 이기적인 탐욕을 위해 순진한 자들에게 다가가 이들을 미혹한다. 여기 '순진하다'(헬. 아카코스)는 말은 '의심하지 않는다'는 뜻이다.[7] 이들은 교묘하게 다가가는 거짓 교사들의 말을 한 번도 의심하거나 분별하지 않고 듣다가 곧바로 미혹되었다.

✳ 고린도전서

바울이 개척한 고린도 교회는 거짓 사도들의 거짓된 가르침으로 몸살을 앓았다. 이에 바울은 다양한 메시지를 통해 이들에게 바른 믿음으로 회복할 것을 권면한다. 무엇보다 고린도 교회 안에 부활을 부인하는 이들이 있었다. 이에 바울은 부활이 기독교 신앙의 핵심이자 소망임을 역설적으로 호소한다.

"그리스도께서 죽은 자 가운데서 다시 살아나셨다 전파되었거늘 너희 중에서 어떤 사람들은 어찌하여 죽은 자 가운데서 부활이 없다 하느냐. 만일 죽은 자의 부활이 없으면 그리스도도 다시 살아나지 못하셨으리라. 그리스도께서 만일 다시 살아나지 못하셨으면 우리가 전파하는 것도 헛것이요 또 너희 믿음도 헛것이며 또 우리가 하나님의 거짓 증인으로 발견되리니 우리가 하나님이 그리스도를 다시 살리셨다고 증언하였음이라. 만일 죽은 자가 다시 살아나는 일이 없으면 하나님이 그리스도를 다시 살리지 아니하셨으리라. 만일 죽은 자가 다시 살아나는 일이 없으면 그리스도도 다시 살아나신 일이 없었을 터이요 그리스도께서 다시 살아나신 일이 없으면 너희의 믿음도 헛되고 너희가 여전히 죄 가운데 있을 것이요 또한 그리스도 안에서 잠자는 자도 망하였으리니 만일 그리스도 안에서 우리가 바라는 것이 다만 이 세상의 삶뿐이면 모든 사람 가운데 우리가 더욱 불쌍한 자이리라"(고전 15:12-19).

만약 예수께서 부활하지 않고 죽으셨다면 그저 십자가에서 저주를 받은 자밖에 되지 않는다. 그래서 거짓 사도들은 예수님이 신명기 말씀(신 21:23)대로 나무에 달려 저주받았을 뿐이지 부활한 분은 아니라고 주장했다. 이에 대해 바울은 하나님의 성령으로 말하는 자는 예수를 저주받은 자라는 말을 할 수 없다고 단호하게 말한다.

"그러므로 내가 너희에게 알리노니 하나님의 영으로 말하는 자는 누구든지 예수를 저주할 자라 하지 아니하고 또 성령으로 아니하고는 누구든지 예수를 주시라 할 수 없느니라"(고전 12:3).

* 고린도후서

    고린도 교회에는 교회 내에 침투하여 바울이 참 사도가 아니라고 비방하며 그의 권위를 깎아내리고 성도들을 충동하여 자신들을 따르게 하려는 거짓 사도의 무리가 있었다. 이들은 바울의 편지가 비록 무게감이 있고 영적 권위가 있을지 모르지만 그를 직접 대면하면 말도 약하고 별 볼 것 없는 사람이라고 비난했다.

    "그들의 말이 그의 편지들은 무게가 있고 힘이 있으나 그가 몸으로 대할 때는 약하고 그 말도 시원하지 않다 하니"(고후 10:10).

    이들은 자신들이야말로 그리스도의 참사도라 주장하며 교묘한 말로 성도들의 마음을 미혹했다. 사도 바울은 그런 사람들이야말로 거짓 사도니 경계하라고 당부한다.

    "그런 사람들은 거짓 사도요 속이는 일꾼이니 자기를 그리스도의 사도로 가장하는 자들이니라. 이것은 이상한 일이 아니니라. 사탄도 자기를 광명의 천사로 가장하나니 그러므로 사탄의 일꾼들도 자기를 의의 일꾼으로 가장하는 것이 또한 대단한 일이 아니니라. 그들의 마지막은 그 행위대로 되리라"(고후 11:13-15).

    고린도 교회는 이런 거짓 사도들의 활동으로 영적 혼란스러움이 가중되었다. 고린도 교회 성도들은 점차 이들의 가르침에 미혹되어 참된 예수가 아닌 다른 예수, 참 성령이 아닌 다른 영, 그리고 바른 복음이 아닌 다른 복음을 잘 받아들이는 지경에 이르렀다.

> "만일 누가 가서 우리가 전파하지 아니한 다른 예수를 전파하거나 혹은 너희가 받지 아니한 다른 영을 받게 하거나 혹은 너희가 받지 아니한 다른 복음을 받게 할 때에는 너희가 잘 용납하는구나"(고후 11:4).

다른 예수를 전파하면 경계해야 한다. 하지만 이들은 십자가에 달려 죽으시고 부활하신 참된 예수를 저버리고, 예수의 영이 자신에 임했다고 주장하는 무속적 열광주의자들의 말에 혹하여 비틀거렸다. 이들은 예수는 저주받아 나무에 달려 죽은 자라고 비하하며 예수를 저주하며 새로운 예수를 맞이해야 한다고 했다. 예수 그리스도를 깨닫고 고백하게 하는 성령의 역사보다 성경이 말하지 않는 이상한 다른 표적을 맹목적으로 추구했다. 또한 바울로부터 배운 믿음으로 말미암은 복음이 아닌 다른 복음이면 경계해야 하는데, 이들은 이전에 들어보지 못했던 처음 듣는 복음 말씀이라며 잘 받아들였다.

사도 바울은 이런 영적 혼란을 조장하는 세 가지 키워드를 '다른 예수', '다른 영', '다른 복음'으로 말한다. 이러한 다른 예수, 다른 영, 다른 복음은 사도 바울이 이전에 한 번도 전파하거나 받게 한 적이 없는 이상한 예수, 이상한 영, 이상한 복음이다. 이는 오늘날도 우리 시대에 동일하게 적용된다. 너무나 많은 이가 자칭 예수에 미혹되어 동방(한국)에 오신 재림 예수를 따랐다. 성령의 역사가 아닌 이상한 영의 역사에 미혹되어 웃다가 울고 또 짐승과 같이 울부짖었다. 당대의 철학과 지혜를 율법의 무거운 짐과 결합한 이상한 다른 복음에 사로잡혀 참 복음을 왜곡하고 비판했다.

✻ 갈라디아서

갈라디아 교회는 바울이 전해 주었던 복음을 제쳐두고 거짓 교사와 그들이 전파한 '다른 복음'을 따랐다. 이에 사도 바울은 갈라디아 교인들이 이토록 빠르게 복음을 떠나는 것에 놀라워하며 다른 복음을 따르지 말 것을 엄중히 경고한다.

"그리스도의 은혜로 너희를 부르신 이를 이같이 속히 떠나 다른 복음을 따르는 것을 내가 이상하게 여기노라. 다른 복음은 없나니 다만 어떤 사람들이 너희를 교란하여 그리스도의 복음을 변하게 하려 함이라. 그러나 우리나 혹은 하늘로부터 온 천사라도 우리가 너희에게 전한 복음 외에 다른 복음을 전하면 저주를 받을지어다. 우리가 전에 말하였거니와 내가 지금 다시 말하노니 만일 누구든지 너희가 받은 것 외에 다른 복음을 전하면 저주를 받을지어다"(갈 1:6-9).

여기서 다른 복음은 예수 믿는 것만으로 구원이 충분하지 않고 할례와 같은 유대의 율법을 지켜야 한다는 것이다. 이에 대해 바울은 사람이 의롭게 되는 것은 오직 예수 그리스도를 믿음으로 말미암는 것이라고 분명한 기준을 제시한다.

> "사람이 의롭게 되는 것은 율법의 행위로 말미암음이 아니요 오직
> 예수 그리스도를 믿음으로 말미암는 줄 알므로 우리도 그리스도
> 예수를 믿나니 이는 우리가 율법의 행위로써가 아니고 그리스도
> 를 믿음으로써 의롭다 함을 얻으려 함이라. 율법의 행위로써는 의
> 롭다 함을 얻을 육체가 없느니라"(갈 2:16).

율법을 지키는 것은 우리가 하나님 앞에 의롭다 함을 얻는 데 아
무런 유익이 없다. 사람이 의롭게 되는 것은 오직 예수 그리스도를
믿음으로 말미암는다. 바울은 만약 율법이 의롭다 함을 얻는 데 기여
한다면 그리스도의 죽음은 헛된 죽음이라고 단언한다.

> "내가 하나님의 은혜를 폐하지 아니하노니 만일 의롭게 되는 것이
> 율법으로 말미암으면 그리스도께서 헛되이 죽으셨느니라"(갈
> 2:21).

그러면서 바울은 미혹되는 갈라디아 교인들을 향해 안타까운 마
음으로 다시 호소한다.

> "어리석도다. 갈라디아 사람들아. 예수 그리스도께서 십자가에 못
> 박히신 것이 너희 눈앞에 밝히 보이거늘 누가 너희를 꾀더냐. 내가
> 너희에게서 다만 이것을 알려 하노니 너희가 성령을 받은 것이 율

법의 행위로냐 혹은 듣고 믿음으로냐. 너희가 이같이 어리석으냐. 성령으로 시작하였다가 이제는 육체로 마치겠느냐"(갈 3:1-3).

바울은 예수 그리스도의 십자가를 앞에 두고 도대체 누가 갈라디아 교인을 꾀느냐고 추궁한다. 바른 복음을 앞에 두고 다른 복음을 좇는 것은 너무도 어리석은 일인 것이다. 그렇다면 거짓 교사들이 갈라디아 성도들을 다른 복음으로 미혹하는 이유가 무엇일까? 그 동기에 대해 바울은 다음과 같이 진술한다.

"그들이 너희에게 대하여 열심 내는 것은 좋은 뜻이 아니요 오직 너희를 이간시켜 너희로 그들에게 대하여 열심을 내게 하려 함이라"(갈 4:17).

"무릇 육체의 모양을 내려 하는 자들이 억지로 너희에게 할례를 받게 함은 그들이 그리스도의 십자가로 말미암아 박해를 면하려 함뿐이라. 할례를 받은 그들이라도 스스로 율법은 지키지 아니하고 너희에게 할례를 받게 하려 하는 것은 그들이 너희의 육체로 자랑하려 함이라"(갈 6:12-13).

여기서 바울은 거짓 교사들의 열심 배후에 있는 의도를 네 가지로 지적한다.
첫째, 성도를 교회로부터 이간시키려는 목적이다.
둘째, 성도에게 그리스도의 몸 된 교회가 아닌 거짓 교사의 가르침을 따르고 그들에게 열심을 내게 하기 위해서다.

셋째, 바른 복음을 붙들 때 찾아오는 고난과 박해를 피하기 위해서다.

넷째, 갈라디아 교인들이 할례받은 것이 자기(거짓 교사)의 가르침을 따랐기 때문이라고 하며 자신들의 영향력과 권위를 자랑하기 위해서다.

이에 바울은 다시 율법으로 돌아가지 말고 그리스도 안에서 주신 참된 자유를 누리며 지킬 것을 권면한다.

"그리스도께서 우리를 자유롭게 하려고 자유를 주셨으니 그러므로 굳건하게 서서 다시는 종의 멍에를 메지 말라"(갈 5:1).

율법으로 구원을 이루어가려는 태도는 다시 종의 멍에를 메게 되는 것이자 그리스도께서 주신 자유를 포기하는 행위다. 참된 바른 복음을 지키기 위해서는 오직 예수 그리스도를 믿는 믿음을 잘 지켜야 한다. 그 외에 다른 것은 필요 없다. 바울은 갈라디아 교인들이 이 복음 위에 든든히 서기를 바랐다.

＊ 에베소서

에베소는 1세기 고대 로마를 제외하고 알렉산드리아, 수리아 안디옥과 함께 세계 3대 도시 중 하나로 인구 20~25만이 살던 대도시였다. 에베소는 아시아 속주(오늘날의 튀르키예 서부)의 중심 도시로 정치, 상업, 종교, 문화의 수도 역할을 했다. 이런 에베소에 세워졌던 에베소 교회는 다양한 외부의 철학적, 종교적 영향과 내부로 침투하는 거짓 교사와 가르침으로 인해 신앙의 순수성이 끊임없이 위협받고 있었다. 헬레니즘 문화에서 온 왜곡된 영지주의, 아데미 신전에서 행해지던 종교의식과 신비체험의 영향, 유대 율법주의의 영향이 교회로 넘실대고 있었던 것 같다.

이로 인해 교회는 갈등이 일어나고 분열이 일어났다. 에베소에서 3년간 목회했던 사도 바울은 에베소를 떠나며 사나운 이리가 들어와 양 떼를 마구 헤칠 것을 경고하고 자신의 가르침을 기억할 것을 당부한 바 있다(행 20:29-31).

이런 가운데 바울은 에베소 교회에 하나됨을 힘써 지킬 것을 당부한다.

"평안의 매는 줄로 성령이 하나 되게 하신 것을 힘써 지키라. 몸이 하나요 성령도 한 분이시니 이와 같이 너희가 부르심의 한 소망 안에서 부르심을 받았느니라. 주도 한 분이시요 믿음도 하나요 세례도 하나요 하나님도 한 분이시니 곧 만유의 아버지시라. 만유 위에 계시고 만유를 통일하시고 만유 가운데 계시도다"(엡 4:3-6).

더 나아가 바울은 어린아이 같은 신앙에서 벗어나 장성하여 에베소에 유행하던 거짓 가르침과 풍조를 주의할 것을 경고한다.

"우리가 다 하나님의 아들을 믿는 것과 아는 일에 하나가 되어 온 전한 사람을 이루어 그리스도의 장성한 분량이 충만한 데까지 이 르리니 이는 우리가 이제부터 어린아이가 되지 아니하여 사람의 속임수와 간사한 유혹에 빠져 온갖 교훈의 풍조에 밀려 요동하지 않게 하려 함이라"(엡 4:13-14).

"누구든지 헛된 말로 너희를 속이지 못하게 하라. 이로 말미암아 하나님의 진노가 불순종의 아들들에게 임하나니"(엡 5:6).

에베소에 침투하는 거짓 가르침에 어떻게 대처할 것인가에 대한 문제는 디모데전후서와 요한계시록에도 계속 언급된다. 그만큼 에베소는 거짓 가르침의 문제로 끊임없이 위협받고 있었다.

＊ 빌립보서

빌립보 교회에 침투한 거짓 교사들은 주로 유대교의 율법을 주장하며 복음을 왜곡했다. 특히 이들은 할례를 구원의 조건으로 내걸며 구원을 얻으려면 반드시 할례를 받아 자기의 살점을 떼어내야 할 것을 주장했다. 이들의 주장에 대해 바울은 단호하게 말한다.

"개들을 삼가고 행악하는 자들을 삼가고 몸을 상해하는 일을 삼가라"(빌 3:2).

여기서 '개'는 원래 유대인이 이방인을 경멸하며 부르는 말이었다 (참고. 마 15:26). 바울은 유대인이 사용했던 단어를 그대로 할례주 의자들에게 되돌려주고 있다.[8] 몸을 상해하는 일(헬. 카타토메)이란 살점을 떼어낸다는 뜻으로 할례(헬. 페리토메)를 부정적으로 묘사하 는 표현이다. 할례를 의미하는 헬라어 '페리토메'는 주변을 벤다는 뜻으로 영어로 'circumcision'과 같은 의미다.[9] 바울은 이런 비복음 적인 주장을 하는 거짓 교사들을 삼가고 이들의 주장은 따르지 말라 고 경고한다. 왜냐하면 그리스도인에게 할례의 참된 의미는 그런 것 이 아니기 때문이다. 바울은 참된 할례는 마음의 할례, 곧 성령에 의 한 내적 변화임을 말한다.

"하나님의 성령으로 봉사하며 그리스도 예수로 자랑하고 육체를 신뢰하지 아니하는 우리가 곧 할례파라"(빌 3:3).

여기서 할례파란 물리적인 할례를 받은 유대인을 가리키는 것이 아니라 참된 하나님 백성의 표지를 지닌 이들을 가리킨다. 이들은 성 령으로 마음에 변화를 받아 하나님을 섬기며 예수를 자랑하고 육적 인 것들을 신뢰하거나 자랑하지 않는다. 그래서 로마서 2장 29절은 참된 할례는 성령으로 마음에 하는 것이라고 말씀한다.

빌립보 교회에 침투한 거짓 교사들은 다른 한편 욕망에 눈이 멀 어 육체적 욕구와 물질적 이익만을 추구하고 방탕하며 쾌락에 빠져 있었다. 예수 그리스도의 십자가를 붙든다고 하지만 실제 삶에서는 십자가의 가르침을 무시하고 이와 정반대로 나아가고 있었다.

"내가 여러 번 너희에게 말하였거니와 이제도 눈물을 흘리며 말하노니 여러 사람들이 그리스도의 <u>십자가의 원수</u>로 행하느니라. 그들의 <u>마침</u>은 멸망이요 그들의 <u>신은 배</u>요 그 영광은 그들의 <u>부끄러움</u>에 있고 땅의 일을 생각하는 자라"(빌 3:18-19).

'신은 배'라는 말은 이들이 섬기는 자신의 배를 만족시키는 탐욕을 하나님처럼 가장 귀하게 여긴다는 뜻이다. 탐욕을 만족시키는 것을 하나님 섬기듯 따른다는 뜻이다.

＊ 골로새서

골로새는 에베소에서 약 160km 정도 떨어진 아시아 속주에 속한 도시였다. 골로새 교회는 에바브라가 에베소에서 사역하던 바울로부터 복음을 듣고 고향 골로새로 돌아가 개척했던 것으로 보인다(골 1:7, 행 19:10). 골로새는 당시 아시아 속주의 수도였던 에베소의 영향을 받아 헬라 철학과 영지주의 사상들이 파고들었다. 이런 배경에서 바울은 바른 복음에서 이탈하게 하는 철학과 헛된 가르침을 주의하라고 골로새 교회에 경고한다.

"누가 <u>철학과 헛된 속임수</u>로 너희를 사로잡을까 주의하라. 이것은 사람의 전통과 세상의 초등학문을 따름이요 그리스도를 따름이 아니니라"(골 2:8).

골로새 교회에는 이런 거짓 가르침 외에도 유대의 율법 규정을 준수해야 구원받을 수 있다고 주장하는 거짓 교사들이 있었다. 이들은 골로새 교인들에게 유대 율법이 금하는 것을 먹는다고 비판했고 구약의 유월절과 같은 절기나 월삭, 안식일을 지키지 않는다고 참된 그리스도인이 아니라며 신랄하게 비판했다.

"그러므로 먹고 마시는 것과 절기나 초하루나 안식일을 이유로 누구든지 너희를 비판하지 못하게 하라"(골 2:16).

월삭은 매달 첫날을 기념하는 절기로 번제와 화목제를 드렸다(민 28:11-15). 유대인들은 안식일을 토요일로 지켰지만 초대 교회는 예수께서 부활하신 안식일 다음 날을 주일로 지켰다. 하지만 이러한 정결법과 절기 규례는 예수 그리스도께서 완전한 제물이 되어 완전한 제사를 드림으로 참된 구원의 실체를 성취하였다. 히브리서는 율법은 장차 그리스도께서 가져오실 좋은 일의 그림자일 뿐 참 형상이 아니라고 분명히 선언한다(히 10:1, 7:18-19). 만약 율법 규례 일부를 지켜야 한다고 주장한다면, 사실 그는 율법 전체를 행해야 하는 의무를 진 자가 된다(갈 3:10, 5:3, 약 2:10).

그뿐만 아니다. 골로새 지역에는 이방 제의와 유대교가 결합한 천사 숭배 사상이 만연했고 이를 통해 영적 체험의 깊이를 더해가려는 겸손을 가장한 금욕주의가 퍼져가고 있었다. 천사를 숭배하는 이들은 천사를 우주의 과정을 결정하고 인간의 상황을 미리 결정하는 존재로 여겼다.[10] 인간은 평온한 삶을 위해 이런 천사에게 복종해야 한다고 생각했고 이를 위해 천사를 숭배했다.

> "아무도 꾸며낸 겸손과 천사 숭배를 이유로 너희를 정죄하지 못하
> 게 하라"(골 2:18).

하지만 바울은 이러한 것들이 한때 유행하다 사라질, 사람이 만
든 가르침일 뿐이라고 일축한다.

> "(곧 붙잡지도 말고 맛보지도 말고 만지지도 말라 하는 것이니 이
> 모든 것은 한때 쓰이고는 없어지리라.) 사람의 명령과 가르침을
> 따르느냐. 이런 것들은 자의적 숭배와 겸손과 몸을 괴롭게 하는
> 데는 지혜 있는 모양이나 오직 육체 따르는 것을 금하는 데는 조
> 금도 유익이 없느니라"(골 2:21-23).

성도는 이러한 세상의 초보적인 가르침에 대해 그리스도와 함께
죽은 자다. 더 이상 이런 규례에 붙잡혀 따를 필요가 없다.

> "너희가 세상의 초등학문에서 그리스도와 함께 죽었거든 어찌하여
> 세상에 사는 것과 같이 규례에 순종하느냐"(골 2:20).

＊ 데살로니가전후서

데살로니가 교회는 종말론과 관련하여 몸살을 앓았다. 먼저 이들

은 예수께서 재림하시기 전에 이미 죽은 성도들이 어떻게 되는지로 상당한 혼란을 겪었다. 거짓 교사들은 죽은 자는 죽은 것으로 끝이지 더 이상 부활 같은 것은 없다고 했다. 이에 대해 바울은 성도가 반드시 알고 확신해야 할 부활의 소망을 다음과 같이 진술한다.

> "형제들아 자는 자들에 관하여는 너희가 알지 못함을 우리가 원하지 아니하노니 이는 소망 없는 다른 이와 같이 슬퍼하지 않게 하려 함이라"(살전 4:13).

여기 "알지 못함을 우리가 원하지 아니하노니"는 반드시 알고 있기를 원한다는 강조의 표현이다.[10] 이어 바울은 이미 죽은 성도는 예수께서 재림하실 때 반드시 부활할 것이고 그 후 살아있는 성도도 함께 끌어올려져 주님을 영접할 것이라 말한다.

> "우리가 예수께서 죽으셨다가 다시 살아나심을 믿을진대 이와 같이 예수 안에서 자는 자들도 하나님이 그와 함께 데리고 오시리라. 우리가 주의 말씀으로 너희에게 이것을 말하노니 주께서 강림하실 때까지 우리 살아남아 있는 자도 자는 자보다 결코 앞서지 못하리라. 주께서 호령과 천사장의 소리와 하나님의 나팔 소리로 친히 하늘로부터 강림하시리니 그리스도 안에서 죽은 자들이 먼저 일어나고 그 후에 우리 살아남은 자들도 그들과 함께 구름 속으로 끌어 올려 공중에서 주를 영접하게 하시리니 그리하여 우리가 항상 주와 함께 있으리라"(살전 4:14-17).

죽은 자의 부활은 반드시 예수님의 재림과 더불어 일어날 것이다. 그렇다면 예수님은 언제 오실까? 데살로니가 교인들은 이에 대한 과도한 관심으로 그 시기를 추측하려고 시도했던 모양이다. 바울은 이에 대해 과도한 추측을 자제하고 주께서 도둑같이 오실 것이니 오히려 늘 깨어 있어야 한다고 권면한다.

> "형제들아 때와 시기에 관하여는 너희에게 쓸 것이 없음은 주의 날이 밤에 도둑같이 이를 줄을 너희 자신이 자세히 알기 때문이라. 그들이 평안하다, 안전하다 할 그 때에 임신한 여자에게 해산의 고통이 이름과 같이 멸망이 갑자기 그들에게 이르리니 결코 피하지 못하리라. …그러므로 우리는 다른 이들과 같이 자지 말고 오직 깨어 정신을 차릴지라"(살전 5:1-3, 6).

사도 바울의 이런 권면에도 불구하고 데살로니가 교회는 재림의 시기를 두고 분위기가 뒤숭숭했다. 어떤 이들은 성령께서 자신에게 주님의 날이 이를 것이라고 알려주셨다고도 하고, 또 바울이 자신에게 개인적으로 편지를 보내어 알려줬다고 주장하는 이들이 생겨났다. 이런 말을 듣고 성도들은 혼란스러워했고 공포에 사로잡힌 이들이 있었다. 바울은 이러한 주장은 잘못된 것으로 이런 자들의 선동에 쉽게 마음이 흔들리거나 두려워하지 말아야 한다고 말한다.

> "형제들아 우리가 너희에게 구하는 것은 우리 주 예수 그리스도의 강림하심과 우리가 그 앞에 모임에 관하여 영으로나 또는 말로나

또는 우리에게서 받았다 하는 편지로나 주의 날이 이르렀다고 해서 쉽게 마음이 흔들리거나 두려워하거나 하지 말아야 한다는 것이라"(살후 2:1-2).

잘못된 종말론의 영향은 교회 내에 게으른 자들을 양산하기 시작했다. 이들은 임박한 주의 날을 기대하며 일상생활을 소홀히 하고 생업을 포기했다. 그러고는 공동체에 의존하며 이집 저집을 옮겨 다니며 음식을 얻어먹으며 게으르게 지냈다. 바울은 일상의 중요성을 강조하며 "일하기 싫어하거든 먹지도 말라"고 엄중히 경고한다(살후 3:10).

"형제들아 우리 주 예수 그리스도의 이름으로 너희를 명하노니 게으르게 행하고 우리에게서 받은 전통대로 행하지 아니하는 모든 형제에게서 떠나라"(살후 3:6).

"우리가 들은즉 너희 가운데 게으르게 행하여 도무지 일하지 아니하고 일을 만들기만 하는 자들이 있다 하니 이런 자들에게 우리가 명하고 주 예수 그리스도 안에서 권하기를 조용히 일하여 자기 양식을 먹으라 하노라"(살후 3:11-12).

* 디모데전후서

디모데는 바울이 목회하던 에베소 교회를 맡아 사역을 감당하고 있었다. 바울이 경고했던 대로 에베소 교회에는 사나운 이리 같은 거짓 교사들이 들어와 교회를 혼란케 했다(행 20:29). 디모데는 이들과 씨름하느라 많이 지쳐 있었고 주눅이 들어 있었다. 바울은 이들의 거짓 가르침을 열거하며 이들에게 단호하게 대응할 것을 주문한다.

> "내가 마게도냐로 갈 때에 너를 권하여 에베소에 머물라 한 것은 어떤 사람들을 명하여 다른 교훈을 가르치지 말며 신화와 끝없는 족보에 몰두하지 말게 하려 함이라. 이런 것은 믿음 안에 있는 하나님의 경륜을 이룸보다 도리어 변론을 내는 것이라. 이 교훈의 목적은 청결한 마음과 선한 양심과 거짓이 없는 믿음에서 나오는 사랑이거늘 사람들이 이에서 벗어나 헛된 말에 빠져 율법의 선생이 되려 하나 자기가 말하는 것이나 자기가 확증하는 것도 깨닫지 못하는도다"(딤전 1:3-7).

디모데가 목회하던 에베소 교회에는 바른 복음이 아닌 다른 교훈에 빠진 이가 많았다. 이는 복음의 본질을 흐리거나 왜곡하는 가르침을 뜻한다. 바울이 디모데를 에베소의 목회자로 세운 것은 이런 왜곡된 복음이 교회에 퍼지지 않도록 하기 위함이었다. 이런 왜곡된 가르침에는 신화와 족보 이야기가 포함되었다. 구약에 나오는 믿음의 선조에 대해 과장된 상상력을 더한 신화적 이야기를 뜻한다. 여기에는 유대의 과장된 신비한 전설이나 이방 종교에서 유입된 신화적 요소도 포함되어 있다. '끝없는 족보'는 혈통적인 우월성을 주장하며 이런 혈통을 통해 특별한 영적 비밀이나 구원의 지식이 전수된다고 주장하여 영적 우월성을 주장하기 위한 잘못된 신념을 논하는 것을 말한다.

에베소 교회에는 영지주의의 영향과 이교적 금욕주의, 그리고 구약 율법을 잘못 해석하여 성도에게 과도한 율법의 짐을 지우려는 거짓 교사들이 있었다. 바울은 이들에 대해 헛된 말에 빠진 사람들이고 율법의 선생이 되려 하지만 자신도 무슨 말을 하는지 제대로 모른다고 평가한다. 이들은 참된 믿음에서 떠나 양심이 마비된 이들이다. 이들은 그릇된 가르침으로 인해 미혹에 빠져 성도의 결혼을 금지하고 일부 음식물 섭취를 금지했다. 이에 바울은 디모데에게 말한다.

> "그러나 성령이 밝히 말씀하시기를 후일에 어떤 사람들이 믿음에서 떠나 미혹하는 영과 귀신의 가르침을 따르리라 하셨으니 자기 양심이 화인을 맞아서 외식함으로 거짓말하는 자들이라. 혼인을 금하고 어떤 음식물은 먹지 말라고 할 터이나 음식물은 하나님이 지으신 바니 믿는 자들과 진리를 아는 자들이 감사함으로 받을 것이니라"(딤전 4:1-3).

이들은 예수 그리스도의 구속사역도, 바른 복음도 제대로 깨닫지 못하는 자들이다. 이들은 디모데의 연소함을 업신여기며 자신들의 주장을 더 큰 소리로 외쳤다(딤전 4:12). 이에 바울은 망령되고 허탄한 신화를 버리고 오직 말씀을 읽고 권하고 가르치는 것에 전념하라고 권면한다(딤전 4:7,13). 이처럼 다른 교훈을 따르는 이들은 경건을 이익의 수단으로 여기며 가는 곳마다 논쟁과 말다툼을 일삼는다. 바울은 이들을 경계하며 하나님의 은혜로 자족하는 자가 되라고 권면한다.

"누구든지 다른 교훈을 하며 바른말 곧 우리 주 예수 그리스도의 말씀과 경건에 관한 교훈을 따르지 아니하면 그는 교만하여 아무것도 알지 못하고 변론과 언쟁을 좋아하는 자니 이로써 투기와 분쟁과 비방과 악한 생각이 나며 마음이 부패하여지고 진리를 잃어버려 경건을 이익의 방도로 생각하는 자들의 다툼이 일어나느니라. 그러나 자족하는 마음이 있으면 경건은 큰 이익이 되느니라"(딤전 6:3-6).

바울은 디모데에게 진리의 말씀을 옳게 분별하는 일꾼이 되라고 한다(딤후 2:15). 거짓 가르침을 분별하고 바른 복음을 가르칠 수 있는 일꾼이 되라는 것이다. 바울은 거짓된 다른 복음이 얼마나 악한 영향력을 퍼뜨리는지 알고 있었다.

"망령되고 헛된 말을 버리라. 그들은 경건하지 아니함에 점점 나아가나니 그들의 말은 악성 종양이 퍼져나감과 같은데 그중에 후메내오와 빌레도가 있느니라. 진리에 관하여는 그들이 그릇되었도다. 부활이 이미 지나갔다 함으로 어떤 사람들의 믿음을 무너뜨리느니라"(딤후 2:16-17).

디모데가 목회하던 에베소 교회에는 이런 거짓 교훈을 따르는 대표적인 일꾼으로 후메내오와 빌레도가 있었다. 이들은 미래에 있을 부활의 소망을 부인하며 '부활이 이미 지나갔다'고 주장하여 성도들에게 큰 충격과 혼란을 주었다. 이런 거짓 가르침은 영지주의 사상의 영향을 받은 것인데 영지주의자들은 육체를 부정하며 구원을 비밀스러운 영적 지식을 통한 내면의 각성으로만 보았다. 따라서 영지주의적 영향을 받은 거짓 교사들은 부활을 상징적으로만 해석하며 이미 부활이 영적으로 이루어졌으니 더 이상의 부활은 기대할 필요가 없다고 했을 가능성이 크다. 이처럼 거짓 교사들은 겉으로는 경건한 척하지만 경건의 능력은 부인하는 자다.

> "경건의 모양은 있으나 경건의 능력은 부인하니 이같은 자들에게서 네가 돌아서라"(딤후 3:5).

성경은 이처럼 말은 그럴듯하게 하지만 결국 하나님의 능력을 부인하는 이들에게서 돌아서라고 권면한다. 문제는 이런 거짓 교사들이 교회의 분별력 없는 어리석은 여자들을 조용히 접촉하여 이들을 그럴듯한 거짓으로 미혹한다는 사실이다. 결국 이런 여인들은 거짓 교사를 따라 바른 진리를 깨닫지 못하고 대적한다.

> "그들 중에 남의 집에 가만히 들어가 어리석은 여자를 유인하는 자들이 있으니 그 여자는 죄를 중히 지고 여러 가지 욕심에 끌린 바 되어 항상 배우나 끝내 진리의 지식에 이를 수 없느니라. 얀네와 얌브레가 모세를 대적한 것 같이 그들도 진리를 대적하니 이 사람

들은 그 마음이 부패한 자요. 믿음에 관하여는 버림받은 자들이라"(딤후 3:6-8).

이런 일은 이전에 모세의 때에도 있었다. 유대 전승에 애굽의 술사로 알려졌던 얀네와 얌브레가 모세를 통한 하나님의 능력을 보았음에도 하나님의 진리를 대적하고 모세를 대적했다.[12] 이처럼 거짓 교사에게 미혹된 여인들은 디모데를 통해 바른 진리를 듣고도 엉뚱한 비진리에 마음이 사로잡혀 하나님의 능력을 부인하며 도리어 진리를 대적하는 자들이 되었다. 이들은 믿음에 대해서는 파선한 사람들이다(딤전 1:19 참조).

디모데가 목회하던 에베소 교회가 이렇게 거짓 교사들로 어려웠던 것은 시대의 분위기도 한몫했다. 그것은 종말의 때에 일어날 대표적인 증상 가운데 하나이다. 바울은 종말의 때가 이르면 거짓 교사도 문제지만 사람들의 내면 또한 더욱 부패하여 이들의 부패한 죄성이 비진리와 허탄한 이야기를 적극적으로 따르는 일이 일어날 것을 경고한다.

"때가 이르리니 사람이 바른 교훈을 받지 아니하며 귀가 가려워서 자기의 사욕을 따를 스승을 많이 두고 또 그 귀를 진리에서 돌이켜 허탄한 이야기를 따르리라"(딤후 4:3-4).

바울은 이런 이들에게서 돌아서라고 단호하게 명령한다. 종말의 때가 되면 사람이 바른 교훈보다는 자기 사욕을 자극하고 부추기는 말을 듣고 싶어 하게 될 것이다. 그래서 참 진리의 스승이 아니라 사욕을 채워줄 여러 스승을 많이 두어 결국 진리에서 돌이켜 엉뚱한 이야기를 따를 것이다. 이것은 오늘날도 다르지 않다. 유튜브와 같은 영상 플랫폼이 등장함에 따라 바른 진리가 아닌 음모론에 기초한 영상이 넘쳐나고 있다. 이런 다른 스승(유튜브 목사) 영상에 빠져 더 이상 바른 진리에 귀 기울이지 못하고 이들의 말에 설득되어 교회를 떠나고 담임목사를 불신하는 이가 점점 증가하고 있다.

＊ 디도서

바울은 그레데(크레타)섬에서 목회하는 믿음의 아들 디도에게 편지를 보내며 특별히 거짓 교훈과 거짓 교사를 경계할 것을 당부한다. 그레데는 바울이 로마로 압송당할 때 배를 통해 잠시 머물렀던 곳이다(행 27:7-12). 아마 바울은 이곳에서도 복음을 전했을 것이다. 하지만 그 이전에 이미 그레데 사람 가운데 오순절 성령의 역사를 경험하고 돌아온 사람이 있어 복음이 전파되었을 가능성도 크다(행 2:11). 디도가 목회하던 그레데 교회에는 특히 유대의 율법주의를 따르며 헬라의 신화적 요소가 가미된 유대의 허탄한 신화적 이야기를 따르는 이들이 있었다. 바울은 이들이 겉으로는 하나님을 시인하나 행위로는 부인하는 가증한 자이며 진리를 배반하는 자들이라고 말한다.

"불순종하고 헛된 말을 하며 속이는 자가 많은 중 할례파 가운데 특히 그러하니 그들의 입을 막을 것이라. 이런 자들이 더러운 이

득을 취하려고 마땅하지 아니한 것을 가르쳐 가정들을 온통 무너
뜨리는도다"(딛 1:10-11)

거짓 교훈을 퍼뜨리는 이들 가운데 할례를 받은 이들이 모인 할
례파가 많았다. 이들은 바른 복음을 따르지 않고 자신들의 더러운 이
익을 위해 거짓된 것을 가르치며 성도들을 현혹해 그들의 가정을 무
너뜨리는 일마저 서슴없이 감행하였다. 아마도 성도들의 가정에 헌
금이나 특정한 행위를 강요하거나 특정한 조건을 충족해야 복을 받
는다고 거짓으로 주장하며 정서적, 육체적, 재정적 착취를 일삼았을
가능성이 크다. 결국 이 일로 가정이 불화하고 무너지게 되는 일까지
발생한 것이다.

"그레데인 중의 어떤 선지자가 말하되 그레데인들은 항상 거짓말
쟁이며 악한 짐승이며 배만 위하는 게으름뱅이라 하니 이 증언이
참되도다. 그러므로 네가 그들을 엄히 꾸짖으라. 이는 그들로 하
여금 믿음을 온전하게 하고 유대인의 허탄한 이야기와 진리를 배
반하는 사람들의 명령을 따르지 않게 하려 함이라. 깨끗한 자들에
게는 모든 것이 깨끗하나 더럽고 믿지 아니하는 자들에게는 아무
것도 깨끗한 것이 없고 오직 그들의 마음과 양심이 더러운지라.
그들이 하나님을 시인하나 행위로는 부인하니 가증한 자요 복종
하지 아니하는 자요 모든 선한 일을 버리는 자니라"(딛 1:12-16).

이들은 더럽고 거짓말하며 양심을 속이는 자들이고 진리를 배반

하는 자들이었다. 이들은 유대의 규례를 따라 할례를 받았으나 헬라 철학과 영지주의가 가미된 유대인의 허탄한 이야기(딤전 4:7, 딤후 4:4)를 따르고 있었다. 이들은 복음을 제멋대로 왜곡하여 해석하는 혼합주의 색채를 띤 이단자였다. 그들 속에는 거짓과 탐욕이 가득했다. 바울은 디도에게 이들을 엄중히 꾸짖을 것을 권고한다.

바울은 이들을 대하는 태도에 대해 권고한다. 가능한 한 이들과 다툼을 피하고 이에 속한 이들을 한두 번 훈계한 후 멀리하라는 것이다.

"그러나 어리석은 변론과 족보 이야기와 분쟁과 율법에 대한 다툼은 피하라. 이것은 무익한 것이요 헛된 것이니라. 이단에 속한 사람을 한두 번 훈계한 후에 멀리하라. 이러한 사람은 네가 아는 바와 같이 부패하여 스스로 정죄한 자로서 죄를 짓느니라"(딛 3:9-11).

그런데 교회에도 에베소 교회처럼 유대의 허탄한 이야기(딛 1:14, 딤전 4:7, 딤후 4:4)와 족보 이야기(딤전 1:4)가 교회를 어지럽게 하고 있었다. 이로 인해 이런 것들을 따르려는 이들과 바른 복음에 서려는 이들 사이에 분쟁과 변론이 있었다. 또한 유대 율법주의자들의 할례에 대한 과도한 주장, 즉 구원받으려면 할례를 받아야 한다거나 음식을 금해야 한다는 식의 주장이 다툼을 일으켰다(딤전 4:3). 하지만 바울은 이러한 논쟁을 무익하고 헛되다고 한다. 그 이유는 이들의 마음이 부패하여 자기주장만 하려 하지 좀처럼 디도의 성경적인 권면을 들으려 하지 않기 때문이다.

더 나아가 바울은 이단에 속한 사람을 한두 번 훈계한 후 멀리하라고 한다. 여기 '이단'(헬. 아히레티콘, heretic)은 교회의 진리와 일치하지 않는 이단적 주장을 고집하며 공동체를 분열시키는 사람을 가리킨다. 그래서 영어성경은 이를 '분열을 일으키는 사람'(a person who stirs up division-ESV, a division person-NIV)으로 표현한다. 이런 이들은 거짓 교리에 사로잡혀 바른 복음을 들으려 하지 않는다. 여기서 한두 번 훈계한 후에 멀리하라는 것은 가볍게 한두 마디 말하고 거리를 두라는 뜻이 아니다. 이는 마태복음 18장 15~17절을 반영한다.[13] 먼저 디도가 거짓 교사들에게 개인적으로 찾아가 그를 상대하여 진지하게 권고한다(마 18:15). 만약 듣지 않으면 다시 한두 사람을 데리고 가서 두세 증인의 입으로 그의 주장을 확증해야 한다(마 18:16). 그래도 듣지 않으면 교회 전체에 공포하고 그래도 듣지 않으면 이방인과 세리와 같이 여기며 멀리해야 한다(마 18:17).

이렇게 볼 때 이단에 속한 사람을 훈계하는 것은 이들 이단의 주장에 대한 깊은 이해와 날카로운 반증을 잘 준비하는 작업을 포함한다. 그래야 진리에 대한 권위를 갖고 설득력 있게 권면할 수 있고 혹여라도 돌이킬 여지를 줄 수 있기 때문이다. 하지만 이런 사람은 대부분 몇 차례 진지하게 권고해도 마음을 스스로 강퍅하게 하여 목회자와 교회의 권고를 거부한다. 바울은 이런 현상을 이미 경험했던 것 같다. 이들은 부패하여 진리를 거부하므로 스스로 정죄에 빠지는 죄를 짓는 것이다.[14]

4. 베드로후서

예수님의 수제자인 베드로도 목회 현장에서 거짓 교사들의 침투에 직면하였다.[15] 그리하여 사도 베드로는 베드로후서 총 3장 가운데 2장 전체를 집중적으로 거짓 교사들의 미혹을 경계하는 데 할애한다.

"그러나 백성 가운데 또한 거짓 선지자들이 일어났었나니 이와 같이 너희 중에도 거짓 선생들이 있으리라. 그들은 멸망하게 할 이단을 가만히 끌어들여 자기들을 사신 주를 부인하고 임박한 멸망을 스스로 취하는 자들이라"(벧후 2:1).

베드로는 구약시대에 발람(민 22-24장), 시드기야(왕상 22장), 하나냐(렘 28장), 스마야(렘 29장) 등 여러 거짓 선지자가 일어났었던 것을 떠올리며 베드로가 목회하던 교회에도 거짓 교사들이 일어나고 있음을 주목한다. 이들은 파멸을 가져오는 이단을 몰래 끌어오는 자들이었다. 이들은 인류를 위하여 피 흘리신 예수 그리스도를 부인하는 이들이었다. 그뿐만 아니다. 이들은 정욕을 추구하며 방탕을 일삼는 이들이었다.

"여럿이 그들의 호색하는 것을 따르리니 이로 말미암아 진리의 도가 비방을 받을 것이요"(벧후 2:2).

성도들은 거짓 교사들의 가르침만 따르는 것이 아니었다. 이들은 거짓 교사들의 성적 방탕을 따라 했다. 이러한 스캔들은 금방 소문이 났고 이것으로 복음이 퍼져나가는 것이 방해를 받을 지경이었다. 그뿐만 아니다. 이들은 탐욕에 빠져 성도들의 호주머니를 털어갔다.

> "그들이 탐심으로써 지어낸 말을 가지고 너희로 이득을 삼으니 그들의 심판은 옛적부터 지체하지 아니하며 그들의 멸망은 잠들지 아니하느니라"(벧후 2:3).

베드로는 이런 거짓 교사들은 하나님의 심판에 직면할 것이라 경고한다. 하지만 이들은 더러운 정욕 가운데 난잡하게 행하며 우리 인생을 주관하시는 하나님을 멸시하였다. 이들은 당돌하고 거만하여 하늘에 있는 영광스러운 존재들을 거침없이 비방했다.

> "특별히 육체를 따라 더러운 정욕 가운데서 행하며 주관하는 이를 멸시하는 자들에게는 형벌할 줄 아시느니라. 이들은 당돌하고 자긍하며 떨지 않고 영광 있는 자들을 비방하거니와"(벧후 2:10).

이들의 오만방자한 행태는 마치 죄악된 본능에 따라 행하는 짐승 같았다.

> "그러나 이 사람들은 본래 잡혀 죽기 위하여 난 이성 없는 짐승 같아서 그 알지 못하는 것을 비방하고 그들의 멸망 가운데서 멸망을 당하며"(벧후 2:12).

베드로는 음란과 탐욕과 방탕으로 가득 찬 거짓 교사들의 부도덕한 행태를 보다 소상하게 적시한다.

"불의의 값으로 불의를 당하며 낮에 즐기고 노는 것을 기쁘게 여기는 자들이니 점과 흠이라. 너희와 함께 연회할 때에 그들의 속임수로 즐기고 놀며 음심이 가득한 눈을 가지고 범죄하기를 그치지 아니하고 굳세지 못한 영혼들을 유혹하며 탐욕에 연단된 마음을 가진 자들이니 저주의 자식이라"(벧후 2:13-14).

이들은 불의를 행하며 불의를 당한다. 그럼에도 성도들을 기만하고 현혹하여 갈취한 부당한 이득으로 여전히 놀고 즐기는 데 열중했다. 이들의 악행은 그칠 줄 몰랐다. 특히 이들은 굳세지 못한 연약한 이들을 표적으로 삼았다. 베드로는 이들의 마음이 탐욕에 연단되었다고 한다. 탐욕에 연단되었다는 것은 마치 신체를 계속된 운동으로 단련하는 것처럼 탐욕을 채우는 일을 반복하며, 이런 일에 익숙하여 양심에 아무런 가책도 받지 않게 된 상태를 말한다.[16] 이들 거짓 교사들은 자기를 과시하며 거룩하게 살려고 거짓 교사들을 피하여 몸부림치는 성도들을 도리어 방종한 정욕으로 유혹한다.

"그들이 허탄한 자랑의 말을 토하며 그릇되게 행하는 사람들에게서 겨우 피한 자들을 음란으로써 육체의 정욕 중에서 유혹하는도다"(벧후 2:18).

거짓 교사들이 이렇게 방종한 이유는 예수님의 재림을 부정하기 때문이다. 이들은 세상이 처음 창조될 때와 다르지 않다고 조롱하며 부당한 이득과 탐욕을 즐기라고 한다.

> "먼저 이것을 알지니 말세에 조롱하는 자들이 와서 자기의 정욕을 따라 행하며 조롱하여 이르되 주께서 강림하신다는 약속이 어디 있느냐 조상들이 잔 후로부터 만물이 처음 창조될 때와 같이 그냥 있다 하니"(벧후 3:3-4).

이들은 성도에게서 재림의 소망을 앗아가는 독버섯과 같은 존재들이었다. 이런 거짓 교사들은 성경을 자의적으로 해석하며 성도들에게 그동안 교회가 모르던 새로운 비밀을 알려주겠다고 미혹하여 성도들의 확신을 빼앗는 일을 일삼았다.

> "먼저 알 것은 성경의 모든 예언은 사사로이 풀 것이 아니니 예언은 언제든지 사람의 뜻으로 낸 것이 아니요 오직 성령의 감동하심을 받은 사람들이 하나님께 받아 말한 것임이라"(벧후 1:20-21).

> "우리가 사랑하는 형제 바울도 그 받은 지혜대로 너희에게 이같이 썼고 또 그 모든 편지에도 이런 일에 관하여 말하였으되 그중에 알기 어려운 것이 더러 있으니 무식한 자들과 굳세지 못한 자들이 다른 성경과 같이 그것도 억지로 풀다가 스스로 멸망에 이르느니라. 그러므로 사랑하는 자들아. 너희가 이것을 미리 알았은

즉 무법한 자들의 미혹에 이끌려 너희가 굳센 데서 떨어질까 삼
가라"(벧후 3:15b-17).

여기서 '예언'이란 단순히 미래 사건에 대한 예측이 아니라 성경
전체에 나타난 하나님의 뜻과 계시가 담긴 말씀을 가리킨다. 거짓 교
사들은 특히 바울 서신 가운데 이해하기 어려운 부분을 자의적으로
풀며 사람들을 더욱 잘못된 길로 인도하였다. 이렇게 미혹되어 이르
는 곳은 분명 멸망의 길이다.

5. 요한서신

요한 서신에서는 거짓 교사들과 그들이 전파하는 잘못된 가르침
을 곳곳에서 경고한다. 요한 공동체에 파고든 거짓 교사들은 예수 그
리스도의 신성과 인성을 부정하고, 예수께서 하나님의 아들이신 성
자 하나님임을 부인하였다. 요한 서신은 이들이야말로 적그리스도라
고 강력하게 경고한다.

첫째, 요한 서신은 마지막 때 적그리스도가 많이 일어날 것이라
고 경고한다.

"아이들아 지금은 마지막 때라. 적그리스도가 오리라는 말을 너희
가 들은 것과 같이 지금도 많은 적그리스도가 일어났으니 그러므

로 우리가 마지막 때인 줄 아노라"(요일 2:18).

요한서신에서 적그리스도는 한 특정한 인물이 아니라 많은 사람으로 등장한다. 여기 적그리스도(antichrist)는 말 그대로 그리스도를 대적하는 자다. 이들은 그리스도의 신성과 인성을 부인하며 그분의 하나님 아들 되심을 부인하는 거짓 가르침을 전파하는 자들이다.

둘째, 거짓 교사 즉 적그리스도는 원래 요한 공동체에 있다 나간 이들이다.

"그들이 우리에게서 나갔으나 우리에게 속하지 아니하였나니 만일 우리에게 속하였더라면 우리와 함께 거하였으려니와 그들이 나간 것은 다 우리에게 속하지 아니함을 나타내려 함이니라"(요일 2:19).

이들은 원래 교회에서 복음의 가르침을 받았으나 이를 거부하고 나가 독자적인 깨달음, 즉 예수 그리스도의 신성과 인성을 부인하는 거짓 가르침을 전파하였다.

셋째, 거짓 교사, 즉 적그리스도의 핵심적인 가르침은 예수께서 그리스도이심을 부인하는 것이다.

"거짓말하는 자가 누구냐. 예수께서 그리스도이심을 부인하는 자가 아니냐. 아버지와 아들을 부인하는 그가 적그리스도니 아들을 부인하는 자에게는 또한 아버지가 없으되 아들을 시인하는 자에게는 아버지도 있느니라"(요일 2:22-23).

이들은 예수께서 그리스도이심을 부인할 뿐 아니라 하나님의 아들 됨을 부인했다. 하지만 요한일서는 이렇게 하나님의 아들 예수 그리스도를 부인하는 자는 결국 아버지도 부인하는 자라고 단언한다. 성도는 사도에게서 받은 참된 가르침을 지키며 주 안에 거해야 한다 (요일 2:27-28).

넷째, 거짓 교사들의 또 다른 가르침은 예수 그리스도의 인성을 부정하는 것이었다. 이들은 예수 그리스도의 성육신을 부인하며 성도들을 미혹했다.

"미혹하는 자가 세상에 많이 나왔나니 이는 예수 그리스도께서 육체로 오심을 부인하는 자라. 이런 자가 미혹하는 자요 적그리스도니"(요이 1:7).

다섯째, 사도 요한은 이런 적그리스도의 미혹하는 역사에 대해 이들이 과연 하나님께 속한 이들인지 분별하라고 한다.

"사랑하는 자들아 영을 다 믿지 말고 오직 영들이 하나님께 속하였나 분별하라. 많은 거짓 선지자가 세상에 나왔음이라"(요일 4:1).

그렇다면 거짓 선지자를 분별하는 기준은 무엇일까? 그것은 예수 그리스도의 성육신을 인정하는 여부다.

"이로써 너희가 하나님의 영을 알지니 곧 예수 그리스도께서 육체로 오신 것을 시인하는 영마다 하나님께 속한 것이요 예수를 시인하지 아니하는 영마다 하나님께 속한 것이 아니니 이것이 곧 적그리스도의 영이니라. 오리라 한 말을 너희가 들었거니와 지금 벌써 세상에 있느니라"(요일 4:2-3).

성자 하나님 예수 그리스도께서 인성을 취하여 이 땅에 오신 것을 시인하고 인정하는 자가 참된 선지자이며 이를 부인하는 자가 거짓 선지자다. 이를 인정하기 위해서는 먼저 예수께서 성자 하나님이심을 인정해야 하고 둘째, 성자 하나님이 인성을 취하여 사람으로 이 땅에 오신 성육신의 역사를 인정해야 한다. 따라서 예수 그리스도는 참 하나님이자 참 사람임을 인정해야 한다(요 1:14). 이것이 바로 요한 사도가 전해 준 바른 가르침이다(요 1:18). 요한일서는 이런 사도들의 가르침을 잘 듣고 따르는 자들이 하나님께 속한 자들이고 듣지 않고 공동체를 벗어난 이들이 미혹의 영에 이끌린 자들이라고 한다.

"우리는 하나님께 속하였으니 하나님을 아는 자는 우리의 말을 듣고 하나님께 속하지 아니한 자는 우리의 말을 듣지 아니하나니 진리의 영과 미혹의 영을 이로써 아느니라"(요일 4:6).

여기서 '우리'는 사도들을 가리킨다. 따라서 '우리의 말'이란 사도들이 전해 준 복음과 가르침을 뜻하고, '우리의 말'을 듣는다는 것은 '사도들의 가르침을 따른다'는 것을 의미한다.

6. 요한계시록

요한계시록의 소아시아 일곱 교회 가운데 세 교회가 거짓 교사의 가르침으로 어려움을 겪고 있었다. 이들은 에베소 교회, 버가모 교회, 두아디라 교회다. 건강하게 세워진 일곱 교회 가운데 세 교회가 적그리스도의 침투로 어려움이 있었다는 사실은 오늘의 우리에게도 경종을 울린다. 이단의 침투가 광범위하게 교회 깊숙이 파고들 수 있기 때문이다. 그렇다면 소아시아에 침투했던 거짓 교사들은 어떤 이들이었을까?

＊ 에베소 교회

에베소 교회에 침투했던 거짓 교사들에 대해서는 앞서 에베소서와 디모데전후서를 통해 살펴본 바 있다. 이들은 속임수와 간사한 유혹으로 성도들을 미혹했고(엡 4:14), 헛된 말로 성도들을 속이며 하나님의 진노를 자초했다(엡 5:6). 이들은 율법을 강요하는 동시에 족보와 신화를 이용해 복음을 혼합주의로 변질시켰다(딤전 1:6-7). 심지어는 부활이 이미 지나갔다고 하며 성도들을 혼란에 빠뜨렸다(딤후

2:18). 거짓 가르침을 이익의 수단으로 삼아 탐욕을 채우기 위해 성도들을 기만했다(딤전 6:3-5). 이들은 심지어 결혼을 못 하게 했고 특정한 음식물을 금했으며 율법적이고 금욕적인 생활 방식을 강요했다(딤전 4:1-3). 요한계시록은 이런 에베소 교회에 '자칭 사도라 하되 아닌 자들'이 있음을 말씀한다.

> "내가 네 행위와 수고와 네 인내를 알고 또 악한 자들을 용납하지 아니한 것과 자칭 사도라 하되 아닌 자들을 시험하여 그의 거짓된 것을 네가 드러낸 것과"(계 2:2).

'자칭 사도'는 참된 사도로 가장하여 거짓 권위로 성도들을 미혹하려 했다. 감사하게도 에베소 교회는 이런 거짓 교사들을 테스트하여 마침내 이들의 거짓을 드러냈다.

* 버가모 교회

버가모 교회에는 거짓 교사들이 교묘하게 침투하였다. 이들의 가르침은 크게 두 가지 특징을 갖는다. 하나는 '발람의 교훈'이고 다른 하나는 '니골라당의 교훈'이다.

먼저 발람의 교훈은 원래 구약의 발람 선지자가 모압 왕 발락에게 이스라엘을 유혹하도록 조언했던 사건을 배경으로 한다. 발람은 금전적 이익을 위해 이스라엘 백성에게 우상숭배와 음행을 유도하는 꾀를 내어 이스라엘을 큰 음행으로 미혹했다(민 25장, 31:16). 버가모 교회에는 발람의 교훈과 유사하게 우상숭배를 조장하고 우상의 제물을 먹게 하며 음행을 조장하는 거짓 교사들의 침투가 있었던 모양이다.

> "그러나 네게 두어 가지 책망할 것이 있나니 거기 네게 발람의 교훈을 지키는 자들이 있도다. 발람이 발락을 가르쳐 이스라엘 자손 앞에 걸림돌을 놓아 우상의 제물을 먹게 하였고 또 행음하게 하였느니라"(계 2:14).

이러한 치명적인 미혹을 부추기는 거짓 가르침을 갖는 당시의 이단으로 '니골라당'이 있었다. 니골라당은 신앙의 자유를 잘못 해석하여 방종으로 이어지게 했고 복음의 순수성을 흐리고 성도들로 정욕을 따르는 방탕한 삶을 부추겼다.

> "이와 같이 네게도 니골라 당의 교훈을 지키는 자들이 있도다. 그러므로 회개하라. 그리하지 아니하면 내가 네게 속히 가서 내 입의 검으로 그들과 싸우리라"(계 2:15-16).

예수님은 이런 버가모 교회에게 속히 회개할 것을 촉구하신다.

＊ 두아디라 교회

두아디라 교회는 여선지자 이세벨의 가르침으로 몸살을 앓고 있었다.

"그러나 네게 책망할 일이 있노라. 자칭 선지자라 하는 여자 이세벨을 네가 용납함이니 그가 내 종들을 가르쳐 꾀어 행음하게 하고 우상의 제물을 먹게 하는도다"(계 2:20).

원래 이세벨은 구약성경에 등장하는 아합왕의 아내로, 이스라엘 전체를 바알 숭배로 빠뜨린 장본인이다(왕상 16:31-33). 두아디라 교회에는 자신이 하나님의 영을 받아 예언한다고 주장하는 여선지자 이세벨이 있었다. 하지만 선지자라고 주장하는 이세벨의 입에서 나온 메시지는 온통 우상숭배와 음행을 조장하는 음란하고 교묘한 것이었다. 두아디라 교회 가운데는 이런 이세벨의 가르침을 따르는 이들이 있었다. 여선지자 이세벨은 자신의 가르침이 영적으로 심오한 깊은 가르침이라고 주장하며 사람들을 꾀었으나, 예수님은 이것이 '사탄의 깊은 것'이라고 폭로하신다(계 2:24).

7. 요약 : 신약성경에 나타난 이단의 실천적, 교리적 특징

이상으로 살펴본 신약성경에 나타난 거짓 교사(적그리스도)의 특징과 거짓 가르침의 특징을 요약하면 다음과 같다.

* 거짓 교사(적그리스도) 이단의 실천적 특징

1) 조용히 몰래 침투 : 자신들의 의도를 숨기고 교회에 조용히 들어와 미혹을 시작한다(벧후 2:1, 갈 2:4). 예) "멸망케 할 이단을 가만히 끌어들여"(벧후 2:1).

2) 스스로 권위를 주장 : 자칭 사도나 선지자라 주장하며 자신을 높이고, 참된 권위를 가장한다(계 2:2, 고후 11:13). 예) "자칭 사도라 하되 아닌 자들"(계 2:2).

3) 기존 교회의 목회자 비방 : 사도들의 권위를 깎아내리고, 그들의 복음 전파와 가르침을 폄하한다(고후 10:10, 고후 11:13). 예) "그들의 말이 그 편지들은 무게가 있고 힘이 있으나 그가 몸으로 대할 때는 약하고 그 말도 시원하지 않다 하니"(고후 10:10).

4) 자의적 성경해석 : 사도들의 가르침 가운데 특별히 난해하고 이해하기 어려운 부분을 자의적으로 해석하여, 왜곡된 메시지를 전파하고 성도들을 미혹한다(벧후 3:16). 예) "무식한 자들과 굳세지 못한 자들이… 억지로 풀다가 스스로 멸망에 이르느니라"(벧후 3:16).

5) 탐욕적 동기 : 자신의 배를 신처럼 섬기며, 물질적 이익이나 탐욕을 위해 성도들을 이용한다(롬 16:18, 빌 3:19, 딤전 6:5). 예) "그들의 신은 배요"(빌 3:19). "경건을 이익의 방도로 생각하는 자들…"(딤전 6:5).

6) 교묘한 속임수 : 사람의 미혹을 위해 간사한 말과 속임수를 사용한다(엡 4:14, 딛 1:10). 예) "속이는 자가 많은 중…"(딛 1:10).

7) 교회 내의 분열과 다툼 유발 : 복음을 변질시켜 성도 간의 다툼과 분열을 일으킨다(롬 16:17, 딛 3:9-11). 예) "분쟁과 율법에 대한 다툼은 피하라"(딛 3:9). "너희가 배운 교훈을 거슬러 분쟁을 일으키거나 거치게 하는 자들을 살피고 그들에게서 떠나라"(롬 16:17).

8) 부패한 양심 : 양심이 마비되어 헛된 말과 거짓을 반복한다(딤전 4:2, 딛 1:15). 예) "자기 양심이 화인을 맞아서…"(딤전 4:2).

9) 외식과 경건의 모양 : 겉으로는 경건해 보이지만 실상은 하나님의 능력을 부인한다(딤후 3:5). 예) "경건의 모양은 있으나 경건의 능력은 부인하니…"(딤후 3:5).

10) 정욕을 조장 : 음란과 방탕을 조장하며 성도들을 윤리적 타락으로 이끈다(벧후 2:2, 계 2:20). 예) "여럿이 그들의 호색하는 것을 따르리니…"(벧후 2:2)

11) 기존에 믿던 신앙을 허물고 소망을 빼앗음 : 예수님의 재림과 성도의 부활을 부정하거나 왜곡하여 소망을 빼앗는다(딤후 2:18, 벧후 3:3-4). 예) "부활이 이미 지나갔다 함으로…"(딤후 2:18).

12) 영적 교만 : 특별한 영적 지식이나 심오한 가르침을 주장하며 자신을 높인다(골 2:18, 요이 1:7). 예) "꾸며낸 겸손과 천사 숭배를 이유로…"(골 2:18).

13) 이간질과 거짓된 열심 : 성도들의 열심을 자신들에게 돌리게 한다(갈 4:17). 예) "오직 너희를 이간시켜 너희로 그들에게 열심을 내게 하려 함이라"(갈 4:17).

14) 미혹의 전략 : 성도들, 특히 연약한 이들을 대상으로 집중적인 미혹을 시작한다(딤후 3:6-7, 벧후 2:14). 예) "어리석은 여자를 유인하는 자들…"(딤후 3:6). "굳세지 못한 영혼들을 유혹하며…"(벧후 2:14).

15) 방탕한 삶 : 자신의 악한 행위를 정당화하며 죄를 지속적으로 행한다(벧후 2:13-14). 예) "불의의 값으로 불의를 당하며…"(벧후 2:13).

* 거짓 교사(적그리스도) 이단의 교리적 특징

1) 복음의 왜곡 : 복음을 변질시키고 '다른 복음'을 전파한다(갈 1:6-9). 예) "다른 복음을 전하면 저주를 받을지어다"(갈 1:9).

2) 율법주의 강조 : 믿음만이 아닌 율법 준수와 할례를 구원의 조

건으로 제시한다(갈 6:12-13, 골 2:16). 예) "할례를 받게 하려는 것은 그들이 너희의 육체로 자랑하려 함이라"(갈 6:13).

3) 금욕주의 강조 : 혼인금지, 음식 금지를 가르치고 이를 극단적으로 강요하며 육체를 학대하는 비성경적 가르침을 강조한다(딤전 4:1-5, 골 2:20-23, 딛 1:14-15, 14:2-3). 예) "혼인을 금하고 어떤 음식물은 먹지 말라"(딤전 4:3). "붙잡지도 말고 맛보지도 말고 만지지도 말라"(골 2:21).

4) 성육신 부정 : 예수님의 성육신을 부정한다(요일 4:2-3, 요이 1:7). 예) "예수 그리스께서 육체로 오신 것을… 시인하지 아니하는 영마다 하나님께 속한 것이 아니니 곧 적그리스도의 영이니라"(요일 4:2-3).

5) 부활과 재림 왜곡 : 부활의 소망과 재림을 부정하거나 이를 조롱한다(딤후 2:18, 벧후 3:4). 예) "주께서 강림하신다는 약속이 어디 있느냐"(벧후 3:4).

6) 우상 숭배와 음행 조장 : 우상의 제물을 먹게 하고 음행을 허용한다(계 2:14, 2:20). 예) "그가 내 종들을 가르쳐 꾀어 행음하게 하고 우상의 제물을 먹게 하는도다"(계 2:20).

7) 방탕과 자유 허용 : 신앙의 자유를 방종으로 왜곡하여 윤리적

타락을 정당화하려 한다(유 1:4, 벧후 2:19). 예) "자유를 준다 하여도 자신들은 멸망의 종들이니"(벧후 2:19).

8) 철학과 헛된 지식 : 철학과 세상의 초등학문을 따라 사람들을 미혹한다(골 2:8). 예) "누가 철학과 헛된 속임수로 너희를 사로잡을까 주의하라"(골 2:8).

9) 혼합주의 : 유대교 전통과 이방 철학, 신비주의를 혼합하여 복음을 왜곡(골 2:21-23, 딛 1:14). 예) "사람의 명령과 가르침을 따르느냐"(골 2:22).

10) 신비주의 강조 : 천사 숭배와 영적 체험을 강조하며, 성도들을 미혹한다(골 2:18). 예) "천사 숭배를 이유로 너희를 정죄하지 못하게 하라"(골 2:18).

11) 종말론의 왜곡 : 임박한 재림을 선동하거나 종말론을 부정(살후 2:1-2, 살후 3:11). 예) "주의 날이 이르렀다고 해서 쉽게 마음이 흔들리거나 두려워하거나 하지 말아야 한다"(살후 2:2).

12) 허탄한 신화와 족보 강조 : 헛된 신화와 끝없이 지어내는 족보 이야기를 통해 교회를 어지럽힌다(딤전 1:4, 딛 1:14). 예) "신화와 끝없는 족보에 몰두하지 말게 하려 함이라"(딤전 1:4).

요컨대 신약시대에 침투했던 이단들의 행태와 가르침은 오늘날의 이단과 다를 바 없다. 이제 우리는 이를 교훈 삼아 더욱 깨어 있어야 한다.

〈 Section 2. 각주 〉

7) 양형주, 「평신도를 위한 쉬운 로마서」(서울: 브니엘, 2022), 467쪽.
8) 박영호, 「빌립보서」(그리스도인을 위한 통독 주석 시리즈)(서울: 홍성사, 2017), 196쪽.
9) 위의 책, 196쪽.
10) 피터 T. 오브라이언, 정일오 역 「골로새서. 빌레몬서」(WBC 44)(서울: 솔로몬, 2008), 281쪽.
11) 김세윤, 「데살로니가전서 강해」(서울: 두란노, 2002), 169쪽.
12) 성경의 사건들을 해석하고 보충하여 전해 주는 유대의 구전 전승인 하가다에 따르면 이들은 출애굽기 7장 8절 이하부터 등장하여 모세와 논쟁을 벌였던 마술사들로, 얀네와 얌브레는 특히 출애굽기 8장 18-19절에 등장한 애굽 술사들의 이름으로 전승되고 있다. 박익수, 「디모데전.후서/디도서」(대한기독교서회 창립100주년기념 성서주석 45)(서울: 대한기독교서회, 1994), 352쪽.
13) 박익수, 「디모데전.후서/디도서」, 491쪽.
14) 위의 책, 492쪽.
15) 베드로후서의 정경성에 대한 논란이 있지만, 여기서는 베드로(또는 베드로의 영향을 깊이 받은 교회 리더십)의 진정성을 전제한다. 참조. 박창환, 김경희, 「베드로전.후서/유다서」(대한기독교서회 창립100주년기념 성서주석)(서울: 대한기독교서회, 1996), 144-146쪽.
16) 박창환, 김경희, 「베드로전.후서/유다서」, 215-216쪽.

이단 예방설교,
주제 선정 길라잡이

● ● ● ● ●

이단 예방설교는 단순히 '이단을 조심하라'는 수준이어서는 안 된다. 보다 구체적이어야 한다. 이들이 어떻게 접근하고, 또 성경을 어떻게 왜곡하고 조작하는지를 구체적으로 제시하고 이에 대한 대비책을 함께 제시해야 한다. 그래야 제대로 예방할 수 있다.

이단 예방설교의 주제 선정은 크게 두 가지로 나눌 수 있다.

첫째는 교리적 접근이다. 이는 교리(조직신학)의 7가지 주요 영역에서 바른 교리와 이를 왜곡하는 이단들의 그릇된 주장을 함께 비교하며 올바른 교리의 기초를 다질 수 있도록 돕는 설교다.

둘째는 단체별 접근이다. 이는 우리나라의 주요 교단들이 결의한 이단단체를 개별적으로 예방할 수 있도록 돕는 것이다. 각 단체가 접근하는 포교 방법도 교묘하고 다양하며 성경 공부도 마찬가지다. 따라서 설교자는 성도들에게 이들의 교묘한 접근 방법에 대한 예방, 성경 공부 내용에 대한 예방설교 모두 준비할 필요가 있다. 단체별 접근이라고 해서 단체의 이름을 언급해야 하는 것은 아니다. 때로 단체의 이름을 언급한 설교가 온라인에 공개될 경우, 이단단체 중 이런 것에 예민한 단체는 당장에 법적인 조치를 예고하며 수정을 요청할 때도 있기 때문이다. 따라서 단체의 이름은 '어떤 단체'로 명시해서 부르지 않더라도 그들의 접근법과 교리를 구체적으로 밝히고 이에 대한 대비책을 설교할 필요가 있다.

1. 교리별 접근

교리적 접근은 교리의 7가지 주요 분야인 계시론, 신론, 인간론, 기독론, 구원론, 교회론, 종말론에서 성도가 미혹되지 않도록 든든한 교리적 뼈대를 제공하는 방법이다. 하지만 일반적으로 교리 설교로 접근하다 보면 자칫 딱딱하고 성도들의 실생활에 와닿지 않는 무미건조한 설교이기 쉽다. 이를 위한 효과적인 접근은 이단단체가 접근하는 왜곡된 교리를 제시한 후, 이것이 듣기에는 그럴듯해도 왜 잘못된 것인지를 밝히고 바른 교리를 제시하며 이런 왜곡된 교리가 성도를 어떻게 그릇된 길로 인도할 수 있는지 그 위험성을 자각하게 한다. 그러고 나서 올바른 교리의 필요성을 절감하고 바른 진리를 제시하여 바른 진리를 붙들도록 하는 것이다. 여기서는 교리적 접근에 있어서 핵심적으로 알고 있어야 할 부분을 간략하게 살피도록 하겠다.

A. 계시론

　기독교는 '계시'의 종교다. 우리가 신앙생활을 한다는 것은 이 '계시'에 우리의 삶을 함께 묶어 확고하게 세워나감을 의미한다. 그렇다면 우리가 붙들어야 할 '계시'는 무엇일까? 기록된 계시의 말씀인 성경이다. 성경은 모두에게 열려 있고 누구나 접근 가능한 객관적 계시다. 이 성경 말씀을 반복적으로 읽고 묵상하며 이 말씀에 성도의 삶을 묶고 확고하게 세워나가는 것이 바른 신앙생활이다. 기록된 하나님의 말씀이 성도들의 신앙을 올바로 인도하는 등이며 빛인 것이다(시 119:105).

　성경은 예수 그리스도로 말미암아 믿는 자에게 구원을 주시는 하나님의 특별계시가 기록된 책이다. 성도는 성경이 우리의 구원을 위해 완전하고 충분함을 확신해야 한다(딤후 3:15, 요 20:31, 갈 1:7-8).[17] 성경에 기록된 믿음으로 말미암는 구원의 복음은 성도의 구원을 위한 유일무이하고 충분한 계시다. 이를 성경 계시의 완전성, 종결성, 충족성이라고 한다.

　하지만 많은 이단 사이비 단체는 이 시대에 교주가 특별한 계시의 말씀을 받았다고 주장한다. 이 마지막 시대에 구원을 얻으려면 성경만으로는 부족하고 교주의 직통 계시를 듣고 따라야 한다는 것이다. 이를 설득력 있게 제시하기 위해 교주들은 저마다 특별한 체험을 이야기한다. 산, 동굴, 집 앞 등에서 큰 빛이 나타났다는 것이다. 또 어떤 교주는 천사가 나타나 두루마리를 먹여주었다고도 한다. 어떤 이는 그동안 봉인되었던 요한계시록의 비밀이 자신을 통해서만 그 성취가 온전히 계시되었다고 한다. 성경은 이를 '다른 복음'이라 한다(고후 11:4, 갈 1:6-9). 성도는 이 모든 미혹의 말을 단호히 거부해야 한다. 성경에 기록된 예수 그리스도를 믿는 참된 복음 외에 다른 복음은 없다.

B. 신론

기독교는 성경에 계시된 삼위일체 하나님을 신앙한다. 성부, 성자, 성령이 각각 구별된 인격이지만 모두 동일한 하나님의 본체이며 한 분 하나님이다. 삼위일체 하나님은 구약성경과(창 1:26, 사 61:1, 사 48:16, 시 110:1, 사 9:6-7) 신약성경(마 3:16-17, 28:19, 고후 13:13, 갈 4:4-6, 딛 3:4-6, 유 1:20-21, 계 1:4-5) 모두에 동일하게 나타난다. 삼위일체 하나님은 인간의 구속 경륜을 위해 함께 협력하신다.

하지만 많은 이단 사이비는 삼위일체 하나님을 오해하고 왜곡한다. 대표적인 첫 번째 왜곡이 양태론이다. 하나님은 한 분이지만 시대에 따라 다른 모습으로 나타난다는 것이다. 하나님이 구약시대에는 여호와로 나타나셔서 여호와의 이름으로 기도하고 구원받게 역사하셨고, 신약시대에는 예수로 나타나셔서 예수의 이름으로 기도하고 구원받게 역사하셨다는 것이다. 그리고 마지막 성령시대에는 성령께서 오셔서 성령의 이름으로 기도하고 구원받게 하셨는데 성령은 이름이 없다. 그 이름은 계시록에 기록된 대로 감추어진 새 이름이라는 것이다(계 2:17). 그리고 이 시대에 역사하는 성령 하나님이 바로 교주의 육체 가운데 역사하는 새로운 구원자이고, 교주의 이름이 바로 성령 하나님의 이름이라는 것이다. 따라서 이 시대에는 교주의 이름으로 기도하고 교주의 이름으로 구원받아야 한다고 주장한다.

많은 이단단체가 현재의 교주를 재림 예수 혹은 보혜사 하나님으로 믿고 고백한다. 이들이 믿고 고백하는 삼위일체 하나님은 어떤 하나님일까? 혹자는 "아니, 어떻게 저렇게 시골 아저씨 같고 외모도 촌스럽고 무식해 보이는 사람을 하나님으로 믿느냐"며 비웃는다. 그러면 이단단체에 빠진 사람은 정색하며 이분이야말로 이사야 53장의 예언을 이루신 재림 예수라고 강변한다. 어떤 예언인가? "그는 주 앞에서 자라나기를 연한 순 같고 마른 땅에서 나온 줄기 같아서 고운 모양도 없고 풍채도 없은즉 우리의 보기에 흠모할 만한 아름다운 것이 없도다"(사 53:2). 촌스럽고 무식해 보이니 이사야 53장 2절의 말씀을 성취하는 언약의 목자라는 것이다.[18]

삼위일체의 또 다른 왜곡은 삼신론이다. 삼위의 구별된 인격의 하나님이 한 분이라는 것을 배격하고 하나님은 한 분이라고 주장한다. 참되신 하나님은 여호와 하나님뿐이며 성자는 하나님이 창조하신 첫 번째 피조물, 성령은 하나님의 기운에 불과하다는 것이다. 하지만 이러한 주장은 예수 그리스도가 하나님이고(요 1:1, 18, 20:28, 히 1:8, 딛 2:13, 롬 9:5, 요일 5:20, 사 9:6), 성령 또한 말할 수 없는 탄식으로(롬 8:26) 성도를 사랑하며(롬 15:30) 성부 성자와 함께 역사하시는 하나님(마 28:19, 롬 8:11, 벧전 1:2)이라는 성경의 진술을 고의로 무시하는 것이다.

C. 인간론

인간론은 하나님이 창조하신 사람이 어떤 존재이며 무엇 때문에
타락하여 하나님과 멀어졌는지를 다룬다. 무엇보다 사람은 하나님의
형상대로 지음받은 존재다. 하나님의 형상이란 크게 세 가지로 나눈
다. 먼저는 본질적 관점이다. 이는 인간이 하나님처럼 지, 정, 의를
갖고 하나님의 숨결을 가진 영적 존재이기에, 하나님과의 관계에서
만 온전히 이해될 수 있는 존재임을 의미한다. 둘째, 기능적 관점이
다. 인간은 하나님의 대리자로 피조세계를 다스리는 역할을 감당하
도록 창조되었다. 이는 인간이 감당할 왕적, 선지자적, 제사장적 사
역을 포함한다. 셋째, 관계적 관점이다. 하나님은 삼위일체적 관계
가운데 계시는 분이기에, 사람도 공동체와의 관계를 통해 형상을 드
러내도록 창조되었음을 의미한다. 하지만 이단은 하나님의 형상을
왜곡하여, 하나님의 형상대로 지음받은 사람이 남자와 여자로 창조
되었다면 그 형상의 원본인 하나님도 아버지 하나님, 어머니 하나님
이어야 한다는 비진리를 주장한다.

이러한 오해와 더불어 여러 이단단체가 인간의 구성을 극단적인
삼분론으로 왜곡한다. 개혁주의 신학에서 전통적으로 지지하는 인간
론은 이분설이다. 이는 사람을 영혼과 육체의 결합체로 인지하며, 흙
으로 사람을 만드시고 그 코에 호흡을 불어 넣으신 하나님의 창조에
기초한 교리다(창 2:7). 이는 성경적으로도 많은 지지를 받는다. 성
경은 영과 혼의 용어를 별도로 구별하지 않고 상호 교환 가능한 방식
으로 사용한다.[19] 따라서 삼분설은 성경의 적절한 지지를 받지 못한

다. 이는 도리어 헬라 철학의 영향을 받은 것이다. 영, 혼, 육이 아닌 영, 혼, 몸이 등장하는 데살로니가전서 5장 23절은 그 강조점이 영, 혼, 육의 삼분적인 요소를 강조하는 데 있지 않다. 이는 인간의 전 존재를 강조하는 표현으로 "너희의 '온' 영과 혼과 몸이" 잘 보존되기를 원한다는 바람을 표현한 것이다. 이는 이러한 강조는 히브리서 4장 12절에도 잘 나타난다.

"하나님의 말씀은 살아있고 활력이 있어 좌우에 날선 어떤 검보다도 예리하여 혼과 영과 및 관절과 골수를 찔러 쪼개기까지 하며 또 마음의 생각과 뜻을 판단하나니."

여기서 인간의 구성요소는 영과 혼뿐만 아니라 관절, 골수, 마음까지 등장한다. 이는 인간의 구성이 이러한 각각의 요소가 있음을 이야기하려는 것이 아니라 하나님 말씀이 우리 전 존재 구석구석을 파고든다는 것을 강조하는 표현이다. 이처럼 우리의 존재를 이루고 있는 모든 것을 강조하려는 표현은 성경에 종종 등장한다. 예수님도 이런 표현을 사용하신 바 있다.

"예수께서 이르시되 네 마음을 다하고 목숨을 다하고 뜻을 다하여 주 너의 하나님을 사랑하라 하셨으니"(마 22:37).

여기서 예수님은 인간의 구성을 마음, 목숨, 뜻으로 말씀하신다. 하지만 이것은 인간의 구성을 말하려는 것이 아니다. 인간의 전 존재를 다하여 하나님을 사랑하라는 것을 강조하시려는 표현인 것이다.

극단적인 삼분론이 위험한 이유가 있다.[20] 삼분설에 따르면 육은 죄를 짓기에 죄가 머무르는 기관, 혼은 육체에 의해 영향받는 연약한 기관, 영은 하나님의 능력을 받고 성령이 머무르는 특별한 기관이 된다. 더 나아가 영에는 성령이 거하시기에 영은 죄를 짓지 않는다고 여긴다. 반면 죄는 육체에 거하기에 썩어질 것, 벗어버려야 할 것이 된다. 지방 교회에 많은 영향을 끼친 위트니스 리는 심지어 "주님께서는 우리의 영을 그분의 거처로 삼으셨고 사탄은 우리의 육체를 그의 거처로 삼았다"고 주장한 바 있다.[21] 이러한 주장은 "나는 육체로 죄를 짓지만 영은 죄가 없다"는 율법방종주의를 조장하고 폭력적인 안찰기도의 근거가 되기도 한다. 그뿐만 아니다. 어떤 이들은 자신의 혼과 육체에 예수의 영이 임하여 자신은 예수처럼 된, 신성한 존재가 되었다고 주장하기까지 한다. 이러한 주장은 더 나아가 예수의 영이 임한 자는 영생불사하는 존재가 된다는 '신인합일'의 근거로까지 사용된다.

'죄'에 대한 이해 또한 중요하다. '죄'는 무엇보다 하나님과 우리 사이가 어긋난 관계적인 용어다. 하지만 죄를 존재적으로 이해할 때 구원론에 많은 문제를 초래한다. 대표적인 것이 죄가 성적 타락으로 인하여 피를 통해 흐른다는 사상이다. 이런 주장에 따르면 우리 죄는 오직 하나님이 택한 새로운 목자(교주)의 흠 없는 새 피를 통해서 용서받을 수 있다. 결국 어처구니없게도 교주와의 혼음만이 죄를 용서받는 길이 된다. 이와 유사한 또 다른 문제가 '가계에 흐르는 저주'다. 이러한 주장은 이미 대한예수교 장로회 통합측을 비롯한 여러 교

단에서 이단으로 규정된 사상이다.[22]

D. 기독론

기독론의 핵심은 예수 그리스도를 하나님으로 신앙하느냐에 있다. 예수께서는 하나님의 품속에 계셨던 성자 하나님으로, 인류를 구원하기 위해 인성을 취해 참 사람으로 이 땅에 오셨다. 기독교(Christianity)의 핵심은 그리스도(Christ)를 신앙의 대상, 즉 하나님으로 믿는 종교라는 뜻이다. '예수교'라는 표현도 마찬가지다. 예수교는 예수를 신앙의 대상, 즉 하나님으로 믿는 종교다. 하지만 많은 이단이 예수 그리스도를 하나님으로 인정하지 않는다. 예수님은 단지 하나님의 영이 잠시 머물러 사용했던 하나님이 택한 목자, 또는 사람에 불과하다는 것이다. 따라서 초림 때는 하나님이 택한 목자 예수를 들어 썼다면 종말에는 예수의 영이 함께하는 또 다른 육체, 즉 사명자 또는 목자를 들어 사용한다는 것이다. 하지만 예수께서는 인류의 죄를 위해 죽으시고 부활하신 후, 부활한 육체 그대로 하늘에 들려 올리셨다가 그 모습 그대로 이 땅에 다시 오신다(행 1:11).

이 예수를 성부 하나님과 동등한 성자 하나님으로 정확히 고백하는 것이 중요하다. 이 땅에 내려오시기 위해 잠시 동등됨을 보류하셨지만(빌 2:6)[23] 부활 승천 후에는 하늘과 땅, 땅 아래에 있는 모든 이들이 예수 앞에 무릎을 꿇고 그를 주 하나님으로 고백하게 되었다(빌 2:10-11). 이 예수는 하나님께서 처음 창조한 피조물도 천사도 아니다.[24] 예수는 세상이 창조되기 전부터 하나님 곁에서 함께 창조에 동참하셨던 성자 하나님이다(잠 8:30).

우리는 예수 그리스도의 하나님 되심을 끌어내리려는 어떤 시도에 대해서도 성경을 통해 단호하게 그리고 분명하게 예수께서 성자 하나님 되심을 가르치고 선포해야 한다.

E. 구원론

구원론의 핵심은 하나님이 그 아들 예수 그리스도를 통하여 주신 은혜의 선물을 죄로 인해 하나님을 떠나 심판받을 수밖에 없던 인간이 믿음으로 말미암아 얻는 것에 있다(엡 2:8-9). 하나님이 주시는 구원은 인간 스스로의 노력과 선행으로 이룰 수 있는 것이 아니다. 인간은 자력으로 하나님이 요구하시는 의를 결코 충족시킬 수 없다. 구원에 관해서 인간은 전적으로 무력하고 무능하다.

하지만 대다수 이단단체는 오직 믿음으로 말미암는 이 구원을 두 단계로 가르친다.[25] 예수님을 믿는 것으로도 구원받지만, 이것으로는 충분치 못하고 더욱 열심히 하나님이 요구하는 율법적 행위와 성화의 삶이 뒤따라야 완전한 구원을 얻을 수 있다는 것이다. 어떤 단체는 육식을 금해야 짐승 같은 야수성을 억제하고 완전 성화를 얻을 수 있다고 하고, 또 어떤 단체는 안식일을 지켜야 구원을 얻는다고도 하며, 어떤 단체는 전도해야 구원을 얻는다고도 한다. 어떤 단체는 구원을 특별한 가르침과 깨달음을 통해 얻는다고도 주장한다.[26] 그들의 가르침을 깨달을 때 구원이라는 것이다. 하지만 성경은 이 모든 인간의 시도를 구원에 관한 한 허사로 돌린다. 우리는 예수 그리스도를 믿음으로 말미암는 구원 외에 다른 구원을 선포하려는 교묘한 가르침을 단호하게 배격해야 한다. 이러한 것은 참 복음이 아닌 다른 복음에 불과하다.

　기억해야 할 것은 하나님이 주시는 구원의 선물은 죄로부터의 구원이라는 사실이다. 이 구원은 결코 다른 장소로의 이동이 아니다. 여러 이단단체가 기존 교회를 바벨론과 같이 타락한 단체라 주장하며 교회에서 자기네 단체로 넘어오는 것이 구원이라고 주장한다. 하지만 이것은 하나님이 주시는 구원과 아무 상관이 없는 거짓 구원임을 기억하라.

F. 교회론

　교회는 예수님이 부활 승천하시며 이 땅에 남겨주신 그분의 몸이요(고전 12:27), 만물을 충만케 하시는 이의 충만함이다(엡 1:23). 또한 교회는 하나님의 임재가 함께하는 임마누엘 공동체요, 함께한 하나님 아버지를 부르는 자녀들이 모인 대안 가족이며, 성령의 능력에 붙잡힌 공동체이다.[27]

　이토록 소중한 교회를 이단단체들은 부패하고 썩은 바벨론이자 진리도 구원도 없는 비진리의 세상으로 폄훼한다. 그러면서 자신들이야말로 참된 진리를 소유하고 요한계시록의 참된 뜻을 깨달은 유일한 단체이기에 그곳에서만 구원을 얻을 수 있다고 주장한다. 그래서 심지어는 자기네 단체의 교적부가 바로 생명책이라는 황당한 주장까지 한다. 이러한 독선적인 주장의 배후에는 그 단체의 지도자 또는 교주가 받았다는 직통 계시와 깨달음이 있다. 하지만 이러한 주장은 성경을 교묘하게 왜곡한 거짓 주장, 거짓 복음에 불과할 뿐이다. 또 어떤 단체는 비성경적인 요란한 신비 현상을 추구하기도 한다. 이들은 복음의 감격보다는 율법의 열심을 강요하고, 심지어 구원과 영생을 위해서는 가족까지도 버리라고 요구한다. 성도는 이러한 폐쇄적이고 비윤리적인 단체들의 행태를 주의해야 한다.

G. 종말론

한국교회는 이미 여러 차례 종말론으로 몸살을 앓은 바 있다. 대표적인 것이 1992년 10월 28일에 예수님이 재림한다고 주장했던 다미선교회의 시한부 종말론이다. 이것이 해프닝으로 끝났음에도 불구하고, 여전히 많은 성도가 건강한 종말론으로의 회심을 경험하지 못하고 국제 정세가 불안하거나 조금만 자극적인 음모론이 나오면 거기에 휩쓸려 흔들린다.

가장 중요한 것은 개인적 종말의 중요성이다. 지금까지 살다 죽은 모든 성도는 예외 없이 우주적 종말이 오기 전에 개인적 종말을 먼저 맞이하였다. 하지만 우리는 종말론이라고 하면 개인적 종말은 제쳐두고 우주적 종말을 먼저 생각한다. 따라서 성도의 죽음과 부활, 첫째 부활(영혼이 낙원에 가는 것)과 둘째 부활(예수의 재림 때 일어날 몸의 부활)에 대한 정확한 개념이 서지 않은 경우가 많다. 또한 그리스도의 재림이 죄와 상관없이 그리스도를 바라는 이들에게 오시는 인격적 강림(히 9:28)이라는 사실을 모르고 막연히 두려움에 떠는 경우도 많다.[28] 많은 이단단체가 이런 두려움을 교두보 삼아 성도들이 제대로 모르는 부활과 재림의 개념을 왜곡시켜 접근한다.

개인적 종말과 함께 성도는 우주적 종말을 올바로 이해해야 한다. 많은 경우 세대주의 종말론에 치우쳐 시한부 종말론에 기울어져 있다. 이로 인해 무화과나무 비유에 대한 해석(마 24:32-35), 멸망의 가증한 것(마 24:15-16), 짐승의 표 666, 적그리스도, 은밀한(?) 공중 재림, 1260일, 14만 4천 등 다양한 주제를 세대주의에 입각하여 성경과 상관없이 왜곡하여 이해한다. 이러한 왜곡은 오랜 세월을 통해 성도들 뇌리에 상당히 깊이 뿌리 박혀 좀처럼 바뀌지 않는다. 성도들에는 왜곡된 종말론의 회심이 정말 절실하게 필요하다. 성도는 종교개혁 전통을 잇는 올바른 개혁주의 신앙의 종말론을 제대로 정립할 필요가 있다. 이와 함께 천년왕국에 대한 건강한 이해 또한 필요하다.[29]

2. 단체별 접근

이단 예방설교는 이단단체들이 접근하는 방식에 따라 크게 세 가지로 나누어 접근할 수 있다.

A. 미혹하는 접근법에 대한 예방

이단의 접근은 날이 갈수록 교묘하게 발전한다. 이전에는 설문조사를 했던 것이 이제는 온라인을 타고 카카오톡 오픈 채팅방을 통해서, 당근 마켓의 '동네 생활 같이해요', 인스타그램의 무료 선물 후기이벤트, 데이트 앱을 통해서도 파고든다. 심지어는 도시의 문화 행사에 공식 협력 업체로 들어와 미혹하기도 한다. 어떤 단체는 요즘도 집요하게 가가호호 방문하며 불우이웃 돕기에 참여해 달라고 하며 각 가정을 파고든다. 어린아이를 키우는 가정에는 이유식을 무료로 나누며 포교하기도 한다. 이처럼 나날이 발전하는 이단들의 접근방법을 잘 모아, 이들의 접근방법에 대한 상세한 제시와 이에 대한 대처법을 예방설교로 구성할 수 있다. 갈라디아서 말씀을 기억하라.

"그들이 너희에게 대하여 열심 내는 것은 좋은 뜻이 아니요 오직 너희를 이간시켜 너희로 그들에게 대하여 열심을 내게 하려 함이라"(갈 4:17).

B. 미혹 교리와 핵심 교리를 구별하라

이단의 교리를 분석하면 미혹 교리와 핵심 교리로 분류할 수 있다. 미혹 교리는 성도를 미혹하여 관심을 갖고 이단단체의 성경 공부를 하도록 할 때 사용하는 교리 체계이고, 핵심 교리는 이단의 교주를 거짓 그리스도나 보혜사로 믿게 하는 중심 교리다. 사람들은 누구나 처음부터 핵심 교리에 미혹되지 않는다. 처음부터 교주가 보혜사라고 하면 믿을 사람이 누가 있겠는가? 그래서 대부분의 이단은 미혹 교리부터 제시하여 점점 미혹의 강도를 더한 후 나중에 핵심 교리를 제시한다. 따라서 성도는 이단단체가 성경을 갖고 어떻게 감쪽같이 성도들을 미혹하는지 올바른 분별력을 갖고 있어야 한다.

핵심 교리는 이단이 주장하고자 하는 중심 교리로 나름대로 상당한 논리체계를 갖고 있다. 따라서 성도들에게 이들의 주장이 무조건 잘못되었고 말도 안 된다고 매도할 것이 아니라 어떤 논리적인 근거로 이러한 이야기를 주장하고 있으며, 이에 대한 논리적 모순은 무엇이며 더 나아가 성경이 말하고자 하는 바른 핵심 교리는 무엇인가를 잘 설명해 주어야 한다.

C. 단체별 교리의 특징을 파악하라

이러한 교리를 제대로 분별해서 가르치려면 단체별 교리의 특징을 파악하면 좋다. 이미 시중에 많은 자료가 나와 있기에 그 핵심적인 특징을 미리 파악해 둔다면 이단들이 단체별로 특히 열심을 내는 시기에 적절한 이단 예방설교를 할 수 있다.[30] 예를 들어 3월이 되면 대학생 새내기들이 많은 이단단체의 표적이 된다. 따라서 캠퍼스를 노리는 주요 이단들의 교묘한 방법들에 대한 분별력을 기르게 해 줄 필요가 있다.

또 부활절이 가까우면 어떤 단체는 유월절을 지켜야 한다면서 접근한다. 이와 동시에 주일은 안식일이 아니며 안식일을 제대로 지키려면 토요일에 지켜야 한다고 접근한다. 이럴 때 설교자가 이들의 교리를 올바로 파악하고 있다면 성도가 이들의 거짓된 가르침에 깨어 있도록 도울 수 있다.

어떤 단체는 성탄절을 즈음해서 성탄절은 성경적이지 않기에 지키지 말아야 한다는 이상한 주장을 펼치기도 한다. 이럴 때 성탄절에 대한 올바른 가르침과 왜 이런 이단단체들이 성탄절을 폄훼하려 하는지를 알려준다면 성도들을 건강하게 세울 수 있을 것이다.

[Section 3. 각주]

17) 양형주, 「바이블백신 1」(서울: 홍성사, 2019), 51쪽.
18) 위의 책, 130쪽.
19) 웨인 그루뎀, 박세혁 역 「조직신학 1」(서울: 복있는사람, 2024), 875.
20) 양형주, 「바이블백신 1」, 230-234쪽.
21) 위트니스 리, 「왕국」(서울: 한국복음서원, 1992), 218쪽.
22) 구체적인 사례(https://pck.or.kr)는 통합교단 이단.사이비대책위원회 자료실에 있는 "이단 사이비 총회 주요 결의"를 참조하라.
23) 난하주2는 "동등됨을 취할 것으로 여기지 아니하셨다"는 표현을 동등됨을 '보류' 하셨다고 제안한다.
24) 여호와의 증인은 예수가 모든 피조물 중에 처음 만들어진 미가엘 천사라고 주장한다. 워치타워성서책자협회, 「성서는 실제로 무엇을 가르치는가?」(뉴욕: 워치타워성서책자협회, 2016), 41-42쪽. 이러한 주장에 대한 구체적인 반증은 양형주, 「바이블백신 1」, 135-137쪽; 유성국, 「여호와의 증인의 실체와 전도」(부천: 부크크, 2016), 73-117쪽을 참조하라.
25) 양형주, 「정말 구원받았습니까」(서울: 브니엘, 2023), 94-166쪽.
26) 위의 책, 168-219쪽.
27) 양형주, 「바이블백신 2」, 178-180쪽.
28) 위의 책, 222쪽.
29) 이에 관해서는 양형주, 「바이블백신 2」, 251-281; 「평신도를 위한 쉬운 요한계시록」(서울: 브니엘, 2023), 607-629쪽을 참조하라.
30) 다음의 기사를 참조하라. 양형주 외, "심층기획: 한국교회 주요 이단 사이비 종파와 핵심 교리", 「목회와 신학」(서울: 도서출판 두란노), 2020. 3.

이단 예방설교의
여섯 분야 [31]

● ● ● ● ●

이단 예방설교는 구체적으로 어떻게 준비해야 할까? 여기서는 그 구성과 내용에 따라 다음과 같이 분류하여 제시한다.

1. 총론 설교

이단을 경계할 것을 총체적으로 다루며 진리에 깨어 있어야 할 것을 촉구하는 설교다. 이를 위해서는 이단의 전체적인 현상과 교리에 대한 폭넓은 이해가 필요하다. 여기에는 이단들의 교묘한 접근법을 경계하는 내용 또한 포함하면 좋다.

2. 난해 구절 예방설교

난해 구절은 이단이 성도의 믿음을 흔들기 위해 악용하며 자기네 단체의 정당성을 주장하기 위해 사용하는, 언뜻 보아 쉽게 이해하기 어려운 구절들이다. 이러한 난해 구절은 특히 성도의 구원과 관련 있는 경우가 많다. "나더러 주여 주여 하는 자마다 다 천국에 들어갈 것이 아니요. 다만 하늘에 계신 내 아버지의 뜻대로 행하는 자라야 들어가리라"(마 7:21), "두렵고 떨림으로 너희 구원을 이루라"(빌 2:12) 와 같은 구절이 대표적이다. 난해 구절 예방설교는 이단들의 이러한 그릇된 성경 해석에 대한 반증과 함께 바른 의미와 올바른 적용을 다루어 주는 설교다. 이러한 난해 구절 예방설교는 자칫 홀로 성경 읽기나 묵상을 하면서 왜곡할 수 있는 성경 이해를 방지하는 데도 도움이 된다.

3. 미혹 교리 예방설교

미혹 교리 예방설교는 이단이 성도를 미혹할 때 제시하는 미혹 교리의 내용을 미리 제시하고 이러한 교리가 어떻게 성경을 가감했는지, 그리고 이것이 정통 교리와 비교하여 무엇이 잘못되었는가를 변증하며 바른 신앙을 촉구하는 설교다.

4. 핵심 교리 예방설교

어떤 이단단체든 자신들이 굳게 믿고 있는 핵심적인 가르침이 있다. 이 가르침이 흔들리면 전체가 흔들리기 쉽다. 예를 들어, 신천지가 주장하는 육체 영생 교리는 과연 믿을만한 것일까, 하나님의 교회가 말하는 어머니 하나님은 과연 성경적일까? 설교자는 각 이단단체의 핵심 교리를 파악하고 이를 훼파하는 설교와 반증, 그리고 건강한 적용을 고민해야 한다.

5. 이단 예방 강해설교

강해 설교는 본문을 잡고 이에 충실하게 매 구절을 빠짐없이 설교하며 본문의 뜻을 충실하게 드러내는 것을 목표로 한다. 이단 예방 설교를 강해 설교로 진행할 경우 이단이 왜곡하는 성경의 한 단락 또는 장을 잡고 이 본문을 차분하게 강해하며 본문의 원래 뜻을 드러내고 이단들이 이런 것들을 어떻게 왜곡하는지, 이것이 본문의 원래 뜻에 비추어 볼 때 왜 그릇된 것인지 보여주어야 한다. 이에 적합한 본문으로는 창세기 1~3장, 성육신(요 1장), 영생(요 3장), 부활(고전 15장), 세례 요한(마 11:2-12) 등에 관한 본문을 강해하면 좋다.

6. 교리 백신 예방설교

교리 백신 예방설교는 기독교 교리 중 이단들이 왜곡하는 부분을 바로잡고 올바른 신앙을 심어주는 설교다. 교리만 이야기하다 보면 자칫 딱딱해질 수 있기에, 이단의 왜곡된 교리와 그 사례, 그리고 적절하게 적용 가능한 예화를 신중하게 고려하여 사용하면 좋다. 이에 대한 교리 백신 예방설교를 준비하려면, 필자의 책 「바이블 백신 1, 2」(홍성사)를 참고하면 좋다.

한 가지 주의할 것이 있다. 이단 예방설교는 잘못된 가르침을 비판하며 바른 진리를 제시하는 내용이기에 자칫하면 무미건조하고 딱딱해지거나 비판적이기 쉽다는 점이다. 따라서 설교자는 이에 관한 적절한 예화 또는 사례를 소개하고 설교의 전개가 강의식이 아닌 하나의 커다란 내러티브 구조를 갖도록 고려해야 한다. 그래야 듣는 이들이 그 구조 안의 이야기식 흐름 안에서 설교에 흥미를 느낄 수 있다. 무엇보다 설교에 은혜가 흐르도록 하라. 은혜가 없이는 자칫 너무 건조하고 듣기 어려운 설교가 되기 쉽다.

[Section 4. 각주]

31) 양형주, "2025, 이단 예방설교 계획과 방법", 「목회와 신학」(서울: 도서출판 두란노), 2025. 1.

총론 설교의 실제

● ● ● ● ●

- 설교 제목 : **다른 예수, 진짜 예수**
- 설교 본문 : 사도행전 4:12

1798년, 나폴레옹은 3만이 넘는 군사를 이끌고 이집트 원정에 나섰다.[32] 나폴레옹 군대는 이집트와 싸우기 위해 사막을 지나가야 했다. 아무리 세계 최강의 군대라 하더라도 물이 떨어지자 사막의 뜨거운 땡볕 아래 군사들은 갈증으로 지쳐가고 있었다. 그러나 사막에서 물을 찾는다는 것은 쉬운 일이 아니었다.

바로 그때, 군사들 앞에 갑자기 물이 나타났다. 멀리 떨어진 곳에서 수면이 햇빛을 받아 반짝이고 있었다. 누군가가 "물이다!"하고 외치자 군사들은 물을 향해 전력으로 질주했다. 그러나 그들이 물이 있다고 생각한 곳에 도착해 보니 그곳은 사막이었고, 방금 전 보았던 물은 오히려 저 멀리 도망가 있었다. 군사들은 다시 물을 향해 쫓아갔다. 그러나 아무리 다가가도 물은 금세 달아나 버려 여전히 멀리서 반짝였다. 심지어 군사들의 눈에는 야자나무가 거꾸로 보이기까지

했다. 군사들은 그것이 하나님의 심판이라고 생각했다. 그들은 무릎을 꿇고 기도했다.

"주여, 우리를 최후의 심판에서 구해 주시옵소서."

훗날, 이것은 '신기루'라는 현상이었음이 밝혀졌다. 신기루란 밀도가 서로 다른 공기층에서 빛이 굴절함으로써 멀리 있는 물체가 거짓으로 보이는 현상이다. 무더운 여름에 아스팔트 도로 위를 달리다 보면 저 멀리 물이 있는 것처럼 보이지만 막상 가까이 가면 사라져 버린다. 우리 눈이 특정한 환경에서 일종의 착시 현상을 경험하는 것이다. 문제는 이런 현상을 처음 경험할 때는 좀처럼 구별하지 못한다는 것이다. 이것이 설마 가짜일 줄은 이전에 전혀 생각하지 못했기 때문이다.

우리가 살아가는 사회에는 끊임없이 가짜가 등장한다. 건강한 분별력이 절실하게 필요하다. 얼마 전 명품 플랫폼을 자처한 국내의 한 명품 온라인 판매점에서 판매하는 상품이 가품인 것이 드러났다.[33] 이 업계는 지난 2년간 100% 정품을 앞세우며 급성장해 왔다. 만약 가품이 발견될 경우 100~300%까지 보상하겠다고 공언하며 이곳에서 파는 명품이 모두 정품임을 확실하게 강조했다. 그런데 그랬던 곳에서 판매했던 제품 중에 가품이 하나둘씩 드러나고 있는 것이다. 이 명품 온라인 상점을 철석같이 믿었던 고객들은 상당한 충격을 받았다.

기독교는 예수 그리스도를 하나님으로 믿는 종교다. 예수님을 하나님의 독생자이자 성자 하나님으로 믿는 것이 기독교의 핵심이다. 하지만 역사상 수많은 사람이 예수님에 대한 교묘한 착시현상으로 다른 예수를 주장하며 다른 예수를 믿게 해 왔다. 아니, 자기가 평생 진짜 예수라고 믿고 의지했던 이가 가짜로 드러난다면 얼마나 충격이 크겠는가? 하지만 이렇게 속는 경우가 우리 주변에 종종 일어난다. 우리나라만 하더라도 자신이 예수의 영이 임한 재림예수라고 주장하는 이들이 지난 100년간 약 200명이나 등장했다. 이들은 예수의 영이 자신에게 임했으니 자신을 보는 것이 예수님을 보는 것과 같다는 기괴한 주장을 펼친다. 이러한 가짜 예수에 대해 성경은 분명히 경고한다.

> "만일 누가 가서 우리가 전파하지 아니한 다른 예수를 전파하거나 혹은 너희가 받지 아니한 다른 영을 받게 하거나 혹은 너희가 받지 아니한 다른 복음을 받게 할 때에는 너희가 잘 용납하는구나"(고후 11:4).

당시에도 고린도 교회 안에 사도들이 전파하지 않은 다른 예수를 전파하는 사람들이 있었다. 이들은 사도로부터 예수님에 대해 올바로 배운 사람들이 아니다. 대부분 각자 특별한 체험을 했다고 주장한다. 동굴에서 혼자 기도하다 큰 빛이 나타나든지, 고향에서 길을 걷다 큰 빛이 나타나든지, 아니면 천사가 나타나든지, 이런저런 영적 체험을 했다고 한다. 이들은 대부분 하나님의 성령이 아닌 다른 영을 받은 이들이다.

성령께서 하시는 가장 핵심적인 사역이 무엇인가? 그것은 예수님을 올바로 증언하고 예수님을 믿게 하는 역사다(요 16:13). 그런데 다른 영이 역사하면 어떤 일이 벌어질까? 다른 영은 진짜 예수 아닌 다른 예수를 믿게 하고 짝퉁 가짜 예수를 진짜 참된 예수로 믿게 역사한다. 그렇게 되면 참된 복음, 바른 복음이 아닌 다른 복음에 **빠지게**된다. 예수 그리스도만으로 충분한 구원을 받을 수 없고 여기에 무엇인가가 덧붙여져야 한다고 주장하기 시작하는 것이다.

비유를 깨달아야 하고 계시록을 깨달아야 하고 전도의 열매가 있어야 하고 안식일을 지켜야 하고 채식을 해야 하는 등 믿음만으로는 안 되고 여기에 무엇인가를 한두 개씩 덧붙여야 한다. 전도를 구원의 조건으로 내세운다. 하지만 전도는 구원받은 감격과 기쁨으로 하는 것이지 구원받기 위해서 하는 것이 아니다. 그런데 다른 복음을 따르다 보면 전도해야 구원받을 것 같은 두려움에 사로잡힌다. 그러면서 자신들이야말로 정말 성경대로 한다고 한다. 그러고는 성경 구절을 수없이 가져와서 인용한다.

이들이 수많은 성경 구절을 근거로 자신들의 주장을 정당화함에도 불구하고 다른 예수, 다른 복음에 빠져드는 이유가 무엇인가? 그것은 성경을 인용하되 성경을 엉뚱하게 자의적으로 해석하기 때문이다.

얼마 전 경남 사천에 가서 케이블카를 타게 되었다. 이 케이블카를 타고 산을 올라가다 보면 산 아래 사찰이 하나 있다. 그 지붕에는 다음과 같은 플래카드가 두 개가 붙어 있었다.

"부처님 위로 케이블카 타는 자는 평생 재수 없다."

알고 보니 케이블카가 지나가는 소리가 꽤 큰 소음으로 사찰에 들려서 이에 대한 항의로 플래카드를 단 것이다. 이것을 보고 사람들이 가능한 한 다음부터는 케이블카를 타지 말라는 항의의 의도로 붙인 것이다. 그런데 아이러니하게도 이 플래카드를 붙이고 나자 입시

철이 가까우면 수험생들이 더 많이 와서 탄다고 한다. 이유가 무엇일까? "평생 재수 없다"는 말 때문이다. 이 재수(財數)를 운(運)으로 생각한 것이 아니라 다음 해에 입시를 다시 공부하는 재수(再修)로 해석한 것이다. 수험생이나 학부모 입장에서 "평생 재수가 없다"면 반가운 일이라고 생각했던 것이다. 이 케이블카를 타는 사람은 재수하지 않고 단번에 붙는다고 이해한 것이다.

자, 본래의 의도를 바로 이해한 것일까? 그렇지 않다. 일단 재수라는 단어 자체에 대한 이해가 다르다. 수험생들은 재수 없다는 말을 재액이나 저주가 없을 것이라는 의미가 아니라 그야말로 입시를 재수하는 일이 없을 것으로 이해한 것이다. 이것을 '자의적인 해석'이라고 한다. 언뜻 보기에는 그럴듯하나 자세히 보면 원래 의미를 왜곡해서 자의적으로 해석하고 받아들인 것이다. 오늘날도 다른 예수를 주장하는 여러 이단단체는 하나같이 성경을 자의적으로 풀어 예수님에 대한 이해를 왜곡시킨다.

이단들이 다른 예수를 왜곡할 때 공통적인 공식이 있다. 그것은 예수님이 부활하실 때 영으로 부활하셨고 재림하실 때도 영으로 재림하신다는 것이다. 예수님 믿는 것만으로는 구원이 충분하지 않다고 주장하는 여러 단체가 하나같이 이런 공통된 주장을 한다. 아니 예수님이 부활하실 때 영으로 부활하셨다니 이것이 무슨 말인가? 이는 사도행전 1장을 근거로 한다.

"이 말씀을 마치시고 그들이 보는데 올려져 가시니 구름이 그를 가리어 보이지 않게 하더라"(행 1:9).

이단단체는 예수님이 하늘로 가는데 구름이 가리어 보이지 않게 되었다는 것을 예수님이 영체(靈體)로 변화하여 영으로만 올라가셨다고 주장한다. 이렇게 주장하는 단체가 꽤 여럿이다. 예수님은 부활한 육체가 아닌 영으로 승천하셨다는 것이다. 그래서 예수님이 재림하실 때는 다시 누군가의 육체에 영으로 임하신다고 주장한다. "예수는 하늘로 가신 대로 그대로" 다시 오신다는 것이다(행 1:11). 하늘에 영으로 올라가신 그대로 다시 영으로 재림하신다는 것이다.

이들은 더 나아가 예수님이 2천 년 전 이 땅에 오실 때 예수의 육체에 하나님의 영이 임하셨던 것처럼 재림 때는 예수의 영이 특별한 목자의 육체에 임한다고 주장한다. 하지만 이것은 성경을 그럴듯하게 왜곡하는 주장이다.

앞서 인용했던 사도행전 1장 9절을 자세히 살펴보면 이는 원래 성경이 말씀하고자 하는 것을 자의적으로 왜곡한 해석임을 알 수 있다. 예수께서는 제자들이 "보는데 올려져" 가셨다. 영이라면 눈에 보이지 않는다. 하지만 제자들은 예수님이 올려져 가시는 것을 눈으로 보았다. 이는 예수께서 육체로 부활하시고 죄와 사망의 권세를 이긴 거룩하고 영광스러운 몸으로 승천하셨기에 가능한 것이다.

제자들은 예수께서 부활하신 모습을 직접 보았다. 그리고 부활하신 그 육체로 승천하신 것을 보았다. 이단들은 어떻게 육체가 구름을 탈 수 있느냐? 그게 말이 되느냐고 문제를 제기한다. 하지만 이는 예수님의 능력을 과소평가하는 말이다. 왜? 예수께서는 공생에 사역 동안에 물 위를 직접 걸으셨기 때문이다(마 14:25). 물 위를 걸으셨던 분이 구름을 타지 못할 이유가 없다. 게다가 지금 예수님의 육체는 죄와 사망의 권세를 이기신, 거룩하고 영광스럽게 된 특별한 몸이다. 충분히 구름을 타실 수 있다.

성경(행 1:9)을 정상적으로 읽으면 예수께서 영으로 올라가셨다는 말이 성립되지 않는다. 예수께서 승천하여 하늘로 올라가시는데 높이 올라가시자 구름이 가리어 보이지 않게 되었다. 그렇다면 보이지 않는 것이 영체로 바뀐 것을 의미하는가? 아니다. 이것은 실제 구름이 예수님을 가린 것이다. 이들의 논리대로라면 비행기가 이륙해서 구름을 뚫고 올라가면 다 영체로 바뀐다는 말이 된다. 게다가 이어지는 사도행전 1장 11절은 이렇게 말씀한다.

> "이르되 갈릴리 사람들아 어찌하여 서서 하늘을 쳐다보느냐. 너희 가운데서 하늘로 올려지신 이 예수는 하늘로 가심을 본 그대로 오시리라 하였느니라"(행 1:11).

너희 가운데 하늘로 올려지신 '이 예수'(This same Jesus-NIV)는 하늘로 가심을 본 그대로(in the same way-NIV) 다시 오시는 것이다. 2천 년 전 부활 승천하셨던 예수께서 부활 승천해서 구름에 가려 보이지 않게 되었고, 바로 그 동일한 예수께서 종말에 다시 구름을 뚫고 그 아래로 내려오며 모든 사람이 보는 앞에서 재림하실 것이다. 예수님은 2천 년 전 부활 승천하신 그 모습 그대로 다시 오시는 것이다. 손과 발에 못 자국을 갖고 있고 허리에 창 자국이 있는, 2천 년 전 십자가에 달리셨던 바로 그 예수인 것이다.

주의해야 할 점은 이 예수님의 초림 때 하나님 영이 예수라는 한

'사람'의 육체를 입고 그의 육체를 들어 쓴 것이 아니라는 사실이다.

> "말씀이 육신이 되어 우리 가운데 거하시매 우리가 그의 영광을 보니 아버지의 독생자의 영광이요 은혜와 진리가 충만하더라"(요 1:14).

말씀이 육신이 되셨다. 주의할 것은 '육신을 입었다'가 아니라 '육신이 되셨다'는 것이다. 여기 '말씀'은 헬라어로 '로고스'다. 이는 당시 성자 하나님의 신성을 표현하기 위한 독특한 표현이다. 이는 로고스인 성자 하나님이 인성을 취하여 사람이 되어 우리에게 오셨다는 말이다. 로고스가 육체로 오신 것이다.

> "본래 하나님을 본 사람이 없으되 아버지 품속에 있는 독생하신 하나님이 나타내셨느니라"(요 1:18).

이 말씀처럼 예수님은 아버지 품속에 있는 독생하신 하나님이시다. 이 하나님이 우리에게 나타내셨다는 말은 이 성자 하나님께서 인성을 취해 사람이 되어 육체로 오셨다는 말이다. 성자 하나님은 육체로 오셨고 또 육체로 부활 승천하신 것이다. 이것을 믿느냐가 참된 예수 그리스도를 믿느냐의 중요한 시금석이 된다. 이 진리 위에 서서 우리는 흔들리지 말고 잘 분별해야 한다.

> "사랑하는 자들아 영을 다 믿지 말고 오직 영들이 하나님께 속하였

나 분별하라. 많은 거짓 선지자가 세상에 나왔음이라. 이로써 너
희가 하나님의 영을 알지니 곧 예수 그리스도께서 육체로 오신 것
을 시인하는 영마다 하나님께 속한 것이요 예수를 시인하지 아니
하는 영마다 하나님께 속한 것이 아니니 이것이 곧 적그리스도의
영이니라. 오리라 한 말을 너희가 들었거니와 지금 벌써 세상에
있느니라"(요일 4:1-3).

이 말씀은 이 세상의 많은 거짓 선지자 가운데 우리가 잘 분별할
것을 요청한다. 하나님께 속한 바른 영의 특징은 바로 예수 그리스도
께서 육체로 오신 것을 시인하는 것이다. 반대로 '예수를 시인하지
아니하는 영'은 앞의 표현이 생략되었지만 '예수께서 육체로 오신 것
을 시인하지 아니하는 영'으로 하나님께 속한 것이 아니다. 이는 하
나님의 영이 예수라는 한 인간의 육체를 잠시 빌려서 온 것이 아니라
태초부터 계셨던 성자 예수께서 이 땅에 인성을 취하여 사람이 되어
육체로 오신 것을 인정하는 것을 뜻한다. 이것이 바로 참된 성육신의
의미이고 이런 성육신을 올바로 인정하는 자가 하나님께 속한 자라
는 것이다. 이것을 부인하면 결국 그리스도를 대적하는 적그리스도
가 된다.

"또 아는 것은 하나님의 아들이 이르러 우리에게 지각을 주사 우리
로 참된 자를 알게 하신 것과 또한 우리가 참된 자 곧 그의 아들
예수 그리스도 안에 있는 것이니 그는 참 하나님이시요 영생이시
라"(요일 5:20).

예수님은 참 하나님이시고 영생이다. 이단들은 영생(永生)을 한자로 풀어 길 영(永), 생명 생(生), 즉 길게 오래 사는 것이라 정의한다. 하지만 이는 비성경적인 한자 풀이에 불과하다. 성경에 따르면 영생은 오직 한 분 예수 그리스도다. 그리고 영생이신 하나님, 예수 그리스도를 믿고 영접할 때 그에게는 영생이 있다. 왜? 영생이신 예수 그리스도를 영접했기 때문이다.

여러 이단단체에서 예수님의 영 부활을 주장할 때 이렇게 말한다. 예수님이 영으로 부활하셨기 때문에 제자들이 예수님과 엠마오로 갈 때 몰라봤다는 것이다. 그리고 영체이기에 홀연히 사라졌다가 다시 제자들에게 나타날 수 있었다고 한다.

> "그들과 함께 음식 잡수실 때에 떡을 가지사 축사하시고 떼어 그들에게 주시니 그들의 눈이 밝아져 그인 줄 알아보더니 예수는 그들에게 보이지 아니하시는지라"(눅 24:30-31).

제자들은 예수님과 엠마오에 갈 때까지 이야기를 나누면서 그분이 예수님인 줄 몰랐다. 그러나 성찬식을 할 때 비로소 눈이 밝아져 알아보게 되었다. 자, 이단들의 주장대로 예수님이 영이라 몰라봤다면 더욱더 말이 안 된다. 왜? 영이라면 눈에 보이지 않아야 하기 때문이다. 그런데 제자들은 예수님을 보고 대화하며 함께 길을 갔다. 이 사실 자체가 예수님은 영이 아니라 육체로 제자들에게 나타났다는 말이 된다. 제자들은 예수께서 이미 돌아가셨다는 생각에 옆에 계신 분을 다른 분으로 여기고 갔던 것이다.

그러나 예수님이 떡을 떼실 때 이들에게 믿음이 생기고 눈이 밝아져 비로소 죄와 사망의 권세를 이기고 부활하신 예수님을 보게 되었다. 이때 예수님의 몸은 죄와 사망을 이긴 영광스러운 몸이기에 이전과는 분명 다른 몸이다. 제자들이 생각했던 예수님은 십자가에 고난당하시고 일그러진 모습이었을 것이다. 그런데 옆에 계신 분은 완전히 회복된 육체를 갖고 계셨다. 그것부터가 예수님을 알아보는 데 한동안 걸림돌이 되었을 것이다. 더 중요한 것은 예수님이 직접 하신 말씀이다.

> "그들이 놀라고 무서워하여 그 보는 것을 영으로 생각하는지라. 예수께서 이르시되 어찌하여 두려워하며 어찌하여 마음에 의심이 일어나느냐. 내 손과 발을 보고 나인 줄 알라. 또 나를 만져 보라. 영은 살과 뼈가 없으되 너희 보는 바와 같이 나는 있느니라"(눅 24:37-39).

제자들은 예수님이 갑자기 나타나시자 영으로 생각했다. 그런데 예수님은 뭐라고 하시는가? 왜 의심하며 두려워하냐는 것이다. 예수님은 성경의 예언대로 다시 살아날 것을 말씀하신 것을 제자들이 의심하였느냐는 것이다(눅 24:44-48). 그러면서 손과 발을 만져 보라고 하신다. "영은 살과 뼈가 없지만 나에게는 있다!" 이는 예수께서 영으로 부활한 것이 아니라 육체로 부활했다는 것을 분명히 보여주는 말씀이다. 게다가 예수님의 부활은 성경이 예언한 것이기도 하다.

"또 다른 시편에 일렀으되 주의 거룩한 자로 썩음을 당하지 않게 하시리라 하셨느니라. …하나님께서 살리신 이는 썩음을 당하지 아니하였나니" (행 13:35, 37, 참조. 시 16:10)

성경은 예수님께서 육체로 부활하셨음을 곳곳에서 명확하게 증거한다.

예수를 바로 믿기 원하는가? 그렇다면 말씀이 사람이 되어 이 땅에 오셨고 십자가에 죽으신 지 삼 일 만에 다시 육체로 부활하여 승천하시고 이제 2천 년 전 영광스럽게 부활한 육체 그대로 오시는 예수 그리스도를 분명하고 확실하게 믿고 붙들기를 축원한다. 이분이 진짜 예수다. 지금 예수님이 영으로 누군가의 육체에, 특별한 어떤 목자에게 임했다고 하는 일체의 모든 주장은 거짓이고 교묘한 종교 사기다, 그것은 성경이 말씀하는 것과는 다른 예수, 가짜 예수다. 참 예수 그리스도를 알고 믿고 붙들고 그 예수 그리스도를 더욱 사랑하기를 바란다.

● 설교 제목 : 바르게 깨어 있어야 한다
● 설교 본문 : 갈라디아서 1:6-9

2020년 2월 대구발 코로나19 사태가 일어났다. 이때 대구광역시는 총력을 기울여 사태 파악에 나섰다. 그런 가운데 그간 모략을 동원하여 거짓말했던 신천지의 반사회적 면모가 하나둘 드러났다.

첫째, 신천지 측은 대구 신천지에 다녀온 광주 신천지 사람이 12명이라고 했다가 나중에 더 있는 것으로 확인되어 신천지의 거짓말이 명백하게 드러났다.[34] 게다가 이들과 접촉한 이들을 통해 집단 감염자가 속출하는데도 당국의 교인 명단 제출 요구에 비협조적인 태도로 일관했다. 교인 명단을 정확하게 제출하지 않고 자신의 신분을 숨기는 등의 비협조적인 태도로 방역 당국의 대응에 많은 어려움을 주었다. 곳곳에서 명백한 거짓말을 했던 것들이 점점 드러나게 되었다.

둘째, 원인 모를 이유로 코로나19가 속출한 대구 문성병원에서 첫 확진 판정을 받은 직원이 신천지 교인인 것으로 드러나 충격을 주었다.[35] 첫 번째 확진자는 그동안 자신은 신천지인이 아니라고 일관했었다고 한다.

셋째, 신천지 대구교회에서 멀지 않은 곳에 대구시가 운영하는 임대 아파트인 한마음 아파트 주민 194명 중에서 94명이 신천지 교인이고 그중에서 절반가량인 46명이 코로나 확진자로 드러나 충격을 주었다.[36] 이런 집단 거주지가 대구에는 열 곳이 더 있다고 한다. 이처럼 신천지는 사회 곳곳에 숨어있으면서 코로나바이러스를 퍼뜨렸다. 명단을 전수조사하고 교회와도 협력하여 신천지 추수꾼의 명단을 확인하고 교회에서 배제하지 않으면 사회 곳곳에 코로나를 퍼뜨리는 신천지를 차단하기 쉽지 않다. 이 일로 코로나가 결코 신천지를 비껴가지 않는다는 것이 분명히 드러났다.

신천지인들은 자기 신분을 숨기며 거짓말을 서슴지 않고 오로지 포교 활동에만 전념한다. 이들이 이렇게 하는 주요한 이유는 이들이 가진 왜곡된 구원관 때문이다. 이는 대부분 이단단체의 중요한 특징이기도 하다. 이단들은 예수 그리스도를 생명의 주로 믿고 이미 얻은 확실한 구원의 선물을 성도에게서 빼앗고 새로운 불안한 구원관을 심어준다. 이전에 예수 믿고 확신했던 구원의 감격을 빼앗긴 성도는 어느덧 예수님은 자기 마음에서 멀고 이단단체가 제시하는 새로운 구원을 얻기 위해 열심히 노력하며 이에 합당한 공로를 쌓기 위해 달려간다. 이것은 올바른 복음이 아닌 '다른 복음'이다.

이들은 기존 성도가 그리스도 안에 누리고 있는 구원의 기쁨과 감격을 빼앗고 불안함과 두려움을 심어 이상한 구원을 향해 달려가게 한다. 본문에서 사도 바울은 구원의 감격을 잃고 속히 다른 복음을 따르는 것에 대해 엄중히 경고한다.

> "그리스도의 은혜로 너희를 부르신 이를 이같이 속히 떠나 <u>다른 복음</u>을 따르는 것을 내가 이상하게 여기노라. <u>다른 복음은 없나니</u> 다만 어떤 사람들이 너희를 <u>교란</u>하여 그리스도의 복음을 변하게 하려 함이라"(갈 1:6-7).

그렇다. 다른 복음은 없다. 오직 예수 그리스도의 참된 복음만이 있을 뿐이다. 교묘한 이단은 성도가 가진 구원의 감격과 확신을 교란시켜 그들이 갖고 있던 구원의 복음을 변질시킨다. '교란한다'는 것이 무엇인가? 교묘하게 뒤흔들어 혼란스럽게 하는 행위다. 이들은 복음을 교묘하게 뒤흔들어 성도의 신앙을 혼란하게 한다. 그렇다면 이들이 이런 근거로 삼는 왜곡된 성경적 근거들은 어떤 것일까? 다음과 같은 구절들이다.

> "나더러 주여 주여 하는 자마다 다 천국에 들어갈 것이 아니요. 다만 하늘에 계신 내 아버지의 뜻대로 행하는 자라야 들어가리라"(마 7:21).

입만 살아서 주여 주여 하지 말고 아버지의 뜻을 제대로 알고 행해야지 안 그러면 구원받을 수 없다는 것이다.

> "갓난아기들같이 순전하고 신령한 젖을 사모하라. 이는 그로 말미

암아 너희로 구원에 이르도록 자라게 하려 함이라"(벧전 2:2).

구원에 이르도록, 순전하고 신령한 말씀을 사모해서 구원에 이르도록 자라야 한다는 것이다. 이들은 이 말씀에 따르면 우리는 구원에 이르러야 하니까 아직 완전히 구원받은 상태가 아니라고 주장한다.

"큰 용이 내쫓기니 옛 뱀 곧 마귀라고도 하고 사탄이라고도 하며 온 천하를 꾀는 자라. 그가 땅으로 내쫓기니 그의 사자들도 그와 함께 내쫓기니라. 내가 또 들으니 하늘에 큰 음성이 있어 이르되 이제 우리 하나님의 구원과 능력과 나라와 또 그의 그리스도의 권세가 나타났으니…"(계 12:9-10).

이단단체는 마지막 때에 용이 내쫓기면 새롭게 나타날 구원이 있다며 이 구원을 얻기 위해 달려가야 한다고 주장한다.

이처럼 이단들은 예수 그리스도를 통해 성도에게 주신 구원을 자꾸 이들이 주장하는 새로운 구원과 구별하려 한다. 성도가 이미 예수 믿고 얻은 구원과 앞으로 얻을 구원은 다르다는 것이다. 예수 믿고 얻은 구원은 출전 자격을 얻은 것과 같고 이제는 그 자격을 갖고 열심히 훈련하고 달려가야 구원의 결승점에 다다를 수 있다는 것이다.

어떤 이단은 이것을 1차 구원과 2차 구원으로 나누기도 한다. 1차 구원은 예수님 믿고 얻는 구원이고 2차 구원은 1차 구원만으로는 부족하니 이제부터는 열심히 말씀 배우고 전도하고 예수님을 많이 닮아가서 우리 성품이 예수님처럼 되어야 한다는 것이다. 이것을 '완전

성화'라고 한다. 그럼 예수님처럼 되려면 어떻게 해야 하느냐? 예수님처럼 순한 어린 양 같은 성품이어야 하는데 우리는 아직 거칠고 짐승 같아서 이대로는 안 된다. 그러면 양처럼 순해지려면 어떻게 해야 하느냐? 먹는 것이 중요하다. 양이 먹는 것을 먹어야 우리도 양처럼 온순해질 수 있다. 양처럼 풀과 채소를 먹어야지 육류를 먹으면 짐승처럼 성질이 사나워진다. 그럼 단백질 섭취는 어떻게 하는가? 콩 단백질로 한다. 콩으로 만든 콩고기나 두유로 보충한다. 그렇게 채식을 하며 더욱 완전한 성품으로 성화시켜야 한다는 것이다.

이러한 주장은 한편 그럴듯하지만 결국 예수님이 주신 구원과 지금부터 얻을 구원을 각각 다른 2단계의 구원으로 분리시키는 것이다. 이단들은 우리가 얻은 구원을 종종 자신들이 주장하는 새로운 구원과 분리하는 작업을 한다. 이러한 작업의 대표적인 것이 바로 '시대별 구원자론'이다. 이는 하나님이 시대마다 각기 다른 구원의 통로를 주셨고 이는 현시대 이단단체에서도 마찬가지라는 것이다. 이 마지막 시대에는 그 이단단체를 통해서 계시하는 새로운 특별한 방법을 통해 구원받는다는 것이다.

하나님께서는 아담 시대에는 아담을 통해, 노아 시대에는 노아를 통해, 아브라함 시대에는 아브라함을 통해, 모세 시대에는 모세를 통해, 그리고 예수님 시대에는 예수님을 통해 구원하셨다. 이처럼 재림을 기다리는 마지막 계시록 시대에도 하나님이 약속하신 새로운 목자 또는 보혜사를 통해 구원을 얻어야 한다고 주장한다.

따라서 마지막 시대에는 하나님이 약속한 '이긴 자'를 알아야 하고 그를 통해 계시된 요한계시록 말씀을 알아야 하며 그 구원의 계시록 말씀이 '이긴 자'를 통해 어떻게 성취되는지, 하나님의 새 언약이 약속한 목자를 통해 어떻게 이루어지는지를 깨닫고 알아야 구원받는다고 한다. 이긴 자라 주장하는 교주는 그야말로 마지막 시대에 하나님 말씀을 대신 전하는 대언자이고 보호하고 은혜를 베푸는 이 시대의 스승, 곧 보혜사(保惠師)라 주장한다.

이들은 새 언약이 이루어지는 과정을 3단계로 나눈다. 먼저 하나님께서 구약시대에 선지자 예레미야를 통해 약속하신 예언의 단계다.

"여호와의 말씀이니라. 보라 날이 이르리니 내가 이스라엘 집과 유다 집에 새 언약을 맺으리라"(렘 31:31).

이 말씀에 따르면 하나님은 날이 이르면 새 언약을 맺겠다고 약속하셨다. 두 번째 단계는 신약시대에 예수님이 오셔서 새 언약을 세우시는 단계다.

"이 잔은 내 피로 세우는 새 언약이니 곧 너희를 위하여 붓는 것이라"(눅 22:20).

이 말씀에 따르면 예수님께서 장차 새 언약을 '세운다'고 하셨다. 하지만 여기서는 아직 약속을 세운 것일 뿐 성취한 것이 아니다. 세우겠다고 알리신 것에 불과하다. 그럼 언제 세우시느냐? 신천지와 같은 단체의 주장에 따르면 요한계시록이 성취되는 때에 실제로 완성된다. 그것이 바로 계시록이 말한바 실제 용이 쫓겨나고 나타난 구원이라는 것이다(계 12:9-10).

　이것을 이렇게 설명할 수 있다. 친구를 만났다. 친구와 이야기하다가 "우리 언제 밥 먹자!" 하고 약속할 것을 예고한다. 그러다 한참 후에 다시 만나서 말한다. "야, 우리 지난번에 밥 먹기로 했잖아, 날을 잡아 보자. 다음 주 화요일 저녁 7시 어때?" 이것은 약속을 잡은 것, 즉 세운 것이다. 그리고 실제로 약속한 당일인 화요일 저녁 7시에 만나 식사를 나눈다. 이것은 약속을 성취한 것이다.

　언뜻 들으면 그럴듯하다. 하지만 이것은 성경의 본뜻을 왜곡한 것이다. 누가복음 22장 20절에 예수님이 "내 피로 새 언약을 세운다"고 하신 것은 자기 죽음으로 인해 새로운 언약을 성취한다는 뜻이다. 따라서 예수님의 새 언약은 신약시대에 예수님의 십자가에서 다 성취되었다. 그래서 예수님께서도 십자가에 달려 돌아가시며 "다 이루었다"고 하셨지 않은가?(요 19:30). 그렇다면 요한계시록 12장 10절에서 말하는 구원은 무엇일까? 이는 예수 그리스도의 십자가와 부활로 인해 사탄의 참소를 무력화시킨 구원을 말한다. 이처럼 성경의 문맥을 바로 이해하지 못하거나 구원에 대한 분명한 확신이 없는 이들은 이러한 이단의 주장에 혹하니 넘어가고 자신이 이미 얻은 소중한 구원의 확신이 흔들린다.

　그렇다면 우리는 구원이 무엇인가에 대한 정의를 제대로 짚고 넘어가야 한다.

　구약에서 구원은 보통 위기와 어려움 가운데서의 구출을 의미한다. 대홍수에서의 구원(창 7-8장), 애굽의 학정과 홍해로부터의 구원(출 7-15장), 가나안 대적으로부터의 구원 등이다(수 6, 8장). 이처럼 구약에서 구원은 곤궁과 위기 가운데서 벗어나는 것을 의미했다. 하나님은 위기 때마다 한 사람을 택하여 그의 백성을 구원하셨다. 그런데 이런 의미라면 구약에서 구원자는 위의 인물들 말고도 수없이 많이 등장한다. 다음의 말씀을 보라.

> "이스라엘 자손이 여호와께 부르짖으매 여호와께서 이스라엘 자손을 위하여 한 구원자를 세워 그들을 구원하게 하시니 그는 곧 갈렙의 아우 그나스의 아들 옷니엘이라"(삿 3:9).

> "이스라엘 자손이 여호와께 부르짖으매 여호와께서 그들을 위하여 한 구원자를 세우셨으니 그는 곧 베냐민 사람 게라의 아들 왼손잡이 에훗이라"(삿 3:15).

자, 여기 나온 그다지 유명하지 않은 사사들도 다 구원자다. 이들이 행한 구원은 곤란과 어려움, 대적, 재해에서 벗어나게 하는 것을 말한다.

그렇다면 신약에서 새 언약으로 오신 예수님은 어떤 구원자일까?

> "아들을 낳으리니 이름을 예수라 하라. 이는 그가 자기 백성을 그들의 죄에서 구원할 자이심이라 하니라"(마 1:21).

예수님이 무엇으로부터 우리를 구원하는지가 분명히 드러난다. 바로 죄다.

"보라. 세상 죄를 지고 가는 하나님의 어린 양이로다"(요 1:29).

예수님이 우리를 죄에서 구원하고자 하셨던 것은 인류가 직면한 근본적인 문제였다. 아담이 에덴동산에서 쫓겨난 것, 그 배후에는 죄의 문제가 있었다. 모세를 통해 이스라엘이 출애굽한 것, 그 배후에는 애굽 바로의 죄가 있었다. 여호수아가 가나안을 물리친 것. 가나안 땅에 관영한 죄 문제가 있었다. 모세가 이스라엘에게 율법을 전해준 것. 죄짓지 않도록 하기 위한 근본적인 동기가 있었다. 작은 구원자들 옷니엘, 에훗도 이방 대적의 곤궁에서 구출하는 역사 배후에는 결국 이스라엘의 죄 문제가 있었다. 결국 이스라엘이 역사를 통해 겪어왔던 크고 작은 곤궁과 위기의 배후에는 죄 문제가 있었다. 그리고 구약시대에 왔던 구원자들은 그 누구도 이 죄 문제를 근본적으로 해결할 수 없었다.

그런데 성경은 우리를 이 죄의 문제로부터 궁극적으로 구원하실 구원자는 예수 그리스도밖에 없다고 선언한다.

"다른 이로써는 구원을 받을 수 없나니 천하 사람 중에 구원을 받을 만한 다른 이름을 우리에게 주신 일이 없음이라 하였더라"(행 4:12).

히브리서에는 이것을 분명히 말씀한다.

"율법은 장차 올 좋은 일의 그림자일 뿐이요 참 형상이 아니므로 해마다 늘 드리는 같은 제사로는 나아오는 자들을 언제나 온전하게 할 수 없느니라"(히 10:1).

"이는 황소와 염소의 피가 능히 죄를 없이 하지 못함이라"
(히 10:4).

"제사장마다 매일 서서 섬기며 자주 같은 제사를 드리되 이 제사는 언제나 죄를 없게 하지 못하거니와 오직 그리스도는 죄를 위하여 한 영원한 제사를 드리시고 하나님 우편에 앉으사"(히 10:11-12).

"그러므로 형제들아 우리가 예수의 피를 힘입어 성소에 들어갈 담력을 얻었나니"(히 10:19).

예수께서 십자가에서 마지막 숨을 거두실 때 하신 말씀이 있다. "다 이루었다"(요 19:30). 이것은 예수께서 자신의 피로 세우겠다고 하신 새 언약을 다 이루었다는 뜻이다. 새 언약은 계시록이 성취될 때 이루어지는 것이 아니고 예수님께서 십자가에서 숨을 거두실 때 다 이루셨다는 것이다. 그래서 예수님은 우리에게 참된 보혜사, 참된 대언자가 되신다.

"나의 자녀들아 내가 이것을 너희에게 씀은 너희로 죄를 범하지 않게 하려 함이라. 만일 누가 죄를 범하여도 아버지 앞에서 우리에게 대언자가 있으니 곧 의로우신 예수 그리스도시라"(요일 2:1).

여기 대언자는 헬라어 파라클레토스로 보혜사란 뜻이다. 그래서 난하주2에는 이것을 보혜사라고 제시한다. 대언자 또는 보혜사는 자신이 변호하는 피고의 죄를 대신해서 무죄라고 하나님께 변호하는 사람을 말한다. 그래서 대언의 방향이 중요하다. 사람에게 대언하는 것이 아니라 하나님께 대언하는 것이다. 만약 교주가 이 시대의 보혜사요 대언자라면 사람에게 대언할 것이 아니라 하나님께 해야 한다. 자신이 변호하는 사람이 무죄라고 대언, 즉 변호를 해야 한다.

그럼 교주가 예수님처럼 사람의 죄 문제를 해결했는가? 아니다. 그러니 그는 감히 대언, 즉 변호할 자격이 없다. 그래서 하나님께서는 모든 인류의 죄를 대신 지고 죄 문제를 대신 해결하신 예수님만을 유일한 구원자요 대언자로 세우신 것이다. 대언의 방향이 중요하다. 우리는 죄로부터 자신을 구원할 수 없다. 따라서 구원에 관한 한 우리가 할 수 있는 것이 없다. 주님께서 다 이루셨다. 우리는 이것을 믿음으로 받아들이면 된다.

"너희는 그 은혜에 의하여 믿음으로 말미암아 구원을 받았으니 이 것은 너희에게서 난 것이 아니요. 하나님의 선물이라. 행위에서 난 것이 아니니 이는 누구든지 자랑하지 못하게 함이라"(엡 2:8-9).

그렇다. 우리의 구원은 은혜로 받은 선물이다. 우리가 구원받은 것은 우리의 힘과 능력으로 된 것이 아니다. 그렇다면 "주여 주여 하는 자마다 천국에 들어갈 것이 아니라"(마 7:21)고 하신 말씀과 "신령하고 순전한 젖으로 구원에 이르도록 자라가라"(벧전 2:2)는 말씀은 무엇인가?

먼저 마태복음 7장 21절의 '주여 주여 하는 자들'은 이어지는 22절을 보면 '선지자 노릇' 했던 거짓 선지자임이 드러난다. 그래서 이 구절이 시작하는 문단의 첫 시작인 15절을 보면 '거짓 선지자'를 가리키고 있음을 알 수 있다. 거짓 교리를 가르치고 자신을 대언자이자 보혜사로 주장하며 성도들의 구원을 왜곡시켜 빼앗는 이들이 바로 거짓 선지자인 것이다.

둘째, 신령하고 순전한 젖으로 구원에 이르도록 자라가라는 말씀은 무슨 뜻인가? 여기서 '구원'은 최종적인 성도의 '영화'(glorifica-tion)를 가리킨다. 그리고 그 영화에 이르도록 거룩하게 되며 자라가는 '성화'(sanctification)를 격려하는 말씀이다. 성도는 구원 이후 거룩하게 살도록 초청받았다.

새로운 피조물이 되었으면 이제 삶의 방향이 새롭게 된다. 하나님의 선물을 받았으면 우리 삶의 목적이 새롭게 된다. 하나님 나라를 위하여 세상과는 다른 구별된 방향으로 살아가는 것, 이것이 바로 성도의 성화다.

"우리는 그가 만드신 바라. 그리스도 예수 안에서 선한 일을 위하여 지으심을 받은 자니 이 일은 하나님이 전에 예비하사 우리로 그 가운데서 행하게 하려 하심이니라"(엡 2:10).

"하나님이 우리를 구원하사 거룩하신 소명으로 부르심은 우리의 행위대로 하심이 아니요. 오직 자기의 뜻과 영원 전부터 그리스도 예수 안에서 우리에게 주신 은혜대로 하심이라"(딤후 1:9).

"우리를 구원하시되 우리의 행한 바 의로운 행위로 말미암지 아니하고 오직 그의 긍휼하심을 따라 중생의 씻음과 성령의 새롭게 하심으로 하셨나니 우리 구주 예수 그리스도로 말미암아 우리에게 그 성령을 풍성히 부어 주사 우리로 그의 은혜를 힘입어 의롭다 하심을 얻어 영생의 소망을 따라 상속자가 되게 하려 하심이라"(딛 3:5-7).

이것을 무엇이라 하느냐, '그리스도 안에' 거한다고 한다. 우리가 예수를 믿고 의롭다 함을 받고(칭의) 하나님의 자녀가 되었고(양자) 마음이 새롭게 되었고(중생) 우리 삶의 방향을 돌이켜(회개) 구원받아 그리스도 안에 거하게 되었다. 그리고 새로운 관계가 시작되었다. 남자가 혼자 살다 결혼하면 어떻게 되는가? 아내와 새로운 관계가 생기고 책임감이 생기고 행동 양식이 변한다. 결혼해도 자기 희생할 줄 모르고 총각 때처럼 살면 아직 남편 됨이 무엇인지 잘 모르는 사람이다.

마찬가지로 우리가 그리스도 안에 거하면 그다음에 주님은 우리의 사랑하는 '주님'이 되신다. 그리고 나만을 기쁘게 하는 것이 아니라 삶의 방향을 바꾸어 주님을 기쁘시게 하며 그 부르심을 따라 거룩하게 살아가며 그분의 영광을 드러내며 살아가는 것, 그리고 장차 영광의 부활의 몸을 입고 주님과 함께 영원히 거하는 것, 이것이 바로 우리에게 허락하신 영원한 유업이고 구원의 선물이다. 예수 믿고 구원 얻었다는 것은 단순히 죄 사함받은 차원이 아니라 이 모든 차원으로의 여정이 시작됨을 의미한다.

이 놀라운 목적을 위해 하나님이 우리를 구원하셨는데 누가 이 사랑에서 끊을 수 있겠는가?

> "내가 확신하노니 사망이나 생명이나 천사들이나 권세자들이나 현재 일이나 장래 일이나 능력이나 높음이나 깊음이나 다른 어떤 피조물이라도 우리를 우리 주 그리스도 예수 안에 있는 하나님의 사랑에서 끊을 수 없으리라"(롬 8:38-39).

우리는 이 놀라운 역사로 초대받았다. 그 누구도 우리를 붙들어 주시는 '하나님의 사랑'에서 끊을 수 없다. 한계 있는 우리의 인간적인 사랑, 인간적인 노력이라면 오래가지 못할 것이다. 하지만 우리를 붙드는 것은 '하나님의 사랑'이다. 그 사랑이 우리를 붙들면 우리가 연약하여 그분을 놓칠 때라도 그분은 결코 우리를 놓지 않으시고 포기하지 않으신다. 이 하나님의 사랑을 확신하라! 그분의 은혜를 확신하라! 우리를 교란시키는 다른 복음에 대해 분명히 깨어 있으라. 이 사랑과 이 은혜를 맛보며 엉뚱한 비진리가 아니라 바른 진리에 깨어 있는 복된 성도 되기를 바란다.

- 설교 제목 : **거짓 그리스도, 거짓 선지자**
- 설교 본문 : **마태복음 24:3-5,11,23**

2019년 12월 중국 후베이성에 있는 우한지역에서 일어난 코로나바이러스로 인한 폐렴이 퍼져나가며 전 세계가 공포에 떨었다. 걸리면 치명적이다. 2002년 중국에서 일어난 사스보다 그 전염성이 10배나 빠르다. 이런 치명적인 전염병이 유독 중국에서 거듭 일어나는 이유가 무엇일까?[37]

먼저, 기후다. 전에 사스가 일어났던 중국 광둥성이나 후베이성 우한시 모두 기후가 따듯하고 비가 자주 내리는 습한 지역이라는 공통점이 있다. 우한시의 경우 위도가 제주도보다 낮다. 게다가 도시 가운데는 양쯔강이 흐르고 있어서 광둥성처럼 늘 습하고 따뜻하다. 그러니 전염병이 퍼지기 좋은 환경이 된다.

둘째, 먹거리 문화다. 그들은 못 먹는 것이 없다. 닭, 오리, 개구리, 뱀, 개, 원숭이, 전갈, 지네, 고슴도치, 악어, 박쥐 등 모든 것이다 먹거리다. 박쥐는 모기, 지네 같은 것을 먹고 동굴에 사는 전염병 덩어리인데, 우한에서 박쥐는 약재로 취급하고 있다. 전에 사스 코로나바이러스가 박쥐에서 나왔다. 그런데 이 박쥐에서 나온 코로나바이러스의 변종이 바로 코로나19 바이러스다.

셋째, 위생 개념이다. 이들은 대형마트 같은 데서 깔끔하게 포장된 고기를 믿지 못한다. 그래서 대형마트에서 파는 고기는 인기가 없다. 신선한 고기, 좋은 고기는 살아있는 것이다. 그래서 중국에서는 주로 살아있는 것을 그 자리에서 잡아서 먹는 문화가 많다. 재래시장에 가면 살아있는 짐승을 그 자리에서 잡아주는 곳이 많다. 그뿐만 아니다. 아파트 베란다에서도 먹거리를 키운다. 채소가 아니다. 아파트 베란다에서 닭을 치면서 잡아먹는 집을 꽤 볼 수 있다.

결국 오랫동안 계속됐던 중국의 관습과 문화와 환경과 의식이 이런 전염병을 거듭 일으키게 한 것이다. 치명적인 질병은 어느 날 갑자기 나온 것이 아니다. 그런 치명적 질병이 나올 수밖에 없는 환경과 문화에서 오랫동안 잠복해 있다가 나타난 것이다.

변화는 항상 갑자기 시작되는 것이 아니다. 그 배후에 변화가 일어날 수밖에 없는 거대한 시스템이 지속해서 작용하다가 어느 임계점을 넘기기 시작하면 시작된다. 마치 얼음이 섭씨 0도를 넘기기 전까지는 아무 변화가 없다가 0도를 넘어가면서부터 급속도로 녹아내리는 것과 같다.

본문에서 예수님은 세상 끝에 임할 주요한 징조로 거짓 그리스도와 거짓 선지자들이 일어날 것을 말씀하고 있다. 이들은 어느 날 갑자기 나타나는 것이 아니다. 이런 이들이 나타나는 배후의 토양이 자양

분을 공급하다가 이것이 어느 한계 이상의 임계치에 이르면 그다음부터 우후죽순으로 일어나기 시작한다. 본문 23절을 함께 읽어보자.

> "그때에 사람이 너희에게 말하되 보라 그리스도가 여기 있다 혹은 저기 있다 하여도 믿지 말라. 거짓 그리스도들과 거짓 선지자들이 일어나 큰 표적과 기사를 보여 할 수만 있으면 택하신 자들도 미혹하리라"(마 24:23).

여기 '그때'가 언제인가? 성전이 멸망하고 주께서 임하시는 종말의 때다. 이때가 되면 수많은 거짓 그리스도와 거짓 선지자가 일어난다. 그리고 할 수만 있으면 택한 자들까지 미혹한다. 이런 거짓 메시아와 거짓 선지자에 대한 경고는 마태복음 24장에서 벌써 세 번째다. 예수께서는 일찍이 24장에서 종말에 대한 말씀을 시작하면서부터 이에 대해 경고하신 바 있다.

> "예수께서 감람산 위에 앉으셨을 때에 제자들이 조용히 와서 이르되 우리에게 이르소서. 어느 때에 이런 일이 있겠사오며 또 주의 임하심과 세상 끝에는 무슨 징조가 있사오리이까"(마 24:3).

그러자 예수께서 제일 먼저 꼽으신 징조가 바로 거짓 그리스도에 관한 경고다.

> "예수께서 이르시되 너희가 사람의 미혹을 받지 않도록 주의하라.

많은 사람이 내 이름으로 와서 이르되 내가 그라 하여 많은 사람을 미혹하리라"(마 24:4-5).

예수님의 경고는 이뿐만이 아니다. 11절에 가면 중간에 다시 한번 말씀하신다.

"거짓 선지자가 많이 일어나 많은 사람을 미혹하겠으며"
(마 24:11).

그리고 나서 예수님은 천국 복음이 땅끝까지 전파되어야 할 것을 말씀하신다.

"이 천국 복음이 모든 민족에게 증언되기 위하여 온 세상에 전파되리니 그제야 끝이 오리라"(마 24:14).

복음을 온 세상에 전파해야 함을 말씀하시며 예수님은 다시 한번 거짓 그리스도와 거짓 선지자에 대해 경고하신다.

"그때에 사람이 너희에게 말하되 보라. 그리스도가 여기 있다 혹은 저기 있다 하여도 믿지 말라. 거짓 그리스도들과 거짓 선지자들이 일어나 큰 표적과 기사를 보여 할 수만 있으면 택하신 자들도 미혹하리라. 보라 내가 너희에게 미리 말하였노라"(마 24:23-25).

종말의 때에 천국 복음을 땅끝까지 증거하는 것이 매우 중요하지만 예수님은 이와 함께 거짓 그리스도들과 거짓 선지자들을 주의할 것을 무려 세 차례(24:3-5,11,23-24)에 걸쳐 강조하신 것이다. 이런 거짓 선지자와 거짓 그리스도들의 출현과 미혹은 단순히 이상하다고 회피할 것이 아니라 정말 주의를 기울여 미혹되지 않도록 제대로 대비해야 할 것이다.

그렇다면 우리는 종말의 때에 어떤 요인으로 인해 이런 거짓 선지자와 거짓 그리스도가 일어나는가에 주목할 필요가 있다. 왜냐하면 이때가 되면 이런 거짓 미혹의 역사는 계속 나올 것이기 때문이다.

거짓 그리스도, 거짓 선지자는 어떤 환경에서 나오고 어떤 특징이 있을까?

첫째, 전에 겪어보지 못했던 큰 변화의 시기에 나타난다. 성경에 거짓 선지자에 대한 경고의 말씀이 처음 나오는 곳은 신명기다.

> "너희 중에 선지자나 꿈꾸는 자가 일어나서 이적과 기사를 네게 보이고 그가 네게 말한 그 이적과 기사가 이루어지고 너희가 알지 못하던 다른 신들을 우리가 따라 섬기자고 말할지라도 너는 그 선지자나 꿈꾸는 자의 말을 청종하지 말라. 이는 너희의 하나님 여호와께서 너희가 마음을 다하고 뜻을 다하여 너희의 하나님 여호와를 사랑하는 여부를 알려 하사 너희를 시험하심이니라"(신 13:1-3).

자, 이 말씀은 하나님께서 모세를 통해 장차 이스라엘 백성이 약속의 땅 가나안에 들어갈 때 일어날 일에 대해 경고하신 말씀이다.

그동안 광야에는 특별히 눈에 띄는 것이 없었다. 광야에서는 이스라엘의 걸음걸음과 미래의 모든 것을 오직 하나님만 바라보고 맡기며 살았다. 하나님은 불기둥과 구름 기둥으로, 만나와 메추라기로 이스라엘을 생생하게 붙들어 주셨다. 이때는 모든 것을 주님께 맡기며 나아갔기에 거짓 선지자가 일어나지 않았다.

그런데 가나안 땅에 들어가자 하늘에서 공급되던 만나와 메추라기가 끊겼다. 구름 기둥과 불기둥이 사라졌다. 이제부터는 오직 하나님께서 이스라엘에게 주신 말씀만을 붙들고 살아야 할 사명을 주셨다. 그런데 약속의 땅에 들어가 보니 말씀을 붙잡지 않고 바알에 의지해서 사는 가나안 거주민이 있었다. 이들은 가나안 땅에서 농사를 짓고 살려면 바알을 의지해야 한다고 했다. 농경문화에서 중요한 것은 무엇인가? 예측 가능성이다. 과연 비가 올 것인가 안 올 것인가, 농사가 잘될 것인가 잘되지 않을 것인가를 잘 예측해야 한다. 이런 환경에서 이스라엘 백성은 비가 오지 않을 때는 바알 신에게 음란한 기우제를 지내고 잘못된 영에 사로잡혀 미래를 예언하며 맞추는 이들이 생기기 시작했다.

그래서 1절에 보면 '선지자나 꿈꾸는 자'가 일어난다고 한다. '꿈꾸는 자'(dreamer)는 기도하려고 눈만 감으면 환상과 음성을 듣고 앞으로 일어날 일을 말한다. 처음에는 그들의 말이 맞는 것도 같다. 이들이 말한 것이 한두 개라도 그럴듯하게 일어나는 것 같으면 점점 신뢰하게 된다. 그러면서 가나안 백성처럼 다른 신을 따라가자고 한다. 그런데 하나님은 무엇이라고 하시나? 그들의 말을 청종하지 말라는 것이다.

"네 하나님 여호와께서 네게 주시는 땅에 들어가거든 너는 그 민족들의 가증한 행위를 본받지 말 것이니 그의 아들이나 딸을 불 가운데로 지나게 하는 자나 점쟁이나 길흉을 말하는 자나 요술하는 자나 무당이나 진언자나 신접자나 박수나 초혼자를 너희 가운데에 용납하지 말라"(신 18:9-11).

여기 보면 점쟁이나 길흉을 말하는 자가 나온다. 또 요술하는 자, 무당, 박수, 신접자가 나온다. 더 가면 진언자까지 나온다. 진언자란 마법과 주문을 걸어 독사를 조종하는 자를 말한다. 모두 다른 영에 사로잡힌 이들을 말하는데, 초기 단계에 나오는 자가 점쟁이나 길흉을 말하는 자다. "하나님이 동쪽으로 가라고 하십니다", "하나님이 서쪽에서 귀인이 온다고 하십니다", "이번에 새로 시작하는 사업이 잘될 거라고 하십니다", "그리로 가면 망한다고 하십니다" 등등.

우리 중에도 기도하면서 길흉을 예언하고 점쟁이처럼 응답을 받는 분들이 있다. 직통 계시파다. 조심하고 주의해야 한다. 내 안에 영적 역사가 일어난다고 다 따르다간 다른 영에 사로잡히기 쉽다. 그러다 결정적인 순간에 우리 인생을 망가뜨린다. 주님의 음성은 사랑과 신뢰, 믿음의 교제 영역 안에서 일어나는 것이 가장 바람직하다. 또한 성경은 하나님이 우리 인생을 직조하신 방식이 형통함과 곤고함을 뒤섞어서 사람이 시종을 알 수 없게 하셨다고 한다. 그래서 우리의 고백은 "내일 일은 난 몰라요, 주님만 의지해요"라고 이렇게 되어야 한다. 아브라함도 하나님의 부르심을 따라 고향 본토 친척 아버지의 집을 떠날 때 갈 바를 알지 못하고 떠났다.

"믿음으로 아브라함은 부르심을 받았을 때에 순종하여 장래의 유업으로 받을 땅에 나아갈 새 갈 바를 알지 못하고 나아갔으며"(히 11:8).

자꾸만 '잘 된다, 안 된다' 식으로 직통 계시의 응답이 오면 이것은 다른 영으로 접하는 첫 단계다. 말씀으로 충분히 무장되지 않은 초신자 때는 주로 이런 기도를 많이 한다. 이때 주의해야 한다. 어떤 기도원에 가면 이런 간판이 있다. '쪽집게 권사.' 바른 응답은 잘 된다, 안 된다가 아니라 '하나님만을 바라보고 순종하며 사랑하라'가 되어야 한다.

둘째, 거짓 선지자는 새로운 구원 신화가 등장할 때 일어난다. 급변하는 환경 속에 무엇인가 확실하게 의지하고 싶은 것이 나타나면 좋겠는데 그 역할을 하는 누군가가 나타나는 것이다. 게다가 하는 말도 척척 들어맞는 것 같다. 얼마나 신뢰가 가겠는가? 이런 일이 이스라엘 성전이 멸망할 무렵인 주후 68~70년에 일어났다. 로마 군대가 예루살렘에 쳐들어오기 전 유대인들은 로마에 대해 게릴라식 전쟁을 일으키고 혁명군을 조직했다. 이때 일어난 유대 군사 혁명 지도자들은 종종 자신을 모세와 같은 구원자인 메시아로 자처했다. 애굽 바로의 압제에서 모세가 이스라엘을 이끌고 출애굽 시켰던 것처럼 자신도 로마의 압제에서 유대 백성들을 이끌고 제2의 출애굽을 일으킬 것이라고 선언하였다. 신명기 18장 15절에도 보면 마지막 때에 '나와 같은 선지자'가 일어날 것이라고 하지 않았는가? 자신이 바로 그 모세와 같은 선지자라고 주장한 것이다.

유대 역사가 요세푸스가 남긴「유대 전쟁사」에 보면 이때 일어난 거짓 메시아들, 그리고 거짓 선지자들은 우리의 전쟁이 반드시 승리를 가져오고 로마는 무너질 것이라는 거짓 예언을 종종 했다. 그리고 표적과 기사를 보여주고 그것이 바로 징조라고 하였다. 놀랍고 신비로운 현상들이 나타났다. 그리고 이들이 예언했던 것처럼 처음 이들의 무장봉기는 곳곳에서 승리를 거두기도 하였다. 많은 유대인이 이런 승리를 맛보고 정말 이런 유대 지도자야말로 하나님이 보내신 제2의 모세이자, 메시아이며 그리스도라고 믿고 따르기 시작했다. 그러나 사실 이것은 잠자는 사자의 코털을 건드린 것과 마찬가지였다. 잠자던 사자 로마가 깨어나 예루살렘으로 진군하자 예루살렘은 결국 3년 만에 돌 하나도 돌 위에 남지 않고 완전히 무너져 내렸다.

셋째, 거짓 선지자는 현시대의 현상을 종말의 현상에 자꾸만 대입하면서 일어난다. 지금이 바로 예언이 실현되는 때라고 하면서 로마의 침공을 애굽 바로의 침략으로 보고 자신을 메시아로 대입한다. 오늘날도 그렇다. 얼마 전 한 성도가 이상한 문자를 받았다고 보여주었다. 그래서 보니까 이제 세상 끝이고 주님이 오시는데 그 이전에 일어날 징조들이 이제 우리 시대에 여기저기서 나타난다는 것이다. 자세히 보니 세대주의적 종말론자의 주장이었다. 그럴듯한 혹한 주장이 많다.

예수님은 거짓 그리스도와 거짓 선지자들이 일어나서 이적을 행하여 할 수만 있으면 택하신 자들까지 미혹한다고 경고하셨다(마 24:24). 우리는 신비 현상과 기적과 이적과 거짓 그리스도와 선지자의 출현이 하나님의 택한 백성들을 미혹하기 위한 것임을 알고 올바로 분별할 수 있어야 한다.

　이것은 오늘날도 마찬가지다. 직통 계시로 길흉을 맞추고 점쟁이처럼 응답을 받을 때 우리는 그 배후의 다른 영을 주의해야 한다. 왜? 이것이 할 수만 있으면 택하신 자들까지 미혹하려는 사탄의 전략이기 때문이다. 이런 역사는 초대 교회 때도 일어났다. 사도 바울은 이런 교묘한 유혹에 대하여 다음과 같이 경고한다.

> "만일 누가 가서 우리가 전파하지 아니한 <u>다른 예수</u>를 전파하거나 혹은 너희가 받지 아니한 <u>다른 영</u>을 받게 하거나 혹은 너희가 받지 아니한 <u>다른 복음</u>을 받게 할 때에는 너희가 잘 용납하는구나"(고후 11:4).

　다른 예수, 다른 영, 다른 복음은 성도들에게 정말 매혹적으로 다가간다. 왜? 이전에 한 번도 들어보지 못한 내용이고 듣다 보면 딱 들어맞고 정말 그런 것 같기 때문이다. 게다가 어떤 단체는 성경에 언급되지 않은 새로운 이적과 표적까지 나타난다. 이럴 때 우리는 담대하게 거절할 수 있어야 한다.

　오늘날 우리나라에만 다른 예수, 거짓 그리스도가 200명이 넘게 나타났다. 이는 치열한 경쟁 속에 많은 스트레스와 압박이 있는 우리 사회 분위기와도 관계있다. 무엇인가 지금 상황을 타개하거나 교묘하게 회피할 수 있는 돌파구가 필요한데 이는 거짓 메시아가 나타나기 쉬운 토양을 제공한다. 거짓 선지자도 마찬가지다. 이들은 직접 하나님께 묻고 그의 음성을 듣는다고 주장한다. 기도하려고 눈만 감으면 하나님이 말씀하신다.

하지만 이렇게 그에게 속삭이는 영은 대부분 성령이 아닌 다른 영이다. 유달리 이런 영에 민감하고 예민하게 반응하는 분이 있다. 우리는 다른 영에 대한 감수성을 좀 떨어뜨려야 한다. 그리고 오직 기록된 하나님의 말씀 위에 내 신앙을 견고히 세워야 한다. 자꾸 길흉을 묻고 그 결과를 알려고 하지 말라. "잘될까요, 안될까요?" "이 길일까요, 저 길일까요?" 하나님은 우리 인생의 앞길을 우리가 능히 헤아리지 못하도록 설계하셨다.

> "형통한 날에는 기뻐하고 곤고한 날에는 되돌아보아라. 이 두 가지를 하나님이 병행하게 하사 사람이 그의 장래 일을 능히 헤아려 알지 못하게 하셨느니라"(전 7:14).

중요한 것은 하나님을 신뢰하고 가는 것이다. 그분을 신뢰하고 가면 광야의 메마른 길이라도 그 중간에 생명샘이 터지고 꽃이 핀다. 우리는 이런 생명의 역사를 목도하도록 부름받은 사람들이다. 또 설사 꽃이 피지 않더라도 고난의 길을 끝까지 가면 이후에 십자가와 부활의 영광이 우리를 기다린다.

더 나아가 우리는 거짓 그리스도와 거짓 선지자에 미혹되지 않기 위하여 건강한 신앙 예방 시스템을 세워야 한다.

먼저는 바른 말씀과 교리 위에 서는 것이다. 바른 교리, 바른 계시, 바른 믿음이 무엇인지를 잘 배우고 분별해야 한다.

둘째, 바른 신앙생활을 격려해야 한다. 내 선택이 고난일지 형통일지를 묻는 기도가 아니라 고난도 순종으로 가게 하시고 형통 앞에 서도 겸손하게 영광 돌리기를 기도해야 한다.

셋째, 거짓 이적과 표적, 그리고 거짓 선지자나 거짓 그리스도를 접할 때 혼자 끙끙거리지 말고 교회로 가지고 와서 바른 진단과 상담을 받아야 한다. 자꾸 물어봐야 한다.

넷째, 공동체, 목장에 모이기를 힘쓰며 이를 통해 바른 신앙생활을 격려해야 한다.

여전히 많은 거짓 그리스도, 거짓 선지자가 판치는 세상이다. 이런저런 신기한 이적과 표적이라도 미혹되지 말고 오직 주의 말씀 위에 든든히 서고 서로를 격려하는 건강한 성도로 자라가자.

[Section 5. 각주]

32) 양형주, 『내 인생에 비전이 보인다』(서울: 홍성사, 2007), 17쪽.
33) 정신영, "명품 플랫폼 '짝퉁과의 전쟁' 신뢰 회복 사활", 국민일보, 2022. 11. 12.
34) 뉴스원, "광주서 신천지 대구교회 예배 참석자 추가 확인돼", AI Times, 2020. 2. 28.
35) 최수호, "대구 문성병원 코로나19 첫 확진 직원 '신천지 교인' 신분 숨겨", 연합뉴스, 2020. 3. 7.
36) 심윤지, "대구 한마음아파트 주민 3분의 2는 왜 신천지 교인이 됐을까", 경향신문, 2020. 3. 8.
37) 안용현, 『[만물상] '중국발 전염병' 왜 많은가", 조선일보, 2020. 1. 24.

난해 구절
예방설교의 실제

● ● ● ● ●

- 설교 제목 : **두렵고 떨림으로 구원을 이루라**
- 설교 본문 : **빌립보서 2:12**

코로나 이후 많은 이들이 이단단체와 거짓 교사들의 활동이 많이 위축되었다고 생각했다. 하지만 이들의 활동은 온라인을 타고 더욱 활발하게 전개되고 있다. 호기심으로 한번 발을 들이면 온라인 알고리즘을 통한 교묘한 미혹이 우리를 세뇌하다시피 집요하게 붙들고 있다. 특별히 이런 형태는 온라인 '유 목사'를 통해 그 영향력이 증폭되고 있다. 혹시 유 목사라고 들어보셨는가? 이는 '유튜브 목사'를 말한다. 내가 세계 곳곳을 다니며 바이블 백신 이단 예방 세미나를 하면서 느끼는 점 중의 하나는, 신천지나 하나님의 교회와 같은 이단 못지않게 건강하지 못한, 독성 있는 신앙 유튜브의 폐해가 참 많다는 사실이다.

코로나 이후 많은 성도가 두 명의 담임목사를 두고 있다. 하나는 본 교회 담임목사, 다른 하나는 유튜브 담임목사, 즉 유 목사를 담임목사로 둔다. 코로나 때 교회도 못 나가고 정말 믿음을 잘 지키고 싶은 마음으로 보기 시작했는데 보다 보니 자극적이고 독성 있는 교리에 중독되고 점점 빠져들어 못 나온다. 문제는 이런 영상이 워낙 자극적이고 독성이 있다 보니, 성도들의 건강을 세우기는커녕 도리어 독이 되는 경우가 많은 것이다.

비단 유 목사만이 아니다. 유 선교사, 유 전도자도 있다. 아니, 전도사가 아니라 왜 전도자인가? 처음에는 전도사라고 말하고 다녔는데 그 교회 담임목사가 불렀다. "너는 신학도 공부하지 않고 전도사 자격시험도 치르지 않고 어떻게 전도사라고 하니? 정 말하고 싶으면 전도자라고 해!" 이렇게 된 것이다. 혹시 우리 중에도 유 목사를 담임목사로 두고 있는 성도들이 있나 모르겠다.

그렇다면 독성 있는 유 목사, 유 선교사, 또는 유 전도자의 특징은 무엇일까? 그 기준을 몇 가지로 나누어 생각해 보자.[38]

첫째, 예수 잘 믿어야 한다고 하면서 한국교회를 비난하는 영상이다.

결국 자기가 다니는 교회를 좋지 않은 이상한 교회로 느끼게 한다. 자꾸 이런 영상을 보다 보면 결국 교회 생활의 동기를 잃고 이 지역에 다닐 교회가 없다는 생각에 사로잡히게 되고, 그러다 보면 교회를 떠나 유튜브로만 예배드리는 가나안 교인이 되기 쉽다. 교회에 대한 이런 비판은 모든 이단단체의 공통점이다. 결국 한국교회에 대한 반복적인 비판은 교회를 떠나 다시는 교회로 돌아가지 못하도록 만든다. 한국교회를 비판하는 유 목사의 설교를 조심해야 한다.

둘째, 예수 잘 믿어야 한다고 하면서 교회 목회자를 신랄하게 비판하는 영상이다.

목회자를 비판하다 보면 어떤 일이 일어나는가? 자기가 다니는 교회의 담임목사를 충분히 신뢰하지 못하게 된다. 설교자에 대한 신뢰가 떨어지니 결국 설교에 은혜를 받지 못하고 메말라 가게 된다. 우리 교회의 담임목사, 부목사, 전도사님은 하나님이 나를 위해, 내가 다니는 교회에 보내주신 분들이다. 그런데 유 목사를 따라가다 보면 이런 생각을 하지 못하고 우리 교회 목사님은 유 목사만 못한 것 같은 생각이 든다. 이런 생각이 자꾸 들면 이미 중증에 빠진 것이다. 유튜브를 끊어야 한다.

셋째, 예수 잘 믿어야 한다고 하면서 지금 내가 믿는 복음을 제대로 깨닫지 못한 것처럼 느끼게 만드는 영상이다.

한때 이단성 시비가 있던 유 선교사가 있다. 이분의 메시지를 듣는 성도들은 이구동성으로 이런 말을 한다.

"우리 담임목사님도 복음을 제대로 깨닫지 못했어. 우리 목사님도 복음을 제대로 깨달아야 해!"

하지만 우리가 읽었던 갈라디아서 1장 7절이 말씀하는 것처럼, 사도들이 우리에게 전해 준 것 외에 다른 복음은 없다. 결국 왜곡된 복음으로 교회를 새롭게 해야겠다는 마음으로 교회 안에 유 목사의 영향을 퍼뜨리고, 영향을 받은 성도들을 규합하여 담임목사에게 저항하게 한다. 유 선교사의 왜곡된 영향력이다.

넷째, 예수 잘 믿어야 한다고 하면서 담임목사로부터 은혜를 점점 받지 못하고 유 목사에게 의지하게 만드는 영상이다.

담임목사 설교보다 더 많이 듣는 영상이 있다. 그러다 보면 나중에는 유 목사가 진짜 목사고, 유 목사가 목회하는 교회가 진짜 참된 교회니 갈 곳이 그곳밖에 없다고 느끼고 이사를 감행하기까지 한다. 해외에 있는 경우는 주변의 어느 교회도 가지 않고 유튜브로만 예배드리는 가나안 교인이 된다.

다섯째, 예수 잘 믿어야 한다고 하면서 내가 얻은 구원의 확신을 흔들며 이러다 지옥 갈 수 있겠다고 불안하게 만드는 영상이다.

모든 이단이 악용하는 단골 구절이 있다.

"나더러 주여 주여 하는 자마다 다 천국에 들어갈 것이 아니요. 다만 하늘에 계신 내 아버지의 뜻대로 행하는 자라야 들어가리라"(마 7:21).

많은 성도가 여기 '주여 주여 하는 자'가 자신을 가리킨다고 생각하고 두려워한다. 하지만 여기서 '주여 주여 하는 자'는 성도가 아니라 '선지자 노릇'을 하는 거짓 선지자를 가리킨다. 이어지는 22절을 보라. "그날에 많은 사람이 이르되 주여 주여 우리가 주의 이름으로 선지자 노릇 하며"라고 한다. 선지자 노릇하는 이, 즉 거짓 선지자인 것이다. 그래서 이 문단이 시작되는 7장 15절은 이렇게 시작한다. "거짓 선지자들을 삼가라!"

이런 왜곡된 성경 해석으로 구원관이 흔들리기 시작하면 담임목사의 설교는 밋밋해서 귓전에 들리지 않고 두려움과 공포를 자극하는 유 목사의 영상을 끊지 못한다. 계속해서 불안 속에 떨며 밤잠을 못 자는 악순환이 계속된다.

여섯째, 예수 잘 믿어야 한다고 하면서 얼마 지나지 않아 세상이 끝나고 3차 세계대전이 일어나고 제3 성전이 건립되고 그런 와중에 나는 이렇게 살다 휴거되지 못해 구원받지 못할 것이라는 두려움을 주는 시한부 종말론 영상이다.

이런 시한부 종말론에 심취해 있다 보면 일상생활을 제대로 할 수 없게 된다. 직장을 그만두고 재산을 모두 정리해서 한국의 삶을 다 내려놓고 괌, 피지, 하와이, 중국으로 어느 날 갑자기 종말을 대비하기 위해 이주해 버린다. 우리는 이미 그 피해를 겪은 이들의 이야기를 심심치 않게 듣는다.

일곱째, 성경이 말하지 않는 이상한 신비 현상을 보여주며 이 시대 능력의 종이라고 자신을 과시하는 영상이다.

이런 영상에 빠져 있다 보면 담임목사의 기도는 시시하게 느껴지고, 유 목사, 전도자에게 기도 받아야 되겠다는 확신으로 유 목사 집회를 쫓아다니게 된다. 그리고 이런 집회에서 성령이 아닌 다른 이상한 영에 사로잡혀 건강하지 못한 신비 현상을 추구하게 된다.

여덟째, 예수 안의 참 소망과 힘을 주기보다 한국교회와 목회자

뿐 아니라 우리 신앙생활에 대한 신랄한 비판으로 인해 교회와 목회자를 향해 늘 비판하게 만들고 그런 비판 의식을 키워주는 영상이다.

이런 영상에 심취한 성도들이 모여서 이야기를 나누면 항상 한국 교회는 문제가 있고 교회 목사는 타락했다고 한다. 그리고 예수님의 몸 된 교회를 향해 거친 비판을 아무런 거리낌 없이 내뱉는다. 그 내용은 유 목사가 한 말 그대로다. 때로는 여기에 더 신랄한 비판을 더 하기도 한다. 그러다 보니 사랑과 온유와 기쁨으로 가득해야 할 성도의 기본적인 성정이 점점 더 거칠어진다. 그리고 주변에 있는 이들을 영적으로 오염시키고 병들게 한다.

여기서 생각해 볼 것이 있다. 왜 이렇게 비판적인 영상이 인기를 끌까? 우리에게는 기본적인 죄성이 있다. 이로 인해 비판, 험담, 힐난하는 것을 통쾌해하고 즐거워한다. 비판적인 영상을 보면 우리 뇌에는 도파민이 흐르고 흥분하게 되고 집중이 된다. 그러다 보니 이런 영상을 끊지 못하고 계속 붙잡혀 있는 것이다. 이런 영상에 자기도 모르게 중독되었다면 속히 끊기 바란다. 그렇지 않으면 주님께서 핏 값 주고 사신 소중한 몸 된 교회를 너무나도 가볍고 하찮게 여기게 된다. 서로 한 몸을 이루며 살도록 부르신 교회에서의 신앙생활의 복을 너무나도 가볍게 여기고 아무것도 아닌 것으로 여긴다.

우리는 교회에서 예수의 아름다운 몸을 함께 이루는 연습을 날마다 해야 한다. 주께서 우리 주변 곳곳에 그분의 몸 된 교회를 세우신 것은 이유가 있다. 그만큼 우리 개개인이 지역 교회에 소속이 되어 함께 예수 그리스도의 몸 된 교회와 연결되고 그분의 몸으로 세워져

가는 것이 소중하고 귀하기 때문이다. 이런 소중한 가치에 대해서 유 목사는 좀처럼 말하지 않는다. 따라서 유 목사의 설교를 듣고 비판적인 성향을 키울 바에야 차라리 성경을 직접 읽고 찬양을 듣는 것이 낫다. 성경에 취해 살고 찬양에 취해 사는 것이 좋다. 안 그러면 자기도 모르게 이상하게 된다.

전에 북미의 한 지역에 갔을 때 유(튜브) 목사에 빠진 한 성도를 상담할 기회가 있었다. 이분은 가족과 자신은 영이 달라서 가족을 자기 원수라고 여겼다. "사람의 원수가 자기 집안 식구니라"(마 10:36)는 말씀을 읽고 남편과 이혼을 준비하고 있었다. 알고 보니 이상한 유 목사를 만나 점점 빠져들다가 결국은 기존 신앙생활과는 상당히 다른 왜곡된 신앙생활을 하고 있었다. 교회도 나가지 않았다. 기존 교회는 다 배교한 교회라고 하면서 교회를 멸시하였다. 목사도 멸시하였다. 코로나 백신 맞은 목사는 모두 사탄의 영이 씌운 타락한 목사라고 하면서 코로나 백신을 맞은 목사와는 상종하지 않겠다고 했다. 맞는 순간 영이 달라진다는 것이다.

이처럼 그럴듯한 음모론으로 성도를 미혹하는 채널이 꽤 많다. 어떤 이단단체의 채널을 보면 상당히 성도의 관심을 끄는 제목들이 있다. "코로나19 이후, 더 무서운 것이 오고 있다", "일루미나티의 비밀", "어느 목사의 고백, 나는 이렇게 무너졌다", "십일조 절대 내지 마라" 등. 이런 영상은 조회수가 100만~200만 회까지 나온다. 처음엔 자극적인 흥미로 보기 시작하지만 계속 보다 보면 결국 이단에 빠지게 된다. 그래서 코로나 기간에 이런 단체에 수만 명이 넘어갔다. 이런 단체는 절대 자신이 이단단체라는 것을 드러내지 않는다.

요즘은 수십만의 구독자를 거느린 독성 있는 유 목사들이 꽤 있다. 하지만 조회수가 많은 것이 항상 좋은 설교라는 말은 아니다. 조회수가 많은 것은 그만큼 강한 비판과 왜곡된 교리로 독성이 강하게 들어있기 때문이다. 이런 설교는 결국 성도의 영혼을 파괴하는 매우 위험한 설교인 경우가 많다.

우리가 예수 잘 믿는 신앙생활을 하려면 반드시 필요하고 중요한 것이 있다. 그것은 주님의 몸 된 교회와 연결되어 교회를 중심으로 바른 믿음 생활을 하며 참 복음과 진리로 서로를 격려하는 것이다.

이런 면에서 본문의 말씀을 바로 이해하는 것은 매우 중요하다. 왜냐하면 많은 유 목사와 이단단체들이 빌립보서 2장 12절의 말씀을 왜곡하는 것으로부터 시작해서 성도들의 영혼을 미혹하기 시작하기 때문이다.

> "그러므로 나의 사랑하는 자들아 너희가 나 있을 때뿐 아니라 더욱 지금 나 없을 때에도 항상 복종하여 두렵고 떨림으로 너희 구원을 이루라"(빌 2:12).

이 구절은 마태복음 7장 21절의 "나더러 주여 주여 하는 자마다 다 천국에 들어가지 못한다"는 말씀과 함께 자주 이단단체에서 왜곡하는 말씀이다. 먼저 기억할 것은 여기 '두렵고 떨리는 것'은 구원을 잃을 것에 대한 두렵고 떨림이 아니다. 시편 2편 11절은 이 감정이 어떤 감정임을 보다 구체적으로 보여주고 있다.

"여호와를 경외함으로 섬기고 떨며 즐거워할지어다"(시편 2:11).

여기 경외함, 즉 두려움과 함께 떨림이 있는데 이러한 행동과 더불어 즐거워하라고 한다. 이게 무슨 뜻인가? 이는 마치 그랜드 캐니언이나 나이아가라 폭포와 같은 거대한 자연을 볼 때 우리가 갖는 감정과 비슷하다. 대자연의 풍광이 너무 멋지고 좋은데 너무 광대해서 두려운 마음, 경외감이 생기는 것과 같다. 하나님의 광대하고 위엄 있는 임재가 두렵고 떨리지만 동시에 기쁘고 감사한 것이다. 두려움과 떨림은 구원을 잃을 것에 대한 두려움과 떨림이 아니라 하나님의 엄위하고 놀라운 임재 앞에 연약한 피조물이 갖는 자연스러운 감정이다.

둘째, 여기서 "너희 구원을 이루라"는 것은 무슨 뜻일까? 우리가 보통 예수님을 구주로 믿을 때는 구원을 '받는다' 또는 '얻는다'는 표현을 사용한다. 여기서 구원을 '이루라'는 것은 우리가 아는 믿음으로 얻는 구원과는 다른 의미의 구원을 말한다. 빌립보서에는 구원이 다양한 차원에서 각각 다른 의미로 사용된다. 대표적인 것이 1장 19절이다.

"이것이 너희의 간구와 예수 그리스도의 성령의 도우심으로 나를 구원에 이르게 할 줄 아는 고로"(빌 1:19).

여기서 구원은 바로 사도 바울이 감옥에 갇혔다 풀려나는 것을 뜻한다. 그래서 새번역 성경은 이 구절을 이렇게 번역한다.

"나는 여러분의 기도와 예수 그리스도의 영의 도우심으로 내가 풀려나리라는 것을 압니다"(빌 1:19 새번역).

또 1장 28절에 나오는 '구원'은 예수 믿고 얻은 구원을 뜻하며, 여기서 '구원의 증거'는 고난 가운데 구원 얻은 믿음을 지켜나가는 성화를 뜻한다.

"무슨 일에든지 대적하는 자들 때문에 두려워하지 아니하는 이 일을 듣고자 함이라. 이것이 그들에게는 멸망의 증거요 너희에게는 구원의 증거니 이는 하나님께로부터 난 것이라"(빌 1:28).

여기 '증거'(헬. 엔데익시스)는 '징조' 또는 '전조'(omen)라는 뜻이다. 이는 앞으로 다가올 일을 보여주는 실마리를 뜻한다.[39] 이는 대적자들에 대해 두려워하지 않고 담대한 마음을 지켜가는 것이 바로 구원 얻은 징조라는 뜻이다. 이는 구원을 거룩하게 지켜나가는 성화의 차원을 반영한다. 이는 고린도후서에도 비슷하게 진술된다.

"이 사람에게는 사망으로부터 사망에 이르는 냄새요 저 사람에게는 생명으로부터 생명에 이르는 냄새라. 누가 이 일을 감당하리요"(고후 2:16).

더 나아가 빌립보서 3장 20절은 예수 믿고 얻은 구원의 최종적인 측면, 곧 영화의 차원을 진술한다.

"그러나 우리의 시민권은 하늘에 있는지라. 거기로부터 구원하는
자 곧 주 예수 그리스도를 기다리노니"(빌 3:20).

여기서 '구원하는 자'는 '구원자'(Savior)이며 이는 성도를 최후로
구원해 주시는 분을 뜻한다. 이는 그리스도께서 재림하실 때 주시는
구원으로 성도의 최종적인 영화의 차원을 포함한다.

그렇다면 빌립보서 2장 12절의 "구원을 이루라"는 것은 무슨 뜻
인가? 그것은 바로 교회의 하나됨을 지키며 이루어가라는 뜻이다.
그래서 중요한 것이 바로 12절 전반부에 "너희가 나 있을 때뿐 아니
라 더욱 지금 나 없을 때에도"라는 구절이다. '나 없을 때'라는 것은
사도 바울이 감옥에 갇힌 것을 뜻한다. 사도 바울이 감옥에 있을 때
뿐 아니라 없을 때도 공동체의 하나됨을 이루어가기 위해 힘쓰라는
것이다. 그러려면 중요한 것이 무엇일까? 여기서 우리는 12절의 '그
러므로'에 주목해야 한다.

그러므로는 바로 앞의 2장 1~11절의 말씀에 대한 결론이다. 그
내용을 보면 이렇다. 2절 이하를 보라.

"마음을 같이 하여 같은 사랑을 가지고 뜻을 합하여 한마음을 품어
아무 일에나 다툼이나 허영으로 하지 말고 오직 겸손한 마음으로
각각 자기보다 남을 낫게 여기고"(빌 2:2-3).

그러면서 예수님의 마음을 품으라고 도전한다(5절). 예수님은 하
나님이셨지만 도리어 자신을 비워 이 땅에 오셔서 죽기까지 순종하

셨다. 이런 마음을 품고 우리를 사랑하셨으니 그러므로 나의 사랑하는 자들아, 담임 목회자인 사도 바울이 전에 있을 때뿐 아니라 감옥에 갇혀 더욱 없을 때도 항상 주님께 복종하고 우리 가운데 주님이 있다는 두려움과 떨림의 마음, 하나님을 경외하는 마음으로 서로 다투지 말고 겸손하게 공동체의 하나됨을 이루어가라는 것이다. 왜 그런가? 그렇지 않으면 거짓 교사들이 침투해 교회를 흔들어 놓을 수 있기 때문이다.

> "개들을 삼가고 행악하는 자들을 삼가고 몸을 상해하는 일을 삼가라. 하나님의 성령으로 봉사하며 그리스도 예수로 자랑하고 육체를 신뢰하지 아니하는 우리가 곧 할례파라"(빌 3:2-3).

빌립보 교회에는 이미 다른 복음을 가르치는 이상한 할례파 교사들이 침투하여 성도들을 미혹하고 있었다. 만약 교회가 서로 다투고 깨지고 갈라지고 이단의 가르침에 빠지면 결국 교회가 큰 타격을 받고 이것은 성도들을 주저앉게 만든다. 그래서 교회의 하나됨을 지키는 것을 '구원'이라는 중요한 단어를 사용하여 공동체 차원의 '구원을 이루어가는 것'이라고 설명한 것이다. 교회가 싸우고 갈라지면 더 이상 복음 전도를 할 수 없고 구원의 방주로서 역할을 감당할 수 없다. 이런 측면에서 공동체의 하나됨은 매우 중요하다.

우리는 지금보다 더욱 교회의 하나됨을 힘써 이루어갈 수 있기를 바란다. 또한 서로를 향하여 더 겸손해질 수 있기를 축원한다. 만약 내가 가는 곳마다 다툼이 일어나고 의견 차이로 갈라지고, 마음에 안

든다고 교만하고 거친 마음으로 비판하거나 하면 결국 갈라진다. 좌우에 인사하자. "더욱 겸손하겠습니다.""내 주장을 내려놓겠습니다." 건강하지 않은 유 목사의 영향을 받은 성도들을 보면 거칠다. 그래서 가는 곳마다 다툼을 일으킨다. 자기주장을 펴고 다른 이들을 쉽게 비판하고 험담한다. 내가 가는 곳마다 사람들이 다 나를 피하고 도망가고 상처 입고 쓰러진다? 정신 번쩍 차려야 한다. 이제는 내려놓기를 바란다. 우리의 중요한 사명은 교회의 하나됨을 지키는 것이다. 이제 두렵고 떨림으로 우리가 하나됨을 이루어 주님 앞에 나아가도록 하자.

● 설교 제목 : 검을 주러 왔노라
● 설교 본문 : 마태복음 10:34-39

본문의 말씀은 우리를 매우 당황스럽게 하는 말씀이다. 예수님께서 이 세상에 오신 이유가 화평을 가져다주러 온 것이 아니라, 검을 주러 왔다고 하시기 때문이다.

> "내가 세상에 화평을 주러 온 줄로 생각하지 말라. 화평이 아니요 검을 주러 왔노라"(마 10:34).

여기서 비유한 '검'은 '분쟁과 갈등'을 뜻한다. 누가복음 12장은 이를 잘 보여준다.

> "내가 세상에 화평을 주려고 온 줄로 아느냐. 내가 너희에게 이르노니 아니라 도리어 분쟁하게 하려 함이로라"(눅 12:51).

이것을 12장 49절은 '불'을 던지러 왔다고 표현하기도 한다. 뜨거운 갈등과 다툼이 일어날 것이라고 말씀하는 것이다. 예수님이 이 세상에 갈등과 분쟁을 던지러 왔다고 하면 상당히 당황스럽고 마음이 어렵지 않겠는가? 이어지는 마태복음 본문의 다음 구절들을 보라.

> "내가 온 것은 사람이 그 아버지와 딸이 어머니와 며느리가 시어머니와 불화하게 하려 함이니 사람의 원수가 자기 집안 식구리라"(마 10:35-36).

예수님이 오신 것은 가족들과 불화하게 하기 위해서라는 것이다. 그래서 예수님을 따르다 보면 가족과 원수처럼 된다는 것이다. 참 이해하기가 어렵고 당황스럽다. 이런 본문의 난해함으로 인해 본문 34~36절의 구절은 여러 이단단체와 독성 있는 사이비 단체들이 자기네 단체로 사람들을 끌어와 묶어두기 위해 자주 인용하는 단골 성경 구절로 오용된다.

전에 북미의 한 도시에서 집회와 세미나를 인도하고 있을 때였다. 그때 그곳에 사는 한 청년이 그 지역의 한 교회 목사님을 통해 상담을 요청했다. 집회 중간에 그 청년을 만나 이야기를 들어보았다. 그 청년에게는 40대 후반의 엄마가 있었는데 엄마가 어느 유튜브 채널의 영상을 보기 시작하더니 점점 이상해지더라는 것이다. 엄마는 어느 순간부터 이제 가족들과는 영이 맞지 않아 더는 함께 살고 싶지 않다고 했다. 함께 있으면 숨 쉬는 것도 답답하고 힘들다는 것이다.

왜? 영이 맞지 않아서.

알고 보니 몇 년 전 코로나 사태가 터졌을 때도 가족들에게 백신을 맞지 말라고, 맞으면 큰일 난다고 강하게 주장했다고 한다. 코로나 백신을 맞으면 영이 달라지기 때문에 더는 가족들과 함께할 수 없다는 것이다. 그러더니 어느 순간부터 남편과 자녀들에게 "당신들이 나의 원수"라고 하며 강한 적개심을 표현하고 가족들을 늘 원수 보듯 째려보더라는 것이다. 그러면서 "이제는 가족들을 단칼에 잘라내야 할 때가 왔다"고, "너희랑 못 살겠다"고 소리를 지르기 시작했다. 그리고 남편에게 이제는 갈라서자고 요구하기 시작했다. 이 청년은 자기 동생과 함께 울며불며 엄마 왜 그러냐고 그러지 말라고 같이 살자고 그렇게 매달렸는데, 엄마는 이런 자녀들에게 "너희는 나의 원수야!"라며, 말도 하지 않으려 하고 독성 있는 유튜브 채널에 빠져 그 내용만 붙들고 살더라는 것이다.

사실 많은 이단단체와 독성 있는 사이비 단체들이 이 성경 구절을 악용한다. 그래서 할 수만 있으면 가족들과 선을 긋고 단절할 것을 요구한다. 우리에게 잘 알려진 이단단체인 신천지만 하더라도 그렇다. 그들은 신천지 신앙을 핍박하는 가족에 대해 다음과 같이 주장한다.

"어차피 가족들은 사탄에게 소속된 자들이기 때문에 우리의 원수다. 예수님이 오신 것은 검을 주러 오신 것이니 기꺼이 불화를 감수하고 잘라내 버려라."

그래서 은연중에 이혼을 격려하기도 하고 신천지 신앙을 반대하는 가족을 원수처럼 여기게 만든다.

우리가 읽은 본문 말씀은 제대로 이해하기 어려운 난해 구절 중 하나이다. 예수님이 정말 가족을 원수처럼 여기고 칼로 자르듯 가족과의 관계를 잘라내 버리라고 하신 것일까? 정말 가는 곳마다 분쟁과 갈등을 일으키라고 하시는 것일까? 우리가 믿는 예수님이 과연 이런 것을 요구하셨다면 마음이 매우 힘들지 않겠는가? 과연 예수님은 궁극적으로 가족의 불화를 요구하시고 가족과 원수처럼 지내기를 원하신 것일지 한번 살펴보도록 하자.

먼저 마태복음 10장 11~13절이다.

"어떤 성이나 마을에 들어가든지 그중에 합당한 자를 찾아내어 너희가 떠나기까지 거기서 머물라. 또 그 집에 들어가면서 평안하기를 빌라. 그 집이 이에 합당하면 너희 빈 평안이 거기 임할 것이요. 만일 합당하지 아니하면 그 평안이 너희에게 돌아올 것이니라"(마 10:11-13).

예수님은 제자들을 파송하면서 가는 곳마다 하늘의 샬롬, 즉 평화가 임하기를 빌라고 하신다. 예수님은 제자들을 이스라엘 마을에 분쟁의 사자가 아니라 평화의 사자로 보내길 원하셨다. 그뿐만 아니다. 예수님께서 산상설교에서 팔복을 말씀하시면서 화평에 대해 중요한 말씀을 하셨다.

"화평하게 하는 자는 복이 있나니 그들이 하나님의 아들이라 일컬음을 받을 것임이요"(마 5:9).

여기 '화평하게 하는 자'는 영어 성경에 'peacemaker'로 되어있다. 예수님은 제자들이 가는 곳마다 화평을 이루고 만들어가기를 원하셨고, 이런 화평하게 하는 사역을 통해 제자들이 이스라엘 백성들로부터 "역시, 저렇게 평화롭게 화해하며 지내는 것 보니 하나님의 아들이야"라고 일컬음을 받기 원하셨다. 왜냐하면 예수님도 평화의 왕으로 오셨기 때문이다.

"이는 한 아기가 우리에게 났고 한 아들을 우리에게 주신 바 되었는데 그의 어깨에는 정사를 메었고 그의 이름은 기묘자라, 모사라, 전능하신 하나님이라, 영존하시는 아버지라, 평강의 왕이라 할 것임이라"(사 9:6).

그렇다. 예수님은 이 땅에 평강의 왕으로 오셨다. 예수님이 이 땅에 태어나셨을 때 하늘의 천군 천사들은 이렇게 찬양했다.

"지극히 높은 곳에서는 하나님께 영광이요 땅에서는 하나님이 기뻐하신 사람들 중에 평화로다 하니라"(눅 2:14).

그래서 예수님을 체포하러 왔던 대제사장의 종 말고의 귀를 베드로가 검을 들어 베어버렸을 때 예수님은 베드로를 책망하셨다.

"예수께서 베드로더러 이르시되 칼을 칼집에 꽂으라. 아버지께서 주신 잔을 내가 마시지 아니하겠느냐 하시니라"(요 18:11).

예수님은 분쟁을 원하지 않으셨고 실제로 분쟁을 상징하는 검을 휘두르는 것도 원하지 않으셨다. 왜냐하면 그분은 진정한 평화의 왕이기 때문이다. 예수님은 평강을 주시는 분이다.

> "평안을 너희에게 끼치노니 곧 나의 평안을 너희에게 주노라. 내가 너희에게 주는 것은 세상이 주는 것과 같지 아니하니라. 너희는 마음에 근심하지도 말고 두려워하지도 말라"(요 14:27).

평강을 주시는 예수님은 제자들이 가족과 갈라서지 않기를 원하셨다. 제자들이 예수님을 따라다닐 때는 당분간 집을 떠나 가족을 뒤에 두고 갔지만, 나중에 예수님이 부활 승천하시고 제자들이 복음을 전파하러 다닐 때는 다시 아내와 합쳐 함께 사역을 감당하였다. 사도 바울은 당시 베드로와 같은 제자들이 아내와 함께 복음 전파사역을 같이했음을 언급한다.

> "우리가 다른 사도들과 주의 형제들과 게바와 같이 믿음의 자매 된 아내를 데리고 다닐 권리가 없겠느냐"(고전 9:5).

그 당시에 베드로를 비롯한 여러 사도와 예수님의 형제들은 각자 믿음의 아내와 다니며 함께 사역을 감당했었다. 예수님을 따를 때는 일시적으로 가족을 뒤로하고 갔지만 다시 가족들과 함께 같은 믿음으로, 예수님을 위해 함께 사역을 감당했던 것이다. 이처럼 예수님은 그의 제자들이 가족들과 화평을 이루기를 원하셨다.

예수님이 우리를 위해 십자가를 지시고 돌아가셨을 때 이는 우리를 하나님과 화목하게 하기 위해서였다. 예수님은 피스메이커로 자신을 십자가에 내어주신 것이다.

"곧 우리가 원수 되었을 때에 그의 아들의 죽으심으로 말미암아 <u>하나님과 화목하게 되었은즉</u> 화목하게 된 자로서는 더욱 그의 살아나심으로 말미암아 구원을 받을 것이니라"(롬 5:10).

'구원받은 우리'을 다른 말로 하면 '하나님과 화목하게 된 자들'이다. 이런 우리에게 있는 새로운 사명은 우리도 나아가 내 주변 사람들과 화목함을 이루며 평화를 만들어가야 하는 사명이다.

"모든 것이 하나님께로서 났으며 그가 그리스도로 말미암아 <u>우리를 자기와 화목하게 하시고</u> 또 우리에게 <u>화목하게 하는 직분을</u> 주셨으니"(고후 5:18).

하나님께서는 예수 그리스도를 통해 우리로 화목하게 하셨고, 또 더 나아가 우리에게 화목하게 하는 직분을 맡기셨다. 이는 성도가 가는 곳마다 주님의 평화를 이루어가야 한다는 뜻이다.

"그러므로 우리가 <u>화평의 일과 서로 덕을 세우는 일을 힘쓰나니</u>"
(롬 14:19).
"모든 사람과 더불어 <u>화평함과 거룩함을 따르라.</u> 이것이 없이는 아무도 주를 보지 못하리라"(히 12:14).

그렇다. 우리는 모든 이와 더불어 화평함과 거룩함을 추구해야한다. 또 우리에게 주신 성령의 능력으로 이런 열매를 맺어가야 한다. 성령의 아홉 가지 열매 중 하나가 바로 화평의 열매 아닌가.

"오직 성령의 열매는 사랑과 희락과 화평과 오래 참음과 자비와 양선과 충성과 온유와 절제니 이같은 것을 금지할 법이 없느니라"(갈 5:22-23).

성령의 열매가 사랑, 희락과 더불어 화평이다. 이렇게 볼 때 제자가 가족들과 선을 긋고 분쟁하며 이들을 원수로 여기고, 영이 다르니 더 이상 보지 않겠다고 하며 이혼과 가출을 감행하는 것은 결코 하나님의 뜻이 아님을 알 수 있다. 게다가 고린도전서는 믿지 않는 배우자가 먼저 갈라서기 원하지 않는다면 갈라서지 말라고 권면한다.

"…만일 어떤 형제에게 믿지 아니하는 아내가 있어 <u>남편과 함께 살기를 좋아하거든 그를 버리지 말며</u> 어떤 여자에게 믿지 아니하는 남편이 있어 <u>아내와 함께 살기를 좋아하거든 그 남편을 버리지 말라.</u> 믿지 아니하는 남편이 아내로 말미암아 거룩하게 되고 믿지 아니하는 아내가 남편으로 말미암아 거룩하게 되나니 그렇지 아니하면 너희 자녀도 깨끗하지 못하니라. 그러나 이제 거룩하니라"(고전 7:12b-14).

이상의 말씀들을 살펴볼 때, 우리는 이단단체가 주장하는 극단적인 불화와 갈등의 메시지를 올바로 분별할 수 있어야 한다.

첫째, 불화와 갈등이 시작되더라도 제자는 끝까지 가족과 평화를 지켜내도록 기도하며 애써야 한다. 마태복음 10장 34~36절의 말씀은 불화를 일으키라는 말씀이 아니라 제자로서 복음을 전파하는 과정에서 필연적으로 이런 불화와 갈등을 겪게 될 것이라는 말씀이다. 제자가 가족들에게 "당신과는 영이 맞지 않는다", "신앙의 색깔이 달라서 못 살겠다"고 하면서 먼저 관계를 정리하라는 말씀이 아니다. 이는 성경적이지 않은 해석이다. 성경은 분명 배우자가 헤어지기 싫어한다면 먼저 갈라서지 말라고 말씀한다(고전 7:12 이하).

이런 갈등과 불화는 성도 자신이 먼저 일으키라는 것이 아니라 복음을 들고 갈 때 기존의 명예-수치 문화 안에 있던 가족이 먼저 반발하고 일으키는 상황을 전제하는 것이다. 명예-수치 문화란 공동체의 규범과 기대에 맞지 않는 행동을 하면 수치로 간주되고, 반대로 그 규범에 부합하는 행동은 명예를 얻는 문화이다. 이 문화에서 개인의 행동은 공동체의 명예와 직결되며 타인과의 관계에서 명예가 손상되면 가족의 명예가 함께 실추된다. 이런 문화 속에 예수를 따르는 것은 가족 내에서 수치와 명예의 충돌을 일으킬 수 있는 일이었고, 그런 경우 가족들이 예수를 따르지 말도록 강요하며 불화가 일어난다. 따라서 이러한 불화의 상황은 예수 따르는 것을 수치스럽게 여기는 가족이 먼저 불화를 일으키는 것이지, 예수를 따르는 성도가 먼저 헤어지자고 한다면 이것은 성경적이지 않은 일이다(참조 마 10:21).

둘째, 불화의 원인은 예수 그리스도이어야지 다른 것이어서는 안 된다. 지금까지 우리가 살펴본 마태복음 10장을 보면 예수님은 제자들이 예수로 말미암아 고난받을 것을 말씀하셨다. "나로 말미암아"(마 10:18), "내 이름으로 말미암아…"(마 10:22). 그리고 본문에도 "나를 위하여 자기 목숨을 잃는 자는…"(마 10:39)이라고 말씀한다. 결국 이 모든 갈등과 불화의 원인은 예수님 때문에 일어나는 것이어야 한다. 다른 이단 교주나 이단단체를 위해서는 안 된다.

어떤 사이비 단체에서는 예언 기도를 해 준다며 "아내와 헤어져라", "남편과 헤어져라", "주님 오실 날이 얼마 남지 않았으니 일가친척과 헤어지고 너는 산으로 들어가 기도하고 정결하게 하며 주님 오심을 기다려라" 등 이런 식의 얼토당토않은 헤어짐을 종용한다. 이는 주님의 뜻 때문에 헤어지는 것이 아니다. 기억하라. 절대 누군가의 예언 기도 때문에 헤어져서는 안 된다. 성경에 따르면 헤어지는 것은 결코 하나님의 뜻이 아니다. 같이 믿음 생활하는 배우자가 있는데도 너와 영적 색깔이 다르니 헤어지고 자기네 단체에만 와서 신앙생활을 하라고 예언 기도한다면 이건 백 퍼센트 가짜다. 그런데 이런 식의 거짓 예언 기도를 남발하는 단체가 의외로 많다. 만일 그런 단체에 있다면 빨리 나와야 한다.

그렇다면 우리는 본문 말씀을 어떻게 이해하는 것이 바람직할까?

첫째, 본문의 말씀은 복음 증거의 문맥에서 이해해야 한다. 예수님의 복음이 세상에 전파될 때, 복음이 닿는 곳마다 기존의 낡은 명예-수치 문화와 같은 세상 풍조와 우상숭배에 익숙해진 가족이 복음에 반발하고 거부하는 일이 일어날 것을 말씀하는 것이다. 바로 여기서 분쟁과 갈등이 일어난다. 우리는 이런 극단적인 상황을 마태복음

10장 21절에서 볼 수 있다.

> "장차 형제가 형제를, 아버지가 자식을 죽는 데에 내주며 자식들이
> 부모를 대적하여 죽게 하리라"(마 10:21).

그래서 복음을 처음 믿고 예수를 따르는 믿음의 첫 세대는 어려움이 많다. 예수 잘 믿는 가정을 이루어가고 싶은데 이것을 이해하지 못하는 가족들로부터 받는 오해와 갈등이 참 어려운 것이다. 신앙 있는 자매가 신앙 없는 가정으로 시집을 가면 시부모가 "우리 집안은 종교가 달라서는 안 된다", "종교가 하나가 되어야 하니 너의 신앙을 버리고 같이 우리가 믿는 다른 신앙으로 가자"라고 할 때가 있다. 이런 때 예수님은 검과 같이 분쟁의 핵심 요소가 된다. 하지만 이 말씀은 물리적 분쟁이나 가족 간의 불화를 조장하기 위한 것이 아니다. 도리어 이 말씀은 복음이 세상에 드러나게 될 때 세상과의 충돌과 갈등이 일어날 수밖에 없다는 것을 미리 경고하는 말씀이다. 이것은 복음이 선포되는 과정에서 일어나는 불가피한 일이지 궁극적인 결과는 아니다. 예수님은 궁극적으로 이 복음으로 인해 제자와 그의 온 가정이 구원을 얻고 어려움 가운데서도 제자들이 끝까지 인내하며 가족 안에 평화를 만들어가는 '화평케 하는 자'로 서기 원하신다.

둘째, 우리는 본문 마태복음 10장 35~36절 말씀을 바로 이해할 필요가 있다. 본래 이 말씀은 미가서를 인용한 말씀이다.

> "아들이 아버지를 멸시하며 딸이 어머니를 대적하며 며느리가 시

어머니를 대적하리니 사람의 원수가 곧 자기의 집안사람이리로다"(미가 7:6).

이 말씀이 선포되는 미가서의 배경은 이렇다. 하나님께서 이스라엘 백성이 바벨론의 포로로 끌려가게 된 이유를 말씀한다. 미가서 7장 2~3절을 보면 경건한 자가 세상에서 사라졌고, 하나님의 선민이란 사람들은 무고한 피를 흘리려고 매복하며 부지런히 악을 행하는 자들이었다. 뇌물이 판을 치고 함께 힘을 합쳐 불의한 일을 작당하는 일이 만연했다. 정의가 사라지고 자기 욕심을 따라 모든 것을 저버리는 시대에 마침내 아들이 어머니를 멸시하고 딸이 어머니를 대적하고 며느리가 시어머니를 대적하며 가족끼리 저마다의 탐욕을 위해 갈등을 일으키고 원수가 되는 상황을 말씀한 것이다. 이것은 하나님의 통치가 사라지자 인간적인 탐욕이 가득하여 일어나는 갈등이었다. 이런 상황에서 미가 선지자는 이렇게 고백한다.

"오직 나는 여호와를 우러러보며 나를 구원하시는 하나님을 바라보나니 나의 하나님이 나에게 귀를 기울이시리로다"(미 7:7).

무슨 말인가? 이런 부패한 세상 가운데서도 하나님의 주되심을 고백하며 하나님의 구원을 기다리겠다는 것이다. 예수님은 이런 미가서의 말씀을 인용하며 이런 어지러운 상황 속에서 복음이 전해질 때 갈등과 불화가 일어날 것을 말씀하신다. 이는 이 세상 풍조와 문화의 구조 안에 살아가는 가족들에게 복음이 전해지면 여기에는 피치 못할 갈등과 불화가 일어날 것이지만, 제자들은 오직 구원하시는 예수 그리스도만 바라보며 사랑으로 인내하며 나아가야 함을 전제하는 것이다. 예수님을 의지하며 갈등과 어려움 속에서도 끝까지 인내하며 나아간다면 반드시 가족들도 구원 얻는 역사를 경험할 것이다. 그래서 사도행전은 다음과 같이 말씀한다.

"이르되 주 예수를 믿으라. 그리하면 너와 네 집이 구원을 받으리라 하고"(행 16:31).

가족들과 식구들이 불화가 일어날 때 먼저 칼을 긋고 검을 휘두르는 것이 아니라 하나님의 구원을 기다리며 인내하고 끝까지 가정의 평화를 지키며 기도하는 것이 필요하다. 하지만 이때 주의할 것이 있는데 그것은 예수님에 대한 내 삶의 우선순위를 타협하지 않는 것이다.

"아버지나 어머니를 나보다 더 사랑하는 자는 내게 합당하지 아니하고 아들이나 딸을 나보다 더 사랑하는 자도 내게 합당하지 아니하며"(마 10:37).

가족들과 일어나는 불화로 인해 주 예수 그리스도께 드리는 중심과 우선순위가 흔들리면 안 된다. 가족들과 일어나는 불화와 갈등은 피할 것이 아니라 바로 내가 지고 가야 할 십자가임을 기억해야 한다.

"또 자기 십자가를 지고 나를 따르지 않는 자도 내게 합당하지 아니하니라. 자기 목숨을 얻는 자는 잃을 것이요 나를 위하여 자기 목숨을 잃는 자는 얻으리라"(마 10:38-39).

예수님은 아직 본격적으로 십자가를 지기 훨씬 전이었지만 여기서 이미 십자가를 말씀하신다. 로마에서 십자가형은 가장 참혹한 사형 방식이었다. 십자가형을 시행하기 위해서는 죄수가 자기가 질 십자가나 십자가의 가로대를 지고 가야 했다. 십자가에서 죽는 것도 끔찍한 일이거니와 십자가형을 당하는 장소까지 자기 십자가를 지고 가는 것도 엄청난 치욕과 고통이었다.

마찬가지로 제자는 가족들과 불화와 분쟁이 있을 때 이들이 쏟아내는 비난과 야유를 기꺼이 짊어지고, 그리스도 안에 나의 자아가 죽는 길을 선택하며 묵묵히 가야 한다. 예수님만 잠잠히 바라보며 그분만 의지하며 자기를 철저히 죽여야 하는 것이다. 예수 믿는 신앙을 반대하며 핍박하는 가족을 끝까지 품고 사랑하며 자신을 부인하고 자기가 받는 모욕과 수치를 기꺼이 감당하며 자아를 죽이다 보면 기꺼이 생명을 얻고 모든 가족이 영생을 얻는 일이 일어날 것이다. 우리의 소망을 오직 예수 그리스도께 두라.

● 설교 제목 : 무화과나무의 비유를 배우라 [40)]
● 설교 본문 : 마태복음 24:32-35

본문은 시한부 종말론을 주장하는 이들의 주장을 뒷받침하는 대표적인 핵심 구절이다. '시한부'(時限附)가 말이 무슨 뜻인가? 어떤 일에 대해 일정한 시간의 한계를 둔다는 뜻이다. 언뜻 들으면 상당히 그럴듯하다. 그러나 자세히 파고 들어가면 허황되다.

　　대표적인 사례가 1992년 우리나라에 시한부 종말론 열풍을 몰고 왔던 다미선교회다. 이들은 1992년 10월 28일 24시에 예수님이 오신다고 주장하며 전국뿐만 아니라 해외에 있는 한인 성도들까지도 들썩이게 만들었다. 당시 전국 250여 개 교회, 2만 명의 성도가 이 가르침을 추종해서 1992년 10월 28일 휴거를 맞이하려고 모두 흰옷을 입고 다미선교회 소속 전국 166개 교회에 집결했다. 또 본부인 서울 마포구에 위치한 다미선교회에는 약 1,500명이 운집했다. 이 중에서 500명은 휴거에 참여하려고 미국, 일본, 캐나다 등지에서 온

해외교포였다.

다미선교회 건물 내부 뒤쪽 벽에는 예전부터 휴거 카운트 디데이(D-Day) 숫자를 써 놓았다. 이 휴거를 취재하려고 우리나라 주요 방송사들과 미국 CNN, 일본 아사히TV 등 해외 방송사들까지 나왔다. 이때 다미선교회를 이끌던 대표 이장림 목사는 이미 약 한 달 전인 9월 24일에 서울지방검찰청에 의해 사기 및 외환관리법 위반 혐의로 구속되었다. 대표가 없어져도 이들의 시한부 종말론에 대한 믿음은 흔들리지 않았다.

1992년 10월 28일 밤 12시, 휴거를 맞이하기 위해 예배를 인도하던 이는 미국에서 온 교포 목사였다. 자정이 되자 신도들과 함께 간절히 소리 높여 기도를 인도하였다. "제발 저희를 들어 올려 주소서!", "아멘!", "제발 저희를 들어 올려 주소서!", "아멘!", "제발 저희를 들어 올려 주소서!", "아멘!" 이때의 아멘은 절규에 가까웠다. 그러나 자정이 지나도 아무 일도 일어나지 않았다. 20분쯤 지나자 예배를 인도하던 목사는 나와서 선포했다. "여러분, 휴거가 일어나지 않았습니다… 사과합니다." 얼마나 황당했겠는가? 주님이 오신다고 해서 직장 그만두고 학교 때려치우고 해외에서 비행기 타고 여기까지 날아왔는데 결국 속은 것이다. 모인 이들은 허탈감과 상실감과 분노와 수치심에 어쩔 줄 몰랐다. 그날 밤 모두 서둘러 귀가했고 4, 5년간 전국 교회와 사회를 혼란으로 몰아넣었던 1992년 10월 28일 시한부 종말론은 이렇게 끝나고 말았다.

허무하게 끝날 시한부 종말론에 어떻게 이렇게 많은 이가 따를 수 있었을까? 여러 이유가 있겠지만 그중에서 중요한 두 가지 요인

이 있다. 하나는 직통 계시고 다른 하나는 직통 계시를 입증한다고 주장하는 성경 해석이다.[41]

먼저는 직통 계시다. 다미선교회가 종말론 열풍을 주장할 수 있던 가장 강력한 동기가 직통 계시다. 다미선교회를 이끌었던 이장림 목사 주변에는 늘 하나님의 음성을 수시로 직접 듣고 환상을 보고 천국을 수시로 드나드는 직통 계시를 받는다는 이들이 40명 정도가 있었다. 그중에는 초등학교 저학년 학생도 있었고, 중학생, 전도사, 목사, 평신도도 있었다. 이들은 모여서 하루에 거의 12시간, 온종일 예배드리고 기도하며 하늘에서 내리는 직통 계시와 환상을 보았다. 이들은 1992년에 주님이 온다는 계시를 다양한 통로로 받았다고 주장했다. 어떤 학생은 투시의 은사를 받았다는데 사람을 보면 그가 휴거돼서 천국 갈 사람인지 아닌지가 보인다고 주장했다. 이 학생은 천국 갈 사람을 보면 증표를 부적처럼 그려 주어서 사람들의 많은 관심을 끌었다. 이 부적은 알파벳과 아라비아 숫자가 조합된 모양이었다. 하지만 이것은 결국 시한부 종말론의 불발로 거짓 계시임이 드러났다.

우리는 기도하며 무엇인가 자꾸 들리고 보일 때 절제해야 한다. 그냥 따라가다가는 다른 영에 사로잡히기 쉽다. 이 다른 영은 지금도 우리 가운데 역사한다. 고린도후서 11장 4절 말씀은 고린도 교회의 성도들에게 너희가 받지 않은 '다른 영'을 받는 것을 너무나도 잘 용납한다고 책망한다.

둘째, 직통 계시를 뒷받침하기 위한 왜곡된 성경 해석인데, 그 중심에 바로 이 무화과나무의 비유가 있다. 본문 28절을 보자.

"무화과나무의 비유를 배우라. 그 가지가 연하여지고 잎사귀를 내면 여름이 가까운 줄 아나니"(마 24:32).

이 말씀은 비유다. 비유는 풀이해야 하지 않겠는가? 그래서 다미선교회는 이를 다음과 같이 해석한다. 무화과나무가 상징하는 것은 이스라엘이다. 가지가 연하여지고 잎사귀를 낸다는 것은 겨우내 마른 가지였던 것이 다시 살아나기 시작한다는 것이다. 이는 2천 년 동안 나라 없이 헤매던 이스라엘이 1948년 5월 14일 독립하는 것을 의미한다. 특히 잎사귀를 낸다는 것은 이스라엘이 회복되며 전 세계 있는 많은 유대인이 이스라엘로 귀환하는 것을 말한다는 것이다. 1985년 5월 24일에는 수단에 거주하는 유대인 12,000명이 귀환했다. 1991년에는 에티오피아에 거주하는 유대인 14,400여 명이 귀환했다. 또 공산권 붕괴로 구소련에 거주하던 260만 명의 귀환이 급속히 진행되었다. 베를린 장벽이 제거되며 구소련 각 공화국이 독립하고 이때 전 세계에 흩어진 유대인들이 속속 이스라엘로 귀환하였다.

다미선교회는 이것이야말로 잎사귀를 낸다는 성경 비유 예언의 성취가 일어나는 것이라고 해석했다. 33절은 이런 모든 일이 일어나는 것을 보거든 예수님의 재림이 문 앞에 이른 줄 알라고 말씀한다. 그러면서 34절에, 이 세대가 지나가기 전에 이 일이 다 일어날 것이라고 하셨다.

이스라엘의 독립 이후 한 세대가 지나가기 전에 재림이 일어난다면 그때는 언제일까? 다미선교회에서는 한 세대를 51년으로 해석했다. 먼저 성경은 1세대를 50년으로 본다고 주장한다. 민수기 4장 3

절을 보면 하나님의 성막에서 일할 사람의 연한이 30세부터 50세까지다. 하나님의 전에서 일하는 한 세대의 한계가 50년이라는 것이다. 게다가 토지를 원소유자에게 돌려주고 빚을 탕감하고 종을 놓아주는 희년이 50년마다 찾아온다. 그렇게 되면 한 세대는 50년이다.

그런데 미국에서 잘 알려진 TV 복음 전도자이자 종말 예언자인 잭 밴 임피(Jack Van Impe) 박사는 마태복음 1장에 나오는 아브라함부터 예수님까지 42대의 평균 연령을 계산해 보니 51.57세라고 한다. 소수점을 생략하면 51세가 된다. 자, 이스라엘이 독립한 것이 1948년이고 한 세대가 51년이면 이것을 합치면 1999년이 된다. 이렇게 되면 2천 년 세대가 끝나는 때가 되고 이후 새로운 천년 시대인 뉴 밀레니엄 시대, 2천 년 이후가 펼쳐진다. 세상이 1999년에 끝나면 그 이전에 휴거와 7년 대환란이 있게 될 텐데, 그러면 1999년부터 7년을 빼야 한다. 그래서 주님의 재림과 휴거가 1992년에 일어난다는 것이다. 게다가 세기의 예언자라고 하는 노스트라다무스도 1999년에 세상이 망할 것이라고 예언했다고 주장한 바 있다.

하지만 그럴듯해 보이는 이런 주장을 살펴보면 그 근거가 상당히 취약하다.

먼저, 한 세대가 51년이라는 주장이다. 50년이면 50년이지 51년은 무엇인가? 한 세대가 50년이라는 주장은 성경적이지 않다. 제사장이 섬기는 연한이 50인 것은 한 세대가 50년이라는 것이 아니라 제사장이 건강하게 일할 수 있는 은퇴 연령을 말하는 것이다. 한 세대라고 하면 한 사람이 살아갈 전 생애를 포괄해야 한다. 게다가 희년이 1세대라는 것은 성경적으로 명확하지 않다. 희년은 희년이고 세대는 세대다. 희년을 한 세대로 계수해야 한다는 성경 구절은 어디에도 나오지 않는다.

그런데 여기에 왜 1년이 붙는가? 그것은 잭 밴 임피라고 하는 성경 연구가가 예수님 족보 세대를 계산해 보니 한 세대의 평균이 51세라는 것이다. 하지만 잭 밴 임피는 가짜 박사학위와 비성경적인 종말 예언으로 미국에서 강하게 비판받던 인물이다. 그가 계산한 51세는 근거가 분명하지 않다. 왜냐하면 예수님의 족보에 나오는 인물들의 나이가 성경에 다 정확하게 나오지 않기 때문이다. 결국 추측과 허구를 결합해서 만든 계산에 불과하다. 그런데 왜 이 주장을 가져왔을까? 그것은 1999년 종말과 1992년 예수님 재림과 휴거를 주장하기에 좋은 틀을 제공하기 때문이다.

여자 하나님을 믿는 한 이단단체는 본문의 무화과나무 비유를 해석하면서 한 세대를 40년으로 계산했다. 1948년 독립, 1세대 후면 1988년이다. 1988년에 오시는데 이 땅의 모든 사람이 다 보는 데서 오신다면 그것은 전 세계인의 체육 잔치, 1988년 서울 올림픽 폐막식이라는 것이다. 그래서 그 이단단체의 주장을 신봉하던 사람들은 휴거되려고 올림픽 폐막식 티켓을 사서 참석했다가 불발한 적이 있다.

최근 들어서는 한 세대를 80년으로 보고 예수님이 2028년에 오신다고 주장하는 이들이 생겨나고 있다. 시편 90편 10절에 보면 우리의 연수가 70이요, 강건하면 80이라고 말씀한 것을 기반으로 한 것이다. 그러나 이것은 우리의 연수를 말한 것이지 한 세대가 80이라는 근거가 되지 못한다. 성경에 조금이라도 비슷하게 언급했다면 무조건 끌어당기는 이런 식의 아전인수격 해석을 우리는 '자의적 해석'이라고 한다. 그래서 우리는 성경을 해석할 때 직통 계시와 아전인수격 해석을 매우 주의해야 한다. 신앙생활은 나 홀로 계시받아 하는 것이 아니라 함께 교회로 하는 것이다. 우리는 교회의 바른 성경해석을 배우고 교회로부터 바른 신앙생활을 지도받아야 한다.

그렇다면 본문이 말씀하는 무화과나무 비유의 바른 해석은 무엇일까? 먼저 무화과나무의 비유를 배우라는 말씀의 뜻을 잘 이해해야 한다. 비유라는 말의 뜻이 무엇인가? 빗대어 쉽게 설명하는 것이다. 낫 놓고 기역 자도 모른다. 한글 '기역' 자를 쉽게 이해시키기 위해 낫을 견주어 놓고 설명하는 방식, 이것이 비유다. 그런데 비유가 어렵게 느껴질 때가 있다. 그것은 낫이 무엇인지 모를 때다. 어린아이가 시골에 한 번도 가보지 못했고 낫이 무엇인지 보지 못했다. 그러면 낫이 무엇인지 모르게 되고 그러면 낫 놓고도 정말 기역자도 모르게 된다. 그러면 비유가 매우 어렵게 느껴진다.

비유가 어렵게 느껴질 때 우리가 쉽게 빠지는 것이 알레고리적 해석의 오류다. 알레고리적 해석이란 비유의 단어 하나하나의 뜻을 일대일로 대입하여 풀이하는 일종의 단어 풀이다. 무화과나무는 무엇이냐, 가지가 연하여진다는 것은 무엇이냐, 잎사귀는 무엇이냐, 여름은 무엇이냐 등등. 이런 식으로 하나하나 대조해서 푸는 것이다. 여기서 우리는 우리에게 다소 생소한 무화과나무를 좀 더 구체적으로 이해할 필요가 있다.

무화과나무는 겨우내 모든 잎이 떨어져 앙상한 마른 가지로 있다가 봄이 되면 가지가 연해지고 싹이 나기 시작한다. 가지에 잎이 돋아나면서 처음 열매를 맺기 시작하는데 이 첫 열매를 '파게'라고 한다. 예수님이 들리셨던 동네 '벳바게'가 바로 이 무화과나무가 많이 나는 동네였다. '베트'는 집이고 '파게'는 무화과나무의 첫 열매를 뜻한다. 파게가 나오는 때가 3~4월이다. 파게가 열리면 '아, 이제 여름이 오겠구나' 하는 생각이 든다. 곧 날이 더워지고 나무 잎사귀가 커지면 5~10월 사이 잘 익은 무화과 열매인 '테에나'를 네 차례 정도 반복해서 맺는다.[42] 이때가 뜨거운 햇볕이 내리쬐는 여름철이고 이때 무화과 열매에는 당분이 많이 생기고 맛있게 익는다. 이렇게 맛있는 열매가 맺히기 시작하면 이스라엘의 건기인 여름이 본격적으로 시작된다. 11월이 되면 무화과의 유액이 흘러나와서 끈적거리고 흙먼지가 열매와 잎사귀에 달라붙어 지저분하게 보이는데 이때가 가을이다. 이처럼 무화과나무는 그 상태에 따라 봄, 여름, 가을, 겨울을 뚜렷이 보여주는 나무다. 마치 동백꽃이나 벚꽃이 피는 것을 보고 계절을 이해하는 것처럼 무화과나무는 사계절을 알리는 신호와 같다.

그런데 이스라엘은 여름이 지나면 한 해가 끝나는 것으로 여겼다. 이스라엘 달력으로 새해는 9월 말 10월에 시작하는 '티슈리 월'이다. 티슈리 월이 시작되면 나팔을 부는 나팔절이 시작되고 10일 후에는 대속죄일이 찾아온다. 새해를 회개함으로 시작하는 것이다. 그래서 무화과나무잎이 무성하고 본격적인 열매가 맺히면 여름이 가까워진 줄 알게 되고, 그러면 "아, 올 한 해도 끝이네", "얼마 남지 않았네"라고 이렇게 예상하게 된다. 본문의 무화과나무 비유의 이해에는 이런 배경지식이 필요하다.

본문을 차분하게 살펴보면 무화과나무 비유의 바른 이해를 위해서는 단어 하나하나의 뜻을 알레고리적으로 푸는 것이 아니라 무화과나무 비유가 빗대어 말하는 전체 내용을 파악하는 것이 중요하다는 것을 깨닫게 된다. 그것을 보여주는 것이 33절의 시작인 '이와 같이'라는 표현이다. '~과 같이'는 비유법 중에서 직유법에 해당한다. 앞서 살핀 알레고리적 해석, 즉 '무화과나무는 이스라엘이다'라고 하면 이것은 은유법에 해당한다. 은유법은 자칫 알레고리적 해석으로 치닫기 쉽다.

그런데 여기서는 은유법이 아니라 '직유법'이 사용되었다. 특히 직유법은 대표적인 속성에 대한 공통적인 유사성을 나타낸다. 대표적인 속성이라면 여기서는 무화과나무가 자라는 특성을 말한다. 따라서 '이와 같이'는 '가지가 연해지고, 잎사귀가 나면 아, 여름이 가까워지는구나 하고 깨닫는 것처럼'을 뜻한다. '이와 같이' 너희도 이 모든 일이 일어나는 것을 보거든 인자가 가까이, 곧 문 앞에 이른 줄 알라는 것이다(마 24:33). 여기 33절 '인자'는 난하주1을 보면 '때가'로 되어 있다. 인자가 가까이 온 것인가 아니면 때가 가까이 온 것인가? 헬라어 원문은 삼인칭 be 동사에 해당하는 '에스틴'이 사용되었다. '에스틴'은 영어로 'it is'도 되고, 'he is'도 된다. 문맥으로 볼 때는 여름과 같이 때가 가까이 온 줄 알라는 것이 자연스러운 해석이다.

그렇게 되면 무화과나무의 비유를 바로 이해할 수 있게 된다. 32절은 '무화과나무가 연해지고 잎사귀를 내면, 아 본격적으로 여름이 가까이 오는구나 하고 깨닫는 것처럼'이란 뜻이다. 33절의 '이와 같이'는 '무화과나무의 여러 변화와 징조를 보고 때를 짐작하는 것과 같이'란 뜻이다. 이런 것처럼 "너희도 이 모든 일이 일어나는 것을 보거든", 즉 예수께서 앞서 말씀하셨던 성전 멸망의 여러 징조(마

24:3-28)를 보거든 곧 때가 가까이 왔다는 것을 알라는 뜻이다. 여기서 '때'는 일차적으로 성전 멸망의 때를 말한다.

이것을 누가복음은 좀 더 분명하게 말씀한다.

"이와 같이 너희가 이런 일이 일어나는 것을 보거든 하나님의 나라가 가까이 온 줄을 알라"(눅 21:31).

성전이 멸망하고 예수님의 십자가와 부활로 새롭게 시작하는 하나님의 나라가 가까이 온다는 것이다. 누가복음은 이러한 징조를 이렇게도 진술한다.

"너희가 예루살렘이 군대들에게 에워싸이는 것을 보거든 그 멸망이 가까운 줄을 알라"(눅 21:20).

그래서 예수님은 본문에서 "이 세대가 지나가기 전에 이 일이 다 일어나리라"고 말씀하셨다(마 24:34b). 그리고 단호하게 "천지는 없어지겠으나 내 말은 없어지지 아니하리라"고 하셨다(마 24:35). 이 말씀은 이미 예루살렘 성전 멸망으로 성취되었다.

이런 것 보면 말씀을 많이 읽는 것도 중요하지만 바른 신학과 바른 이해 위에 세우는 것이 얼마나 중요한지 모른다. 지금도 이런 해석이 난무해서 성도들을 두렵게 하고 혼란스럽게 만든다. 사실 무화과나무 비유를 바로 이해하면 깨닫게 되는 것이 무엇인가? '아 그래서 그 성취로 주님께서 우리에게 주신 것이 교회구나' 하는 것이다.

성전이 무너지고 새로운 대안으로 두세 사람이 예수 그리스도의 이름으로 모인 곳에 하나님의 임재가 함께 하는 교회를 주셨다. 주님은 분명 다시 오시지만, 그때까지 이곳에서 함께 천국을 이루어가며 주님의 임재를 세상에 드러내라고 부르셨다. 그리고 우리는 이처럼 좋은 교회에서 신앙생활을 하고 있다. 바른 진리 위에 주님의 교회를 더욱 든든하고 건강하게 세워가도록 하자.

[Section 6. 각주]

38) 임보혁, "유(튜브) 목사를 주의하세요": 바이블백신센터, "반성경적이고 검증되지 않은 설교 메시지 전하는 유튜브 영상 조심해야", 국민일보, 2024. 5. 12.
39) 박영호, 「빌립보서」, 116쪽.
40) 이 내용은 양형주, 「평신도를 위한 쉬운 마가복음 2」(서울: 브니엘, 2022), 343-353쪽의 내용을 마태복음 본문에 맞게 수정한 것임을 밝혀 둔다.
41) 강규규, "1992년 10월 28일 재림론 20년, 비판적 평가", 「신학지남」 제79권 제4집(2013. 6.), 206-262쪽.
42) 류모세, 「열린다 성경: 식물이야기」(서울: 두란노, 2008), 36-37쪽.

미혹 교리
예방설교의 실제

● ● ● ● ●

● 설교 제목 : 아담 이전에 사람이 있었는가?
● 설교 본문 : 창세기 2:24

"아담 이전에 사람이 있었다는 것 알아?"

이 질문은 진화론을 믿는 과학자가 던지는 말이 아니다. 이는 진리를 왜곡하여 사람들을 미혹하는 이단 단체들이 종종 포교를 위해 사용하는 질문이다. 그 대표적인 단체가 신천지다. 신천지는 창세기 1~2장의 창조 이야기를 실제로 일어난 창조 역사가 아닌 장차 신천지의 출현을 예고한 비유이자 예언으로 해석한다.[43] 이들은 창세기의 역사성을 부인하기 위해 언뜻 이해하기 어려운 모호한 내용을 근거로 삼아 창세기의 내용을 허구로 돌리며 성도들의 믿음을 흔들려 한다. 이들의 내용을 좀 더 구체적으로 살펴보자.

신천지는 아담 이전에 사람이 있었다고 주장한다. 아담은 하나님이 만든 첫 인류가 아니라는 것이다. 아담 이전에는 이미 많은 사람이 있었다. 생각해 보라. 네안데르탈인이나 오스트랄로피테쿠스 같은 화석들을 보면 이미 6천 년 이전에 고대 인류가 있었다는 증거가 있지 않은가? 시조새의 존재도 교과서에 소개되지 않았는가? 인류의 실제 역사는 분명 성경보다 길고 아담 이전부터 사람은 존재하고 있었다고 한다.

아담이 첫 사람이 아니면 그는 누구일까? 이들은 아담은 '첫 목자'라 주장한다. '첫 목자'란 하나님이 많은 인류 중 택하신 첫 번째 목자를 뜻한다. 아담은 캄캄한 비진리 세상에 빛을 선포하기 위해 하나님이 택한 첫 목자라는 것이다. 아담이 나타나기 전까지 세상에 있던 사람들은 비진리 가운데 영이 죽은 '무령인간'(無靈人間)이라는 것이다. 이들이 이렇게 주장하는 것은 창세기에서 장차 마지막 재림시대에 하나님이 택한 목자가 신천신지를 재창조할 목자를 세웠음을 예언했고, 그 예언한 목자가 바로 이만희 총회장임을 주장하기 위해서다. 아담이 첫 목자였다면 이와 같이 마지막 때의 목자는 이만희 총회장이라는 것이다. 그 근거가 바로 본문 창세기 2장 24절 말씀이다.

"남자가 부모를 떠나 그의 아내와 합하여 둘이 한 몸을 이룰지로다"(창 2:24).

신천지는 이 구절을 근거로 하나님이 아담에게 부모를 떠나라고 했다는 것은 이미 아담의 부모가 있었다는 증거라고 한다. 부모가 있었으니 부모를 떠나라고 한 것이 아니냐는 것이다. 아담이 첫 사람이 아니라는 증거는 이것만이 아니다. 아담의 아들 가인의 고백을 가만히 살펴보면 그 증거가 보인다고 한다.

> "내가 땅에서 피하며 유리(방황)하는 자가 될지라. 무릇 나를 만나
> 는 자가 나를 죽이겠나이다"(창 4:14).

신천지는 이 구절을 근거로 만약 아담이 최초의 인류였다면 가인
때에 있었던 수많은 다른 사람은 갑자기 어디서 나왔느냐고 묻는다.
이는 분명 아담 이전에 인류가 존재했었던 증거라는 것이다. 게다가
가인은 그 당시 이미 존재하던 여인을 만나 결혼까지 한다.

> "가인이 여호와 앞을 떠나서 에덴 동쪽 놋 땅에 거주하더니 아내와
> 동침하매 그가 임신하여 에녹을 낳은지라. 가인이 성을 쌓고 그의
> 아들의 이름으로 성을 이름하여 에녹이라 하니라"(창 4:16-17).

가인이 맞이한 놋 땅의 여인은 누가 낳았을까? 신천지는 당시에
아담이 낳은 아들이 가인과 아벨밖에 없었고, 게다가 아벨은 죽었는
데 놋 땅 어디에서 아내를 구했느냐는 것이다. 이는 아담 이전에 이
미 사람이 있었다는 증거라고 주장한다. 그렇다면 이러한 주장을 어
떻게 보아야 할까? 우리는 어떻게 이러한 주장을 성경적인 증거로
바로잡고 올바르게 이해할 수 있을까?[44]

첫째, 성경은 '첫 사람'을 분명 아담이라고 말씀한다.
기억할 것은 성경은 아담을 '첫 목자'로 전혀 말하지 않는다는 사

실이다. 성경 어디를 찾아봐도 아담을 '첫 목자'로 진술하는 성경은 없다. 아담을 첫 목자로 주장하는 것은 신천지 식의 해석일 뿐이다. 이러한 해석을 한자로 '주석'(註釋)이라고 한다. 인터넷 다음 국어사전(dic.daum.net)의 정의에 따르면 '주석'이란 글 뜻 풀 주(註)에 풀석(釋)으로, "낱말이나 문장의 뜻을 쉽게 풀이함"을 뜻한다. 여기서 나온 동사 '주석하다'는 '뜻을 쉽게 풀이하다'로 정의한다.

성경은 아담에 대해서 분명 '첫 사람'이라고 진술한다. 그 대표적인 구절이 고린도전서 15장이다.

"기록된바 첫 사람 아담은 산 영이 되었다 함과 같이 마지막 아담은 살려주는 영이 되었나니"(고전 15:45).

둘째, 성경은 아담 이전의 사람은 없다는 것을 족보를 통해 분명히 말씀한다.

누가복음 3장 23~28절에 나오는 족보가 대표적이다. 누가복음의 족보는 예수 그리스도로부터 인류의 조상까지 그 기원을 다룬 족보다. 족보는 이런 식으로 시작한다.

"요셉의 위는 헬리요 그 위는 맛닷이요 그 위는 레위요 그 위는 멜기요 그 위는 얀나요 그 위는 요셉이요"(눅 3:24b-25).

여기서 '그 위'란 그 윗대를 뜻한다. 이렇게 윗대로 계속해서 거슬러 올라가면 마지막 절은 이렇게 끝난다.

"그 위는 에노스요 그 위는 셋이요 그 위는 아담이요 그 위는 하나 님이시니라"(눅 3:38).

예수 그리스도의 족보를 끝까지 올라가면 가장 윗대로 아담이 나오고 그 윗대는 하나님이다. 즉 하나님이 창조하신 가장 첫 사람이 아담인 것이다. 만약 하나님이 다른 인류를 창조하셨다면 다른 사람들 이름이 등장했을 것이다.

셋째, 만약 아담 이전에 사람이 있었다면 그들은 죽지 않고 살아 있어야 한다. 왜냐하면 성경은 분명 아담으로 말미암아 죄가 세상에 들어오고, 이 죄로 말미암아 사망이 들어왔다고 말씀하기 때문이다 (롬 5:12). 그렇다면 아담 이전의 사람들은 원죄가 없던 사람들이기에 그들은 죽지 않는 것이 이치에 맞다. 하지만 성경은 분명 모든 사람이 죄를 범하였기에 하나님의 영광에 이르지 못한다고 말씀한다 (롬 3:23).

넷째, 창세기 2장은 하나님이 아담을 창조하기 전에 사람이 없었다고 말씀한다.

"이것이 천지가 창조될 때에 하늘과 땅의 내력이니 여호와 하나님 이 땅과 하늘을 만드시던 날에 여호와 하나님이 땅에 비를 내리지 아니하셨고 땅을 갈 사람도 없었으므로 들에는 초목이 아직 없었 고 밭에는 채소가 나지 아니하였으며"(창 2:4-5).

이때는 안개만 땅에서 올라와 지면을 적실 때였고 사람은 없었다(창 2:6). 이때 하나님은 사람을 만드신 것이다.

"여호와 하나님이 땅의 흙으로 사람을 지으시고 생기를 그 코에 불어 넣으시니 사람이 생령이 되니라"(창 2:7).

여기서 '생령'(히. 네페쉬 하야)은 '생명 있는 존재', '목숨을 가진 존재', 즉 '생물'(living being-NRSV, NIV, living creature-ESV)이란 뜻이다. '령'(靈)에 해당하는 히브리어 '네페쉬'는 '목숨', '전인적인 존재'를 뜻하는 말이지 영적 존재를 뜻하는 것이 아니다.

다섯째, 오스트랄로피테쿠스가 최초의 인류라 주장하는 것은 아직 입증되지 않은 가설일 뿐이다. 만약 오스트랄로피테쿠스와 같은 화석의 존재를 사실로 받아들이면 어려운 문제가 생긴다. 오스트랄로피테쿠스를 인류의 조상으로 받아들이면 사람과 비슷하게 생긴 오랑우탄 같은 유인원의 애매한 경계선으로 넘어가기 때문이다. 결국 여기서부터 인류가 진화하여 오랑우탄 같은 오스트랄로피테쿠스에서 다음 단계로 진화한 유인원 호모 하빌리스로, 이후 오늘날의 사람이 되었다는 주장을 받아들여야 한다. 신천지식의 주장대로라면 결국 사람은 태초에는 사람이 아닌 유인원으로부터 시작되었다는 주장까지 받아들여야 한다. 그렇다면 하나님은 사람을 창조하지 않고 유인원을 창조하셨을 뿐이고 오늘날 직립보행하는 인간(호모 에렉투스)은 진화의 산물로 받아들여야 한다.

최근까지의 과학 연구 결과 오스트랄로피테쿠스는 인간과 다른 유인원일 뿐이다. 오스트랄로피테쿠스는 직립보행에 적합한 다리 구조로 되어있지 않은 것으로 드러났다.[45] 더 나아가 그동안 인류의 화석이라고 주장했던 많은 화석이 사실이 아닌 것으로 속속 밝혀지고 있다. 네브라스카인으로 명명된 유인원은 상상도를 통해 세상을 떠들썩하게 했지만 멧돼지 이빨로 밝혀져 교과서에서 삭제됐다. 호모 에렉투스의 대표적인 화석으로 제시되었던 필트다운인의 두개골 화석은 최초로 주장한 지 50년 후 동물의 턱뼈와 사람 두개골을 조합한 과학적 사기로 판명되었는데 그 뼈는 겨우 600년 전 것으로 확인됐다.[46]

심지어 발견자들이 자신의 주장을 포기하는 경우도 빈번했다. 결론적으로 인류의 진정한 조상이라고 할 만한 화석은 현재 전무한 상태이고 소수의 화석도 여전히 논란 가운데 있는 실정이다. 가설을 진실인 양 주장하는 것은 의도적으로 진리를 감추려는 깊은 목적이 있음을 알아야 한다. 게다가 인류 문명의 발생 연도는 기껏해야 기원전 3~4천 년밖에 되지 않는다.

여섯째, 시조새 화석의 역사성은 입증되지 않았다. 최근까지도 시조새(archaeopteryx)는 시기적으로 파충류와 조류 사이에 출현하였고 파충류와 조류의 특성을 모두 가지고 있어 척추동물이 파충류에서 조류로 진화한 증거로 교과서에 수록되었었다. 하지만 학자들의 연구 결과 시조새는 단지 '새'임이 밝혀졌다. 1984년 9월, 국제 시조새 학술회의에서 3일간의 발표와 열띤 토론 후 시조새에 대한 학자들의 공통된 의견을 취합하여 내린 결론은 다음과 같다.

"시조새는 날 수 있는 새의 일종이었으며 근대 새의 조상과 직접적
인 관련이 없다."

이를 입증하는 또 다른 증거는 가장 오래된 새의 화석이라 불리
는 시조새보다 훨씬 오래된 새의 화석이 발견되었다는 사실이다.

일곱째, 성경은 아담에게 부모를 떠나 아내와 합하라고 했는데,
여기서 말한 부모는 누구일까? 이 말씀은 아담에게 이미 부모가 있어
서 그 부모를 떠나야 한다는 뜻이 아니다. 여기 '떠나'(히. 야아자브)
는 미완료형이다. 이는 동작이 완료된 것이 아니라 계속해서 반복적
으로 이루어져야 함을 뜻한다. 즉 아담은 인류의 첫 사람으로 앞으로
이후에 태어나는 후손은 계속해서 이 원칙을 따라 부부의 하나됨을
이루어야 한다는 것이다. 다시 말해 부모를 떠나는 것을 가정 형성의
원리로 주신 것이다. 계속해서 준수되어야 할 결혼의 원칙을 말씀하
는 것이지 아담의 부모가 있으니 그 부모를 떠나라는 뜻이 아니다.

아담은 분명 인류의 첫 사람이다. 이를 입증하는 본문이 이어지
는 창세기 5장에 나오는 아담의 계보(1-32절)다. 계보 처음 부분에
는 하나님이 남자와 여자를 창조하셨다고 진술한 후(1절), 첫 사람의
이름을 아담으로 소개한다(3절). 창세기가 소개하는 인류의 족보는
분명 첫 사람을 아담으로 소개한다. 그 이전의 부모는 없다. 도리어
성경은 하와가 모든 산 자의 어미가 되었다고 진술한다.

"아담이 그의 아내의 이름을 하와라 불렀으니 그는 모든 산 자의 어머니가 됨이더라"(창 3:20).

주목할 점은 아담이 아내의 이름을 지어주었다는 사실이다. 만약 아담과 하와 이전에 그들의 부모가 있었다면 아담이 하와의 이름을 지어줄 필요가 없다. 하와의 부모가 미리 하와에게 이름을 지어주었을 것이기 때문이다.

그렇다면 가인이 쫓겨날 때 있던 사람은 누구일까? 가인이 동생 아벨을 살인하여 하나님이 그를 저주하고 징벌을 선언하시자 가인은 이렇게 호소한다.

"내가 땅에서 피하며 유리(방황)하는 자가 될지라. 무릇 나를 만나는 자가 나를 죽이겠나이다"(창 4:14).

신천지는 이 구절을 근거로 "만약 아담이 최초의 인류였다면, 가인 때에 있었던 수많은 다른 사람들은 갑자기 어디서 나왔느냐"고 묻는다. 이는 분명 아담 이전에 인류가 존재했었던 증거라는 것이다.

그렇다면 가인을 죽이려는 사람들은 과연 어디서 나왔을까? 이를 이해하는 데 도움이 되는 구절이 아담의 계보(창 5:1-32)에 나오는 말씀이다.

"아담이 셋을 낳은 후 팔백 년을 지내며 자녀들을 낳았으며" (창 5:4).

여기 자녀는 '아들딸'(새번역, 공동번역)을 의미한다. 좀 더 정확하게 말하면 '아들들(히. 바님)과 딸들(히. 바노트)' 곧 'sons and daughters'을 가리킨다(NRSV, NIV, ESV). 아담은 930세까지 살며 130세에 첫아들 가인을 낳았고 셋을 낳은 후에도 자기 형상과 같은 수많은 아들과 딸들을 낳았다. 이후 이들이 생육하고 번성하여 한 세대에 거대한 인류를 이루게 된 것이다. 건강한 남녀라고 할 때 3년에 한 번씩 자녀를 낳았다 하더라도 500년만 낳으면 160~170여 명이다. 이 자녀들이 20~30년이 지나 성년이 되어 또 자녀를 낳고 퍼져가면 아담 당대만 하더라도 금방 인구가 불어난다. 가인이 성인이 되었을 때 이미 인류는 퍼져나가 에녹 성을 쌓고 사람들이 모여 살 정도였다. 이런 논리로 가인이 맞이한 놋 땅의 아내는 아담의 후손이다.

> "가인이 여호와 앞을 떠나서 에덴 동쪽 놋 땅에 거주하더니 아내와 동침하매 그가 임신하여 에녹을 낳은지라. 가인이 성을 쌓고 그의 아들의 이름으로 성을 이름하여 에녹이라 하니라"(창 4:16-17).

신천지는 당시에 아담이 낳은 아들이 가인과 아벨밖에 없었고, 게다가 아벨은 죽었는데 놋 땅 어디서 아내를 구했느냐고, 이는 아담 이전에 사람이 있었다는 증거라고 주장한다. 하지만 본문을 자세히 살펴보면 가인이 에덴 동편으로 이주하여 놋 땅에 거하였다고 했지 놋 땅에 사는 아내를 얻었다고 하지 않는다. 이는 가인이 에덴 동편 놋 땅으로 이주할 때 이미 아내가 있었을 가능성을 시사한다. 게다가 성경의 족보는 언약의 후손이자 상속자인 남성을 중심으로 전개되기에 여성의 이름은 대부분 생략된다. 이렇게 볼 때 아담과 하와 사이에 가인과 아벨을 낳았던 시기에 여러 딸도 낳았을 가능성이 충분하다.

끝으로 성경은 하나님이 모든 족속을 한 혈통으로 만드셨다고 분명하게 말씀한다.

"인류의 모든 족속을 한 혈통으로 만드사 온 땅에 살게 하시고 그들의 연대를 정하시며 거주의 경계를 한정하셨으니"(행 17:26).

이렇게 볼 때 가인은 다른 혈통의 여인을 아내로 맞이한 것이 아니라 하와로부터 한 혈통으로 난 누이와 결혼하였고 함께 놋 땅으로 이주했던 것이다.

말씀의 결론을 맺겠다. 성경은 결코 아담 이전의 인류를 말씀하지 않는다. 성경은 하나님께서 첫 사람 아담을 흙으로 빚어 만드셨고 그 후손이 생육하고 번성하여 퍼져나갔음을 말씀한다. 하지만 첫 사람 아담은 범죄함으로 하나님이 주신 사명을 온전히 이루지 못했다(창 1:27-28, 2:15-17). 그래서 마지막 아담인 예수 그리스도를 보내어 아담이 실패한 지점에서 온전한 순종으로 나아가 마침내 구원의 역사를 이루시고 새로운 소망을 주셨다. 하나님은 마지막 아담으로 오신 예수 그리스도를 통해 우리 안에 새로운 일을 행하셨다. 그것은 아담이 온전히 순종할 경우 그에게 주시려던 영생을 그리스도 안에서 우리에게 허락하신 것이다.

"여호와 하나님이 이르시되 보라 이 사람이 선악을 아는 일에 우리 중 하나 같이 되었으니 그가 그의 손을 들어 생명나무 열매도 따 먹고 영생할까 하노라 하시고"(창 3:22).

하나님께서는 아담에게 영생을 주시려 하였다. 하지만 선악과를 먹고 불순종하여 생명나무로의 접근을 차단하셨다. 하지만 첫 사람 아담의 불순종을 마지막 아담으로 오신 예수 그리스도께서 온전히 순종하여 영생의 길을 열어주신 것이다(고전 15:45, 롬 8:11). 따라서 우리는 첫 사람 아담을 통해 마지막 아담이신 예수 그리스도에게까지 나아가야 한다. 마지막 아담이신 예수 그리스도 안에 풍성한 생명을 누리는 성도로 서자.

- 설교 제목 : **성탄절은 진짜일까 가짜일까?**
- 설교 본문 : **마태복음 2:1-12**

예수님이 이 세상을 구원하기 위해 하늘 보좌를 버리시고 이 땅에 오신 참 즐겁고 기쁜 성탄절이다. 성탄을 맞이해서 정말 크게 기뻐하는 사람이 있지만, 성탄에 대한 의심에 사로잡혀 그다지 기뻐하지 못하는 사람들도 있다. 그렇다면 우리에게 성탄의 기쁨을 가로막는 걸림돌은 무엇이 있을까? 이 걸림돌을 치워야 정말 기뻐할 수 있다. 크게 두 가지다.

> 첫째, 성탄절이 예수님이 오신 날임을 확신해야 기뻐할 수 있고,
> 둘째, 예수님을 정말 나의 왕이요, 구세주로 맞이해야 기뻐할 수 있다.

이 두 가지를 중심으로 말씀을 나누도록 하겠다.

1) 우리는 성탄절이 예수님이 오신 날임을 마음으로 확신해야 기뻐할 수 있다.

요즘 인터넷을 중심으로 성탄절은 12월 25일이 아니라는 이야기들이 돌고 있다. 그런데 이런 이야기가 퍼지면 이단들이 정말 좋아한다. 이단들은 성탄절은 조작된 것이고 성경적인 근거가 없어서 성탄절을 지키는 것이 이단적이며 우상숭배기에 온전히 구원받을 수 없다고 주장한다. 우리가 예수님이 태어나신 나신 날인 것을 믿고 이렇게 예배드리는데 갑자기 누군가가 와서 "예수님 태어나신 날이 오늘이 아니야, 원래는 1월 4일이야"라고 말한다면 얼마나 마음이 당황스럽고 어렵겠는가? "어? 예수님 나신 날도 아닌데 이렇게 축하해도 되는 건가?" 하는 생각이 들면 마음이 어렵다.

그렇다면 성탄절이 가짜라고 주장하는 사람들은 무엇이라고 주장할까?

첫째, 성경은 성탄절의 날짜가 12월 25일이라고 정확하게 말하지 않았다. 예수님이 죽으시고 부활하신 날은 유대의 유월절에 돌아가신 것이기에 유월절을 전후로 수난주간과 부활절을 정확하게 계산해서 알 수 있다. 그러나 태어나신 날은 알 수 없다.

둘째, 성경에 베들레헴 들판에 한밤중에 양들을 지키던 목자들이 있었는데 다른 것은 몰라도 한밤중에 양들을 지키는 것이 12월은 아니라는 것이다. 대관령 양떼 목장에 12월에 가보라. 너무너무 춥다. 동태가 될 것 같은 12월의 추위에 양들을 데리고 나가서 양을 친다?

모든 것이 얼어 풀이 자랄 수 없고 먹을 것도 없는데 양을 방목한다? 말도 안 된다. 차라리 풀이 자라기 시작하는 3월이나 4월이 더 맞다.

셋째, 성탄의 기원은 로마가 12월 25일에 지키던 로마의 농신제인 사투르날리아에서 왔다. 사투르날리아는 토지의 신, '새턴'(Saturn)을 섬기는 날이기에 이것은 우상숭배를 하는 것이다.

이런 주장을 따라가다 보면 정말 성탄절이 12월 25일이 아닌 것 같고 신앙까지 흔들리는 느낌이 드는 이도 있다. 여기서 흔들리면 어떤 이단은 이렇게 말한다. "그래서 우리는 성경대로 성탄절을 지키지 않습니다. 진정한 성탄은 이 시대에 참 하나님, 참 그리스도로 오신 우리 교주의 탄생일이 성탄절입니다. 그분은 1월 초에 탄생했을 뿐 아니라 이 시대에 진정한 유월절을 가져오신 분입니다." 이런 주장을 따라가다 보면 결국 엉뚱한 이단 사이비로 빠지기 쉽다.

그렇다면 우리는 이런 문제제기에 대해 어떻게 대답할 수 있을까?

첫째, 성탄절이 12월 25일이라는 근거가 성경에 없다는 주장을 살펴보자. 성경은 엄밀하게 말해 예수님의 탄생은 보도하지만 탄생 날짜에는 그다지 관심을 두지 않는다. 오히려 성경은 예수님의 죽음과 부활에 많은 관심과 분량을 할애하고 그 날짜까지 상세하게 기록하고 있다. 이것은 그의 죽음과 부활이 세상을 구원하는 가장 귀하고 놀라운 역사이기 때문이다.

게다가 초대 교회에 핍박이 극심할 때 성도들은 예수님이 태어난 날보다 죽은 날짜를 더 기억하고 기념했다. 성도가 사자들에게 던져져 순교할 때마다 교회의 성도들은 그 날짜를 기록했고 해마다 그 죽음을 기렸다. 이날을 'Dies Natalis'(디에스 나탈리스)라고 불렀다. 이 말은 '태어난 날', '생일'이란 뜻이다. 순교하면 그날 죽지만 그날 동시에 천국에 다시 태어나기 때문이다.

그렇다면 우리는 과연 명확한 실체가 없는 헛된 것을 지키는 것일까?

첫째, 성경이 성탄절을 정확하게 가리키는 날짜에 대해 언급하지 않는다고 해서, 그것이 예수님이 탄생하지 않았다는 말은 아니다.

둘째, 성경은 우리가 신앙생활을 할 때 간직하고 따라야 할 중요한 두 가지 기준을 말씀한다. 바로 성경과 사도들의 가르침을 통한 전통이다.

> "그러므로 형제들아 굳건하게 서서 말로나 우리의 편지로 가르침을 받은 전통을 지키라"(살후 2:15).

> "형제들아 우리 주 예수 그리스도의 이름으로 너희를 명하노니 게으르게 행하고 우리에게서 받은 전통대로 행하지 아니하는 모든 형제에게서 떠나라"(살후 3:6).

교회는 하나님의 말씀과 좋은 전통으로 함께 세워져 간다. 예를 들어 우리 교회에 오는 분들에게 우리는 마치 구호와 같이 "참 잘 오셨습니다"라고 인사한다. "이것이 과연 성경적이냐? 성경에 어디 '참 잘 오셨습니다'라고 인사하라고 했느냐?"라고 따진다면 정확하게 꼬

집어 말하기 어렵다. 왜냐하면 성경은 "서로 문안하라"고 말씀하지만 문안할 때 '입맞춤'으로 문안하라고 권면하기 때문이다(롬 16:16, 고전 16:20, 고후 13:11, 살전 5:26, 벧전 5:14). 그러면 입맞추지 않으면 제대로 문안하지 않는 것인가?

입맞춤은 한국 사회의 전통에서 이성 간의 성적 친밀감을 뜻하는 경우가 많아 매우 주저되는 행위다. 하지만 당시 그리스–로마 사회에서 입맞춤은 친밀함, 사랑, 존경을 표현하기 위한 당시의 문화적 관습과 전통을 반영하는 행위다. 이를 반영할 때 입맞춤은 서로 간의 이러한 친밀함과 사랑과 존경을 표현하라는 뜻이다. 그것이 어떤 행위든 그 문화권 안에서 받아들이고 용인할 수 있는 행동규범이 되어야 할 것이다. 이렇게 볼 때 우리 교회에서 친밀함과 사랑으로 "참 잘 오셨습니다"라고 인사하는 것은 그리스도 안에 서로 문안하는 성경의 의도를 살린 우리 교회만의 좋은 전통이라고 말할 수 있다. 이처럼 교회의 전통은 오랜 세월 가운데 교회의 문화와 정황 속에서 형성되어 온 좋은 믿음의 유산이 많다.

그렇다면 교회의 전통은 성탄절에 대해 언제부터 언급할까?

기독교 전통에서 성탄절을 12월 25일로 지켰던 공식 기록은 주후 200년 초부터 남아있다. 섹스투스 율리우스 아프리카누스라는 기독교 역사가가 남긴 것이다. 그의 생애는 주후 약 160~240년경으로 알려졌고 주후 221년에 저술한 그의 「연대기」(Chronographiai)는 기독교 역사와 연대기를 체계화한 역사 저술이다. 그는 이 책에서 예수님의 탄생일을 12월 25일로 기록했다. 이 날짜는 이미 주후 100년

대 후반부터 200년 초까지 당시의 많은 사람에게 신뢰할 날로 여겨졌고 많은 기독교 공동체에서 널리 받아들여졌다.

비슷한 시기에 활동했던 초기 교회의 교부였던 히폴리투스(주후 약 170-235년)도 약 202~204년경 기록한 그의 저작 「다니엘서 주석」에서 예수님의 잉태일이 3월 25일이며 정상적인 임신 기간을 거쳐 12월 25일에 탄생하셨다고 기록했다. 이러한 기록들은 초기 교부들 사이에서 성탄절을 12월 25일로 인식하고 있었음을 보여준다.

기독교를 공인한 콘스탄티누스 황제 때(재위 306-337년)는 로마교회가 12월 25일을 예수님의 탄생일로 기념한 기록이 등장한다. 로마 제국의 가장 오래된 기독교 달력과 연대기 문서로 알려진 필로칼루스력에는 로마 황제의 연대기와 함께 기독교 축제일이 등장하는데 여기에 성탄절이 12월 25일로 기록된다. 필로칼루스력은 주후 354년에 공식 기록되었지만 이 문서에는 이미 336년에 로마교회가 12월 25일을 성탄절로 기념하기 시작했다고 기록한다.

초기 동방교회에서는 예수님의 탄생과 세례를 1월 6일에 함께 기념했다. 그러나 이즈음 서방교회는 이를 분리하여 1월 6일은 예수님이 세례받고 동방박사의 방문을 기념하는 주현절로, 12월 25일은 성탄절로 지키기 시작하였다. 이러한 전통이 자리 잡자 주후 동방교회도 예수님의 탄생을 12월 25일로 따로 기념하기 시작했다. 안디옥 교회가 주후 386년, 알렉산드리아가 주후 430년부터 성탄절을 12월 25일로 지키기 시작했다.

여기서 주목할 부분은 로마 제국의 태양신(Sol Invictus) 축제와의 관계다. 주후 274년, 황제 아우렐리아누스는 12월 25일을 '무적의 태양(Sol Invictus) 탄생 축제로 제정했다. 동지(冬至)를 지나 태양이 다시 길어지는 이날은 이교도들에게 특별한 의미를 지닌 날이었다. 하지만 주후 313년 기독교가 로마 제국의 밀라노 칙령을 통해 공식 종교로 인정된 후 교회는 이 이교도 축제를 대신해 '세상의 빛으로 오신 예수 그리스도'를 기념하기 위해 12월 25일을 성탄절로 삼았다. 이는 단순한 날짜의 대체가 아니라 예수님께서 어둠을 몰아내고 빛을 비추시는 구세주이심을 강조하는 강력한 신학적 선언이었다.

공식적인 확립은 주후 350년경, 즉 주후 4세기 중반에 이루어졌다. 이 결정은 교회의 일치를 도모하며 성탄절을 교회의 보편적 축일로 자리 잡게 하는 중요한 계기가 되었다. 이로써 교회는 혼란을 종식하고 예수님의 탄생을 공적으로 기념할 수 있는 날을 확립했다.

이처럼 성탄절이 12월 25일로 정해진 것은 단순한 우연이 아니다. 초기 교회의 신학적 고민, 동방과 서방교회의 전통, 태양신 축제와의 대체, 성경적 상징성, 그리고 교회의 공식적인 결정이 어우러져 오늘날 우리가 알고 있는 성탄절로 자리 잡게 되었다.

12월 25일은 단순한 날짜가 아니다. 예수 그리스도가 세상에 빛으로 오셨음을 기억하게 하는 상징적인 날이며, 역사적 전통과 신학적 깊이를 담고 있는 중요한 기념일이다.

이렇게 오랫동안 전해 내려온 신뢰할 만한 전통은 교회가 성탄절을 12월 25일로 지키는 데 탄탄한 기반을 제공해 오고 있다. 오랫동안 사도들의 전통을 이어온 교회가 붙들고 지켜왔던 성탄절을 그때야 비로소 공식화한 것이다.

둘째, 12월에 양을 들판에서 치는 것이 말이 되느냐는 주장을 살펴보자. 결론은 이스라엘에서 12월에 양을 치는 것은 충분히 가능하다는 것이다. 이스라엘의 날씨와 대관령의 날씨는 다르다. 12월에 대관령은 매우 춥지만 이스라엘은 비가 내린다. 이스라엘은 11월부터 우기가 시작되어 비가 내린다. 비가 내리면 메말랐던 광야와 대지에 푸릇푸릇 새싹이 돋아나고 양들이 먹을 풀이 자라기 시작한다. 따라서 푸릇푸릇한 초장에 펼쳐지는 12월, 1월에 양들을 밖에 풀어놓지 않을 이유가 없다. 지금도 이스라엘에 가면 12월, 1월에 파릇파릇한 들판에서 양들이 풀을 뜯어 먹는 모습을 종종 볼 수 있다.

셋째, 성탄의 기원은 로마가 12월 25일에 지키던 로마의 농신제, 사투르날리아라는 주장이다. 이 또한 정확한 주장이 아니다. 로마가 지키던 사투르날리아 농신제는 12월 17~23일까지 이어지는 술잔치였다. 그래서 12월 25일과는 상관이 없다. 어떤 이들은 농신제를 태양신 축제와 혼동해서 같이 이야기하는데 사실 태양신 축제는 농신제와 다르다.

넷째, 사실 교회가 성탄절을 12월 25일로 공인할 4세기 초반, 가장 큰 어려움 중 하나는 당시 12월 25일에 로마에서 거행되었던 태양신 축제였다. 로마가 태양신을 섬기기 시작한 것은 당시 그다지 오래된 전통은 아니었다. 로마가 태양신을 섬기기 시작한 것은 주후 274년부터였다. 병졸 출신으로 로마 황제에 오른 아우렐리아누스 황제가 274년 로마의 국가 수호신이 되면서 그해 12월 25일에 태양신에게 바치는 신전을 로마에 세우고 이날을 태양절로 선포한다. 이런 태양을 '솔 인빅투스'(Sol Invictus, 무적의 태양)라는 뜻으로 부르며 무적의 태양 축제를 벌였다. 12월 25일은 하지였다. 이때 정오에 뜨는 태양은 가장 낮은 지점까지 내려오고 밤이 가장 길 때였다. 그런데 이때로부터 밤이 더 이상 길어지지 못하고 태양이 다시 길어지며 어둠을 정복하며 밝아오는 때가 시작된다.

성탄절을 12월 25일로 기억하고 지키기 시작한 것은 앞서 히폴리투스나 아프리카누스의 기록에서 살펴본 것처럼 주후 200년대 초부터 이미 기록으로 남아있다. 이는 2세기에도 이미 성탄절을 지키기 시작했을 가능성을 시사한다. 354년에 태어나 430년까지 살았던 히포의 목회자 아우구스투스(어거스틴)는 12월 25일에 성도들은 그리스도를 예배하고 세상 사람들은 태양신을 섬기는 풍속을 보고 이렇게 기록했다. "이방인들은 12월 25일 태양을 숭배하지만 성도들은 태양을 만든 분을 숭배한다." 이 시기의 목회자였던 성 암브로시우스는 또 이렇게 말했다. "그리스도는 우리의 새로운 태양이시다." 어둠이 빛을 이기지 못하더라는 말씀대로 이제 로마의 태양신을 섬기는 절기는 퇴색되어 역사 속에 사라졌고, 이날은 예수 그리스도를 예배하는 전통이 2천 년간 계속해서 이어지고 있다.

2) 우리는 예수님을 정말 나의 왕이요, 구세주로 맞이해야 기뻐할 수 있다.

더 중요한 것은 성탄절은 단순히 예수님이 탄생한 것을 기억하는 날이 아니라 예수님을 예배하는 날이라는 것이다. 우리는 단순한 지적인 기억에서 그분을 향한 경배로까지 나아가야 한다. 그래서 성탄절을 뜻하는 Christmas는 그리스도를 뜻하는 'Christ'와 예배의 모임을 뜻하는 'Mass'가 결합한 단어다.

그래서 메리 크리스마스가 되려면 무엇보다 함께 모여서 그리스도를 예배해야 한다. 그런데 날은 알아도 예배하지 못하는 사람이 있다. 바로 본문에 나오는 헤롯왕이다! 동방의 박사들은 별을 보고 예수님이 나신 것을 알고 와서 황금과 유향과 몰약을 드리며 경배하였다. 하지만 헤롯은 이것을 알아도 경배하러 가지 않는다. 말로는 경배하겠다고 한다.

"베들레헴으로 보내며 이르되 가서 아기에 대하여 자세히 알아보고 찾거든 내게 고하여 나도 가서 그에게 경배하게 하라"(마 2:8).

그런데 결국 헤롯은 예수님을 죽이려 한다. 왜 그랬을까? 헤롯 자신이 왕이어야 했기 때문이다. 헤롯은 누구든지 왕이 될 것 같은 사람은 가차 없이 자비하게 죽였다. 심지어는 자기 아들인 왕자들도 그 어머니와 함께 죽일 정도였다. 우리 안에 다른 왕이 있으면 참된 왕이신 예수님을 만나지 못한다. 이 왕은 오늘날 예수님보다 더 중요한 것들이다. 예수님이 나셨는데 "나는 게임과 오락이 더 중요하다"고 한다면 그를 경배하지 못한다. 예수님이 나셨는데 그것보다는 놀러 가는 것이 더 중요하면 예배하지 못한다. 예수님께 나와도 예수님보다 돈이 더 중요하면 동방박사처럼 황금, 유향, 몰약을 드리며 경배할 수 없다. 그러나 우리 주님이 진정 귀하신 우리 인생의 왕이면 그에게 기쁘게 예물을 드리며 경배할 수 있다. 진정한 기쁜 성탄, 즉 메리 크리스마스는 그리스도를 온전히 예배할 때 일어난다. 이런 성도로 서기를 주님의 이름으로 축원한다. 메리 크리스마스!

[Section 7. 각주]

43) 이만희, 「천지창조」(과천: 도서출판신천지, 2007), 67쪽.
44) 여기서의 주장은 다음을 참고하라. 양형주, 「신천지 돌발 질문에 대한 친절한 답변」(용인: 기독교포털뉴스, 2022), 28-38쪽.
45) 교과서진화론개정추진회, 「교과서 속 진화론 바로잡기」(서울: 생명의말씀사, 2011), 120-121쪽.
46) 유영대, "유인원의 인류진화설은 허구", 국민일보, 2016. 11. 4.

SECTION8

핵심 교리
예방설교의 실제

- 설교 제목 : **가계에 흐르는 저주는 없다**[47]
- 설교 본문 : **출애굽기 20:5-6**

'가계에 흐르는 저주'를 들어봤는가? 본문 5절은 이를 연상시키는 섬뜩한 구절이다.

"그것들에게 절하지 말며 그것들을 섬기지 말라. 나 네 하나님 여호와는 질투하는 하나님인즉 나를 미워하는 자의 죄를 갚되 아버지로부터 아들에게로 삼사 대까지 이르게 하거니와" (출 20:5).

'그것들'은 우상을 말한다. 하나님은 우상을 만들지도 말고(4절) 절하지도 섬기지도 말라고 하신다. 그러면서 "나 여호와는 질투하는 하나님인즉 나를 미워하는 자의 죄를 갚되 아버지로부터 아들에게로 삼사 대까지 이르게 하겠다"고 하신다. 죄가 삼대, 사대까지 계속해서 흘러간다는 것이다. 이렇게 서너 세대까지 세대를 통해 흘러가는 징벌을 '가계에 흐르는 저주', 영어로 'Generation Curse'라고 한다. 이 구절을 근거로 가계 저주론이 나왔다. 이 구절을 바로 이해하지 못하면 큰 오해가 발생한다. 겉으로 보이는 대로 읽으면 '아, 죄는 가계를 타고 저주로 흐르는구나' 하는 왜곡된 생각을 할 수 있기 때문이다.

우리나라에 가계에 흐르는 저주라는 개념이 처음 소개된 것은 1997년 메릴린 히키가 쓴 「가계에 흐르는 저주를 끊어야 산다」는 책을 통해서다.[48] 메릴린 히키는 정식 신학 과정을 받지 않은 목회자의 아내다. 이 책이 나온 지 2년 후 국내 저자를 통해 이 책의 내용에 대해 한국적인 상황을 고려하여 보다 구체적인 방법론과 근거를 다룬 「가계에 흐르는 저주 이렇게 끊어라」는 책이 출간되었다.[49] 두 책 모두 출간 당시 상당 기간 베스트셀러가 되었고 이 두 책을 통해 한국 교회에는 '가계에 흐르는 저주'가 성경적인 진리처럼 받아들여지게 되었다. 지금도 이 책의 내용을 근거로 기도사역을 하는 분들이 있다. 예언사역을 하는 이들 가운데 문제의 원인을 '가계에 흐르는 저주'로 지목하는 이들이 많다. 메릴린 히키의 「가계에 흐르는 저주를 끊어야 산다」에 보면 처음 부분에 출애굽기 20장 5절을 소개하고서 가계에 흐르는 저주를 상담한 사례가 나온다.[50]

어느 날 히키 사모님이 남편과 이혼하려는 한 젊은 여성과 상담했다.

히키가 물었다.

"자매님의 어머니도 이혼하셨습니까?"

"예."

"몇 번이나 이혼하셨습니까?"

"세 번이요."

"어머니는 자녀들을 몇이나 두셨습니까?"

"넷이요."

"그러면 자매님은 몇 번이나 결혼하셨습니까?"

"지금이 세 번째입니다."

"지금 자녀는 몇 명이나 두고 있습니까?"

"딸만 셋이요."

"자매님은 어린 딸들을 사랑하십니까?"

"그럼요. 저는 아이들을 너무나도 사랑해요!"

"자매님, 알고 계시나요? 그들이 자라서 결혼하게 되면 세 번이나 이혼하게 될 것이고, 그래서 자매님의 마음을 무너지게 할 것이라는 것을요. 왜냐하면 자매님의 어머니가 조상으로부터 물려받은 성적인 죄의 저주 아래 놓여있기 때문입니다. 자매님의 어머니는 여러 사람들과 난잡한 관계를 맺어 왔습니다. 그런데 지금 자매님도 어머니와 똑같은 상태에서 똑같은 결정을 내리려 하고 있습니다. 그렇게 될 때 자매님은 앞으로 자매님의 어린 딸들이 자매님과 똑같은 삶을 사는 것을 고통 가운데 지켜보게 될 것입니다."

이렇게 말하자 이 자매의 얼굴이 마치 뺨을 한 대 얻어맞은 것처럼 새하얗게 질려 있었다.

이런 상담은 우리나라에서도 종종 일어난다.

한 교회의 여성도가 예언의 은사가 있다는 분에게 기도를 받기 위해 가정의 문제를 털어놓았다.

"우리 신랑은 집에 오면 맨날 텔레비전만 틀어놓고 가족들과 이야기도 하지 않고 거기에 늘 빠져 살아요."

그러자 기도하는 분이 기도하다가 예언을 한다.

"그것은 조상 대대로 텔레비전에 들러붙은 귀신들이 있기 때문이다!" 신랑의 할아버지도 텔레비전에 들러붙어 있고, 아버지도 텔레비전에 들러붙어 있고, 지금 신랑도 그러고 있다. 이제 그대로 두면 아들도 텔레비전에 들러붙은 귀신에 붙들려 있을 것이다!"

순간 철렁했다. 왜? 조상 대대로 흘러오는 귀신이 있다는 말 때문이다.

또 어떤 분은 기도원에 갔는데 이런 기도를 받았다.

"지금 너의 아내가 이렇게 힘들고 우울증이 찾아오는 것은 조상 대대로 흘러오는 저주가 있기 때문이다. 이것은 너의 10대조 조상부터 수천 년간 가계를 타고 내려온 저주다. 사탄은 이 저주를 통해 너의 아내를 강력한 무당으로 세워 그의 종으로 사용할 것이다. 이 기도원을 나가면 영적 보호가 사라지고 너희들은 저주 가운데 살 것이다. 그러니 이 기도원을 나가지 마라."

샤머니즘의 영향이 강한 토양 아래 자라 와서 그런지 우리는 '조상 때부터 내려온 저주'라고 하면 가슴이 덜컥하고 겁부터 먹는다. 우리는 예전부터 TV 드라마 〈전설의 고향〉을 비롯해서 이런 이야기들을 많이 접해왔기 때문이다. 무당이나 점쟁이에게 가면 여지없이 나오는 단골 메뉴가 '조상 때부터 흐르는 저주'다. 조상 때 어떤 끔찍한 일이 일어나서 그 영향이 지금까지 이어지고 있다는 것이다.

우리나라는 예전부터 조상신을 섬기는 미신이 있었다. 후손이 조상신을 정성스럽게 섬기지 않으면 조상신이 후손들을 방해하고 저주하고 그렇게 되면 후손들이 고통을 받는다는 것이다. 이런 무속적 유산이 우리에게 남아있는데 여기에 가계에 흐르는 저주를 이야기하니까 확 쏠리는 것이다. 정서적으로 너무 잘 맞는 내용이다. 요즘도 점치는 분들이 꽤 많지 않은가? 신앙생활을 하지 않는 이들 중 상당수가 점을 친다. 또 용하다는 점쟁이가 뜬다고 하면 함께 몰려다닌다. 이런 점을 칠 때도 보면 조상신의 영향, 가계에 흐르는 저주 이야기가 단골로 등장한다. 그러니 이런 'Generation Curse', 즉 '가계에 흐르는 저주' 이야기는 우리가 상당한 매력을 갖고 받아들이고 또 쉽게 믿으려 한다.

가계 저주론에서 중요하게 제시하는 성경 구절이 있다. 바로 잠언 26장 2절이다.

"까닭 없는 저주는 참새가 떠도는 것과 제비가 날아가는 것 같이 이루어지지 아니하느니라"(잠 26:2).

가계 저주론은 이 말씀 전반부는 생략한 채 "까닭 없는 저주는 이루어지지 아니하느니라"는 후반절만 인용한다. 저주는 아무 이유 없이 그냥 찾아오는 것이 아니라 반드시 이유가 있다는 것이다. 이것을 일반적으로 인과응보(因果應報)라고 한다. 이는 점치는 이들도, 무당도 하는 이야기다. 인과응보의 원리를 뒷받침하는 성경 구절이 에스겔 18장 2절이다.

> "너희가 이스라엘 땅에 관한 속담에 이르기를 아버지가 신 포도를 먹었으므로 그의 아들의 이가 시다고 함은 어찌 됨이냐"(겔 18:2).

아버지가 신 포도를 먹었으면 아버지가 시다고 해야지 왜 아들이 시다고 하느냐는 것이다. 이것은 죄와 죄의 저주가 아들에게로 흘러가기 때문이라는 것이다. 이 주장을 예레미야 31장 29절에서도 찾아 근거 구절로 제시한다.

> "그 때에 그들이 말하기를 다시는 아버지가 신 포도를 먹었으므로 아들들의 이가 시다 하지 아니하겠고"(렘 31:29).

여기서도 전후 맥락은 자르고 "아버지가 신 포도를 먹었으므로 아들들의 이가 시다"는 부분만 제시한다.

이러한 말씀을 근거로 우리 삶에 어렵고 힘든 많은 것의 원인을 가계에 흐르는 저주로 돌린다. 내 일이 잘 풀리지 않거나 자꾸만 힘든 일이 일어나면 거기에는 반드시 이유가 있다. 까닭 없이 걸린 중한 질병, 원인을 알 수 없는 정신질환, 이유를 모르는 가정의 불화, 그것은 나를 넘어 조상들부터 내려온 죄와 이로 인한 저주가 원인이 된다. 가계에 저주가 임하면 귀신이 계속해서 후손들을 쫓아다니며 괴롭힌다는 것이다. 그래서 가계 저주론을 주장하는 이들은 가족들의 영적 도해를 그려보라고 한다. 아버지, 어머니, 할아버지, 할머니 그 위 조상까지 거슬러 올라가서 이들의 삶에 어떤 죄와 저주가 있었는지를 검토하라는 것이다. 어떤 분은 내 피에 흐르는 조상들의 유전된 죄 때문에 너무너무 괴롭고 힘들다고 한다. 이러한 모든 것들은 성경을 올바르게 이해하지 못한 것에서 기인한다.

그렇다면 우리는 가계에 흐르는 저주에 대해서 어떻게 이해해야 할까?

가계 저주론에서 제시하는 구절을 하나하나 검토해 보자.

먼저, 출애굽기 20장 5절에 나오는 "아버지로부터 아들에게로 삼사 대까지 이른다"는 표현을 잘 이해할 필요가 있다. 언뜻 보면 아버지 죄 때문에 3, 4대에 걸쳐 불행을 당한다는 것처럼 들린다. 그러나 이 말씀은 그 당시 고대 근동의 대표자 사상을 배경으로 이해해야 한다. 고대 이스라엘은 보통 삼사 대가 대가족을 이루며 함께 살았다. 한 지붕 아래 동거하는 가족 구성원들이 삼사 대였다. 보통 아버지는 그 가족의 대표를 의미했고 아버지가 벌을 받으면 그 파장이 할아버지, 아버지, 자녀, 손자까지 미쳐 사대 전체가 고통을 받는다.

특별히 본문은 십계명이라는 언약의 맥락에서 선포된 말씀이다. 언약은 주군과 봉신 사이에 체결하는 조약이다. 종주의 규약을 봉신이 지키면 종주는 봉신과 그의 집안 전체에게 복을 준다. 그러나 봉신이 종주의 계약을 이행하지 않으면 가문 전체가 벌을 받고 고통을 받는다. 실제로 그 당시에 유사한 형식으로 체결되었던 히타이트 족속의 봉신 종주 언약 체결 문서들을 보면 봉신이 신들 앞에서 3, 4대의 생명을 걸고 맹세하였다.[51] 십계명의 언약도 이와 비슷하다. 이스라엘 백성이 하나님 앞에 3, 4대 가족의 생명을 담보로 하나님 앞에 지키기로 약속한 언약 규정인 것이다. 그만큼 이 언약이 엄중하고 중요하다는 의미다. 따라서 본문에서 언급하는 저주는 세대와 세대를 거쳐 이어지는 주술적 저주가 아니라, 언약 위반에 대한 엄중한 경고로 보아야 한다. 하나님은 우리를 저주하기보다 복 주시기를 더 기뻐하는 분이다.

이어지는 6절 말씀을 보라.

"나를 사랑하고 내 계명을 지키는 자에게는 천 대까지 은혜를 베푸느니라"(출 20:6).

이 말씀은 하나님께서는 자신을 미워하는 자, 범죄하는 자라도 벌은 될 수 있는 대로 적게 주시고 반면 자기를 사랑하는 자에게는 천대까지 한량없이, 대대로 복을 많이 주기 원하시는 분임을 진술하고 있다. 따라서 강조되어야 할 부분은 3, 4대의 저주가 아니라 천대까지 계속되는 복이다. 우리는 천대와 삼사 대를 대조해서 볼 때 3, 4대에 임하는 벌은 저주라기보다 징계의 성격을 갖고 있다는 것에 주목해야 한다.

지금 이 말씀들은 언약의 맥락에서 이해되어야 한다고 했다. 언약은 계약이 아니다. 언약이란 계약 당사자 간에 한쪽이 온전히 의무를 이행하지 못한다고 하더라도 다른 한쪽에서 포기하지 않고 끝까지 붙들어주어 마침내 그 계약이 온전히 이루어지도록 신실하게 붙들어주는 약속이다. 이렇게 볼 때 3, 4대에 미치는 징벌은 저주가 아니다. 왜? 저주라고 하면 불행한 일이나 재앙이 일어나는 것인데, 그 자체로 저주는 파멸을 목적으로 한다. 그러나 하나님께서 이스라엘 가문의 3, 4대에 벌을 주시는 것은 그들로 잘못을 깨닫고 회개하여 하나님께 돌아오도록 하기 위한 것이다.[52] 마음을 다해 다시 하나님을 온전히 사랑하도록 하기 위한 것이다. 그렇게 볼 때 3, 4대에 임하는 것은 하나님께서 그 사랑하는 백성들을 향한 징계라고 보아야 한다. 히브리서는 이 징계에 대해 다음과 같이 말씀한다.

> "징계는 다 받는 것이거늘 너희에게 없으면 사생자요 친아들이 아니니라. 또 우리 육신의 아버지가 우리를 징계하여도 공경하였거든 하물며 모든 영의 아버지께 더욱 복종하며 살려 하지 않겠느냐. 그들은 잠시 자기의 뜻대로 우리를 징계하였거니와 오직 하나님은 우리의 유익을 위하여 그의 거룩하심에 참여하게 하시느니라. 무릇 징계가 당시에는 즐거워 보이지 않고 슬퍼 보이나 후에 그로 말미암아 연단 받은 자들은 의와 평강의 열매를 맺느니라"(히 12:8-11).

그렇다면 가계 저주론을 지지하는 잠언 26장 2절 말씀은 어떻게 이해해야 하는가? 본문을 다시 한번 음미하며 읽어보자.

> "까닭 없는 저주는 참새가 떠도는 것과 제비가 날아가는 것 같이 이루어지지 아니하느니라."

이 말씀은 모든 저주에는 이유가 있다는 뜻이 아니다. 도리어 '까닭 없는 저주'는 아무 근거 없는 저주, 저주해야 할 이유 없이 그냥 막 쏟아내는 저주는 아무에게도 영향을 끼치지 않는다는 뜻이다. 그래서 새번역은 이를 이렇게 번역한다.

"까닭 없는 저주는 아무에게도 미치지 않으니, 이는 마치 참새가 떠도는 것과 같고, 제비가 날아가는 것과 같다"(잠 26:2).

무슨 말인가? 아무 이유 없이 상대방을 저주하지 말라는 뜻이다. 아무 이유 없이 개인적인 감정으로 다른 사람을 미워하고 증오하여 저주해도 그 저주는 상대방에 아무 효과를 미치지 않기 때문이다.[53] 원래 성경 말씀의 의미를 오도하고 잘못 인용한 것이다.

가계에 흐르는 저주의 근거로 인용하는 또 다른 성경인 에스겔 18장 2절도 살펴보자. 이를 위해서는 이후에 이어지는 3~4절까지의 흐름에서 살펴볼 필요가 있다.

"너희가 이스라엘 땅에 관한 속담에 이르기를 아버지가 신 포도를 먹었으므로 그의 아들의 이가 시다고 함은 어찌 됨이냐. 주 여호와의 말씀이니라. 내가 나의 삶을 두고 맹세하노니 너희가 이스라엘 가운데에서 다시는 이 속담을 쓰지 못하게 되리라. 모든 영혼이 다 내게 속한지라. 아버지의 영혼이 내게 속함 같이 그의 아들의 영혼도 내게 속하였나니 범죄하는 그 영혼은 죽으리라"(겔 18:2-4).

"아버지가 신 포도를 먹었으므로 아들의 이가 시다"는 말은 유대의 속담으로 소개된다. 포로 시대를 살던 이스라엘 백성들이 '우리가 이렇게 힘든 것은 조상의 죄가 가계에 흘러 유전되어 그런 거야'라고 생각했던 모양이다. 그런데 하나님께서는 엄중하게 맹세하며 "너희가 이 속담을 다시는 사용하지 못하게 될 것"이라 말씀하신다. 아버지의 영혼이 내게 속한 것처럼 아들의 영혼도 내게 속하였으니 각각 저마다 범죄하는 영혼이 죽을 것이라고 말씀한다. 각 사람의 영혼이 각각 하나님께 속하였기에 가계에 흐르는 저주가 아니라 각 사람은 자기 죄로 심판받고 죽는다는 것이다. 이것을 에스겔 18장 20절은 좀 더 명확하게 말씀한다.

"범죄하는 그 영혼은 죽을지라. 아들은 아버지의 죄악을 담당하지 아니할 것이요 아버지는 아들의 죄악을 담당하지 아니하리니 의인의 공의도 자기에게로 돌아가고 악인의 악도 자기에게로 돌아가리라"(겔 18:20).

아들은 아버지의 죄악을 담당하지 않는다! 아버지도 아들의 죄악을 담당하지 않는다. 죄와 죄로 인한 저주는 절대 가계에 흐르지 않는다. 의인의 공의는 자기만을 구원하고 악인의 악도 자기만을 징계할 뿐이다. 예레미야 31장 29절도 마찬가지다. 이는 이어지는 30절과 함께 살펴볼 때 그 의미가 더욱 명확해진다.

"그 때에 그들이 말하기를 다시는 아버지가 신 포도를 먹었으므로 아들들의 이가 시다 하지 아니하겠고 신 포도를 먹는 자마다 그의 이가 신 것 같이 누구나 자기의 죄악으로 말미암아 죽으리라"(렘 31:29-30).

누구나 자기 죄악으로 말미암아 죽는다. 오해가 있을까 봐 하나 님께서는 일찍이 신명기에 말씀하셨다.

"아버지는 그 자식들로 말미암아 죽임을 당하지 않을 것이요 자식 들은 그 아버지로 말미암아 죽임을 당하지 않을 것이니 각 사람은 자기 죄로 말미암아 죽임을 당할 것이니라"(신 24:16).

여기 분명히 말씀한다. 아버지나 조상들로 인해 가계에 흐르는 저주는 결코 없다! 각자 자기 죄로 인해 심판당할 뿐이다. 이 원리는 이스라엘 역대 왕 중에도 적용된다. 유다 왕 아마샤는 왕권을 확고히 장악하자 자기 아버지 요아스를 암살했던 왕궁 경비대들을 처형한 일이 있었다. 이때 그는 암살했던 당사자만 처형했지 그들의 자녀는 죽이지 않았다(왕하 14:5-6). 그 이유는 바로 부모의 죄 때문에 자녀 를 처형하지 말라고 하셨던 이 신명기 말씀 때문이다.

물론 우리에게 고난과 어려움이 있다. 그러나 이것은 저주가 아 니다. 이는 우리로 주님께 더욱 가까이 나아가고 하나님의 영광을 드 러내기 위한 사랑의 인도하심이다. 요한복음 9장에 보면 예수님께서 지나가실 때 날 때부터 소경 된 사람을 보셨다. 이때 제자들이 묻는 다. "예수님 이 사람이 소경으로 난 것이 누구 죄 때문인가요? 자기 때문인가요, 부모의 죄 때문인가요?" 이때 예수님께서 무엇이라고 하셨는가?

> "예수께서 대답하시되 이 사람이나 그 부모의 죄로 인한 것이 아니라 그에게서 하나님이 하시는 일을 나타내고자 하심이라"(요 9:3).

이 사람이 이렇게 된 것은 부모의 죄 때문이 아니다. 이 사람의 죄 때문도 아니다. 하나님께서 이 사람의 고난을 통해 계획하신 바가 있고 그 일을 이제 나타내고자 하심이다! 이런 희망의 믿음, 긍정의 믿음을 갖기 바란다. 주변에서 혹시 누가 예언의 은사가 있다고 하면서 이런 말도 안 되는 가계에 흐르는 저주 이야기를 하면 당장 뿌리치고 나오라. 자칫하면 근거 없는 이상한 저주와 두려움으로 삶이 움츠러든다.

가계에 흐르는 저주에 우리가 쉽게 미혹되고 사로잡히는 것은 우리에게 있는 조상숭배와 샤머니즘적 정서가 배어있는 점도 있지만, 다른 한편으로는 복음의 능력을 잘 몰라서 그런 점도 있다. 가계 저주론의 성경적 근거로 사용된 구절을 검토하면 하나같이 다 구약에서 온 것임을 알 수 있다. 우리는 신약의 빛 아래에서 이 가계 저주론을 다시 바라볼 필요가 있다. 신약의 빛에서 볼 때 성도가 받을 저주는 하나님의 아들 예수 그리스도께서 십자가에서 이미 다 받으셨다.

> "그리스도께서 우리를 위하여 저주를 받은 바 되사 율법의 저주에서 우리를 속량하셨으니 기록된바 나무에 달린 자마다 저주 아래

에 있는 자라 하였음이라"(갈 3:13).

"그러므로 이제 그리스도 예수 안에 있는 자에게는 결코 정죄함이 없나니 이는 그리스도 예수 안에 있는 생명의 성령의 법이 죄와 사망의 법에서 너를 해방하였음이라. 율법이 육신으로 말미암아 연약하여 할 수 없는 그것을 하나님은 하시나니 곧 죄로 말미암아 자기 아들을 죄 있는 육신의 모양으로 보내어 육신에 죄를 정하사"(롬 8:1-3).

"누가 능히 하나님께서 택하신 자들을 고발하리요. 의롭다 하신 이는 하나님이시니 누가 정죄하리요. 죽으실 뿐 아니라 다시 살아나신 이는 그리스도 예수시니 그는 하나님 우편에 계신 자요. 우리를 위하여 간구하시는 자시니라. 누가 우리를 그리스도의 사랑에서 끊으리요. 환난이나 곤고나 박해나 기근이나 적신이나 위험이나 칼이랴"(롬 8:33-35).

누가 정죄하는가? 누가 저주하는가? 이 모든 일에 우리를 사랑하시는 이로 말미암아 우리가 넉넉히 이긴다.

"내가 확신하노니 사망이나 생명이나 천사들이나 권세자들이나 현재 일이나 장래 일이나 능력이나 높음이나 깊음이나 다른 어떤 피조물이라도 우리를 우리 주 그리스도 예수 안에 있는 하나님의 사랑에서 끊을 수 없으리라"(롬 8:37-39).

누구도 우리를 저주할 수 없다. 그 어떤 저주도 우리에게 대대로 이어질 수 없다. 내가 그리스도 안에 새 생명을 누리고 있으면 저주가 흘러오려고 아무리 발버둥을 쳐도 더 이상 올 수가 없다. 확신을 가지라. 흔들리지 말라. 엉뚱한 점쟁이의 말에 귀 기울이지 말기를 바란다.

물론 이전에 죄 된 습관 속에 살면서 이것을 보고 자라는 자녀에게 환경적인 영향을 주는 면은 있다. 아버지가 폭력적이면 그 영향이 가족 전체에게 미친다. 그러나 이것은 죄의 정서적 영향력이지 결코 가계를 타고 흐르는 저주가 아니다. 이런 죄의 영향력은 그리스도 예수 안에서 극복하고 이겨낼 수 있다.

복음은 사람을 변화시킨다. 변화된 아버지, 변화된 어머니가 자녀들에게 이전에 주었던 나쁜 영향을 멈추게 한다. 그리고 지옥 같던 가정이 변화되어 천국이 된다.

"너희 안에서 착한 일을 시작하신 이가 그리스도 예수의 날까지 이루실 줄을 우리는 확신하노라"(빌 1:6).

그리스도 안에서는 절대 죄가, 저주가 흘러 들어가지 못한다. 예수의 새 생명을 충만하게 누리는 복된 성도로 서라!

● 설교 제목 : 사람의 씨와 짐승의 씨
● 설교 본문 : 예레미야 31:27

2020년 2월, 대구 신천지 교회에서 퍼져나간 코로나19 사태로 전국
이 패닉 상태였을 때다. 신천지 교주 이만희가 전국의 신천지 신도들
에게 보낸 편지가 화제였다.[54] 화제가 되는 이유는 그 편지 안에 통렬
한 자기반성이 들어있는 것이 아니라 신천지 교주가 이 현 사태를 인
식하는 세계관을 고스란히 반영하고 있기 때문이었다. 신천지 총회
장이 보낸 내용을 일부 인용하면 다음과 같다.

> "금번 병마(코로나19) 사건은 신천지가 급성장됨을 마귀가 보고 이
> 를 저지하고자 일으킨 마귀의 짓임을 압니다."

이 사태는 마귀가 일으킨 것이고 마귀가 한 짓이라는 것이다. 하
지만 이것은 마귀의 짓이라기보다 신천지가 자초한 결과다. 신천지

는 코로나19의 발병지인 우한에서 극성으로 포교 활동을 벌이며 우한에 교회를 설립했다. 대구에 코로나19가 급속도로 퍼진 것은 우한 교회 사람들이 이만희 교주의 친형 장례식에 참석하기 위해 그의 고향인 청도군에 왔다가 퍼진 것으로 알려졌다. 게다가 그렇게 긴밀한 연락망을 가진 신천지 신도들임에도 질병관리본부에서 잠재적 보균자의 동선을 파악하려 하자 연락을 두절하고 사라져 버렸다. 이는 상부에서의 조직적인 지시가 아니고는 일어날 수 없는 일이다. 이렇게 볼 때 그 사태는 마귀의 짓이라기보다 신천지가 스스로 불러온 일이었다. 하지만 이만희 교주는 그 일을 마귀의 짓으로 규정하고 그의 서신서에 다음과 같이 적어 신도들을 격려했다.

"하나 우리는 하나님의 씨로 난 하나님의 아들이며 하나님의 가족입니다. 이 모든 시험에서 미혹에서 이깁시다. 더욱 더 믿음을 굳게 합시다."

이 말에는 이만희 교주뿐 아니라 신천지 단체 전체의 극단적 이원론을 파악하는 기초적인 단서가 있다. 바로 "우리는 하나님의 씨로 난 하나님의 아들"이라는 주장이다. 그렇다면 이 주장은 어디서 근거한 것이며, 이것이 신천지의 핵심적인 주장이 될 수 있는 이유는 무엇일까? 이 주장의 근거가 되는 성경 구절이 본문 예레미야 31장 27절 말씀이다.

"여호와의 말씀이니라. 보라 내가 사람의 씨와 짐승의 씨를 이스라엘 집과 유다 집에 뿌릴 날이 이르리니"(렘 31:27).

신천지는 이것을 다음과 같이 해석한다. 여기서 씨는 하나님의 말씀을 비유한다. 그 근거는 누가복음 8장이다.

"이 비유는 이러하니라. 씨는 하나님의 말씀이요"(눅 8:11).

이러한 해석을 기초로 신천지는 본문에서 이 말씀을 뿌릴 날이 온다고 예고하는 표현에 주목한다. 예레미야는 예언서다. 예언서는 비유로 감추어져 있는데, 그렇다면 예레미야 31장 27절의 말씀은 장차 이루어질 것을 감춘 예언이다. 그렇다면 이 예언의 약속은 언제 성취될까? 바로 600년이 지난 후 오신 예수님 초림 때다. 신천지는 마태복음 13장 24~26절에서 그 약속을 이루셨다고 해석한다.

"예수께서 그들 앞에 또 비유를 들어 이르시되, 천국은 좋은 씨를 제 밭에 뿌린 사람과 같으니 사람들이 잘 때에 그 원수가 와서 곡식 가운데 가라지를 덧뿌리고 갔더니 싹이 나고 결실할 때에 가라지도 보이거늘"(마 13:24-26).

여기 보면 두 종류의 씨를 뿌린 내용이 등장한다. 하나는 좋은 씨고 다른 하나는 나쁜 씨, 곧 가라지다. 이 내용에 대해서는 마태복음 13장 37절에서 좀 더 상세히 부연한다. 이 구절에 따르면 좋은 씨를 뿌리는 자는 인자, 곧 예수님을 의미한다. 반면 가라지, 곧 나쁜 씨를 뿌린 자가 등장하는데 이는 원수 마귀다(마 13:39). 마귀에 대해서는 요한계시록에서 이렇게 말씀한다.

"용을 잡으니 곧 옛 뱀이요 마귀요 사탄이라"(계 20:2).

마귀 사탄은 용이고 뱀이다. 마귀, 사탄은 용, 뱀, 곧 모두 그 짐승이라는 공통점이 있다. 그럼 예수님이 인자, 사람으로서 좋은 씨를 뿌리셨을 때 누가 가라지를 뿌렸을까? 그 답은 마태복음 23장에 나온다.

"뱀들아, 독사의 새끼들아, 너희가 어떻게 지옥의 판결을 피하겠느냐"(마 23:33).

여기 보면 예수님께서 바리새인 서기관을 향하여 "뱀들아, 독사의 새끼들아"라고 말씀하신다. 여기 뱀은 곧 용이고 결국 마귀, 사탄이 곧 짐승이라고 한다. 결국 서기관 바리새인들이 마귀, 뱀, 곧 짐승이다. 이 사람은 나타나 보니 예수님이고 이 짐승은 나타나 보니 용, 뱀, 마귀, 사탄, 짐승, 서기관, 바리새인이다. 이렇게 해서 사람의 씨는 좋은 씨로, 짐승의 씨는 가라지로 나타나게 되었다는 것이다.

과연 이러한 주장이 얼마나 타당한 주장일까? 과연 정확무오하게 하나님의 계시를 받았다는 자칭 보혜사의 계시의 말씀일까? 가장 먼저 주목해야 할 것은 예레미야 31장 27절의 첫 시작 부분이다.

"여호와의 말씀이니라 보라. 내가 사람의 씨와 짐승의 씨를 이스라엘 집과 유다 집에 뿌릴 날이 이르리니"(렘 31:27).

여기서 '내가'는 누구일까? 그렇다. 바로 본문에서 말씀하시는 여호와 하나님이다. 중요한 것은 이 하나님께서 친히 '사람의 씨'도 뿌리고 '짐승의 씨'도 뿌리겠다고 말씀하신 것이다. 신천지의 주장처럼 사람의 씨는 여호와가, 짐승의 씨는 사탄이 뿌리는 것이 아니다. 그렇다면 이 약속이 성취될 때도 한 분 하나님이 뿌리셔야 한다. 그런데 마태복음 13장에는 어떻게 성취되고 있나? 좋은 씨는 인자가, 가라지는 마귀, 사탄이 뿌린다고 한다. 원래 예레미야에는 한 분이 뿌린다고 했는데 마태복음에서는 다른 두 주체가 뿌리고 있다. 그렇다면 마태복음 13장은 예레미야 31장 27절의 성취라고 볼 수 없다. 두 본문은 많은 이단단체에서 말하는 소위 말씀의 짝(사 34:16)이 아니다.

그렇다면 여기서 사람의 씨와 짐승의 씨는 무엇을 의미할까? 본문 전후의 문맥을 잘 살펴야 한다. 예레미야 31장 27절이 속해 있는 단락의 시작인 23절부터 보자.

"만군의 여호와 이스라엘의 하나님께서 이와 같이 말씀하시니라. 내가 그 사로잡힌 자를 돌아오게 할 때에 그들이 유다 땅과 그 성읍들에서 다시 이 말을 쓰리니 곧 의로운 처소여, 거룩한 산이여, 여호와께서 네게 복 주시기를 원하노라 할 것이며"(렘 31:23).

본문은 먼저 이 말씀이 성취될 때가 '사로잡힌 자를 돌아오게 할 때'라고 말씀한다. 본문 말씀대로 '사로잡힌 자'가 있다면 '사로잡은 자'도 있어야 한다. 그렇다면 사로잡은 자는 누구이고 사로잡힌 자는 누구일까? 포로 상태로 사로잡힌 자는 유다 백성들이고 이들을 사로잡은 자는 바로 유다를 멸망시킨 바벨론 왕이다. 이는 바벨론이 유다를 사로잡아 포로 생활을 하게 한 사건을 전제한다. 하나님은 이 기간을 칠십 년으로 예고하셨다(렘 25:11-12, 29:10, 대하 36:21). 본문은 이 포로 기간 70년이 차서 마침내 유다 백성이 돌아올 때 하나님이 행하실 일에 대한 예언인 것이다. 따라서 하나님이 씨를 뿌릴 때는 유다 백성이 포로에서 돌아올 때, 곧 유다의 회복을 말씀하는 것이다.

이때 곧 이스라엘이 포로에서 돌아왔을 때 하나님은 사람의 씨와 짐승의 씨를 이스라엘 집과 유다 집에 뿌리실 것이라 약속한다. 이때 하나님께서 행하실 구체적인 행동은 다음 구절에 이어진다.

"깨어서 그들을 뿌리 뽑으며 무너뜨리며 전복하며 멸망시키며 괴롭게 하던 것과 같이 내가 깨어서 그들을 세우며 심으리라. 여호와의 말씀이니라"(렘 31:28).

하나님은 포로 기간을 통해 그들, 즉 이스라엘 백성을 뿌리 뽑으며 무너뜨리며 전복하며 멸망시키며 괴롭게 하셨다. 이런 과거의 역사를 28절 중반은 괴롭게 하던 '것과 같이'라고 표현한다. 과거에 하나님께서 이렇게 이들을 징계하셨던 것처럼 이제는 하나님께서 그의 백성을 세우고 심을 것이라 약속한다. 하나님께서 과거에 뽑으셨으니 이제는 심으실 것이고 과거에 무너뜨리셨으니 이제는 세우실 것이다. 과거에는 징계하고 심판하셨으나 이제는 새롭게 심고 회복하고 구원하실 것이다. 이런 밝은 미래의 소망 앞에 짐승의 씨가 사탄이 주는 비진리의 말씀이 될 수 없다. 왜냐하면 짐승의 씨 역시 하나님이 그의 백성을 회복하고 구원하실 때 뿌릴 것이기 때문이다. 하나님이 구원하실 때 어떻게 진리의 말씀도 뿌리고 비진리의 말씀도 동시에 뿌린단 말인가. 만약 심는 것이 진리와 비진리라면, 뽑고 무너뜨리고 전복하는 것도 진리와 비진리일까?

하나님께서 예루살렘이 파괴되고 멸망하게 하시고 그의 백성들이 포로 생활을 하게 할 때의 상황을 생각해 보자. 이때 멸망한 것은 하나님의 백성, 곧 사람들이다. 또한 당시 재산의 척도였던 소와 양, 염소 등과 같은 가축들도 빼앗겨 삶의 기반도 뿌리 뽑히게 되었다. 결국 빼앗기고 뿌리 뽑히고 멸망당한 것은 유다 백성과 짐승들이다. 그러나 이제 하나님께서 그의 백성을 돌이키실 것이다. 이때 하나님께서는 포로로 뽑혔던 그의 백성들을 다시 세우실 것이고 빼앗겼던 짐승들을 생육하고 번성하게 하실 것이다. 약속의 땅에서 빼앗기고 뿌리 뽑혔던 사람(하나님의 백성)과 가축(재산)을 다시 회복시키실 것이다. 이것이 바로 본문 27절의 약속이 의미하는 바다. 본문을 다시 한번 읽어보자.

> "여호와의 말씀이니라. 보라 내가 사람의 씨와 짐승의 씨를 이스라엘 집과 유다 집에 뿌릴 날이 이르리니"(렘 31:27).

주의할 것은 여기서 씨는 비유한 말씀을 의미하지 않는다는 점이다. 여기서 씨는 자손 또는 새끼를 의미한다. 영어 성경 NIV는 씨를 'offspring', 즉 자손 또는 새끼로 번역한다. 즉 본문이 말하는 사람의 씨와 짐승의 씨는 사람의 자손과 짐승의 새끼를 의미하는 것이다. 성경은 씨를 말씀으로만 이야기하지 않는다. 씨는 종종 후손으로 사용되기도 한다. 창세기 22장을 보라.

> "내가 네게 큰 복을 주고 네 씨가 크게 번성하여 하늘의 별과 같고 바닷가의 모래와 같게 하리니 네 씨가 그 대적의 성문을 차지하리라. 또 네 씨로 말미암아 천하 만민이 복을 받으리니 이는 네가 나의 말을 준행하였음이니라 하셨다 하니라"(창 22:17-18).

여기서 씨는 후손을 의미한다. 하나님이 아브라함에게 진리의 말씀을 주신 것이 아니라, 자손을 약속하신 것이다.

신천지가 주장하는 예레미야 31장 27절의 말씀 해석은 언뜻 보면 맞는 것 같지만, 자세히 보면 자의적인 억지 해석임이 그대로 드러난다. 이는 신천지 성경 해석의 근간을 흔드는 발견이다. 만약 이것이 잘못된 해석임을 분명히 이해했다면 이제는 바른 진리 위에 서야 한다. 그리고 하나님께서 회복의 은혜를 베푸시고 바른 신앙생활을 시작할 수 있는 용기를 주시기를 기도해야 한다. 더 이상 속이고 위장하고 거짓말을 일삼는 모략은 없어야 한다. 모략은 무엇인가? 이는 로마서 3장 7절에 근거한다.

> "그러나 나의 거짓말로 하나님의 참되심이 더 풍성하여 그의 영광

이 되었다면 어찌 내가 죄인처럼 심판을 받으리요"(롬 3:7).

여러 이단단체가 이 구절을 가지고 "거짓말로 하나님께 영광이 되면 괜찮다"고 주장하며 전도 대상자를 속이기 위해 모략을 짠다. 하지만 이는 잘못된 성경 해석이다. 이어지는 8절을 읽어보라.

"또는 그러면 선을 이루기 위하여 악을 행하자 하지 않겠느냐. 어떤 이들이 이렇게 비방하여 우리가 이런 말을 한다고 하니 그들은 정죄 받는 것이 마땅하니라"(롬 3:8).

여기서 '우리'는 사도 바울 일행을 말한다. 즉 이 말씀은 사도 바울을 반대하는 대적자들이 퍼뜨리는 거짓 소문이다. 바울은 사도들을 비방하며 거짓 소문을 퍼뜨리는 자가 정죄 받는 것이 마땅하다고 선언하는 것이다.

이제는 잘못된 단체들의 그럴듯한 성경 해석을 바르게 분별하고 경계해야 한다. 성경은 하나님께서 죄로 인해 망가진 우리를 회복시키시고 영생을 주기 위해 기록된 하나님의 말씀이다. 이제는 성경을 바로 알고 바로 배워 건강한 신앙을 세워나가도록 하자.

- 설교 제목 : 육체 영생 교리의 비밀
- 설교 본문 : 요한계시록 20:4-5

2020년 초 대구발 코로나 사태가 발발했을 때 우리 사회는 그 어느 때보다 큰 혼란에 휩싸였다. 코로나19는 급격히 확산되었고 대구 지역을 중심으로 전국적으로 큰 충격을 주었다. 특히 당시 신천지 대구 다대오 지파의 집단 감염 사건은 코로나 확산의 중심에 있었다. 2020년 2월 27일 하루 동안 256명의 신규 확진자가 발생하였고, 28일에는 571명이 추가되어 누적 환자 수는 2,337명에 이르렀다. 29일에는 확진자가 더해져 총 3,150명으로 급증하였으며, 3월 초에는 전국적인 감염 확산세가 계속되었다. 대구 지역의 누적 환자는 당시 2,569명을 넘어섰으며 이는 타지역과 비교해 압도적으로 많은 수치였다. 이러한 대구 지역의 높은 감염자 수는 신천지 대구 다대오 지파에 속한 신도들이 집단으로 모임을 하는 과정에서 대규모 감염이 발생했기 때문이다.

더욱 심각한 문제는 감염자 중 일부가 자신의 신분을 숨기고 이동하며 계속해서 바이러스를 전파하고 있었다는 점이다. 정부와 질병관리본부가 자가 격리를 통보했음에도 불구하고 이 지침을 무시하는 사례들이 적발되었고, 이러한 사례는 언론을 통해 여러 차례 보도되었다. 대구시가 신천지 측에 명단 제출을 요청하여 확보한 자료에 따르면 초기 명단에는 누락된 인원들이 포함되어 있었으며, 이후 조사 결과 센터에서 포섭되어 공부 중인 사람들만 해도 1,983명에 이른다는 사실이 밝혀졌다. 이들을 투명하게 신고하지 않고 방치한다면 신천지의 포섭 활동을 통해 대구뿐만 아니라 전국적으로 코로나19가 빠르게 확산될 위험이 있었다. 실제로 당시 검사 결과에 따르면 신천지와 관련된 감염자가 전체 코로나19 확진자의 80%를 차지하고 있다는 점이 확인되었다. 신천지는 '새 하늘과 새 땅'을 의미하지만 현실에서는 코로나로 뒤덮인 '코로나 천지'였다.

많은 사람이 "코로나에 걸렸다면 스스로 격리하며 조심해야 하지 않는가?"라는 의문을 제기했다. 그러나 신천지 신도들의 이러한 비상식적인 행동은 계속되었다. 도대체 무엇이 이들을 이런 비상식적인 행동을 계속하는 집단으로 몰아간 것일까? 그것은 그들의 내면에 깊이 자리 잡은 교리, 즉 육체 영생 교리가 자리 잡고 있기 때문이다.[55] 육체 영생 교리는 신천지 교리의 핵심을 이룬다. 이 교리 때문에 신천지 신도들은 코로나19 확진 판정을 받았음에도 자가 격리를 거부하고 전도 및 포섭 활동을 계속하려 했다. 앞서 살펴보았던 것처럼 신천지 신도들은 자신들을 '하나님의 씨', 즉 하나님의 말씀으로 태어난 특별한 존재로 여기며 왕 같은 제사장으로 부름받았다는 의식을 가지고 있다. 이들은 아직 제사장이 되지 못했지만, 자신들이 전도의 열매를 많이 맺으면 언젠가 제사장이 되어 영생불사의 존재가 될 것이라 믿었다. 그들은 언젠가 전 세계 사람들이 자신들에게 말씀을 배우기 위해 금은보화를 가져오며 찾아올 것이라는 환상을 품고 있다. 그리고 그때가 얼마 남지 않았고 1, 2년 안에 끝난다고 생각했다.

이들에게는 '왕 같은 제사장'의 부르심과 사명감이 강하게 자리잡고 있다. 하나님은 신천지와 함께하기에 코로나19는 자신을 피해 갈 것이며 자신은 죽지 않을 것이라는 확신도 가지고 있다. 이런 신념은 그들 행동의 우선순위를 결정짓는 요인이 되었다.

이만희 총회장은 당시 사태를 두고 '신천지의 급성장을 막기 위한 마귀의 짓'이라고 언급한 바 있다. 그는 이를 '마귀로 인한 고난'으로 여기며 이 고난을 이겨내야 한다고 주장했다.[56] 이에 따라 신천지 신도들은 코로나19를 단순한 전염병으로 여기지 않고 영적인 전쟁으로 간주하며 이를 극복하려 한다.

그들에게는 올해 안에 제사장이 되는 것이 최우선 과제이다. 자가 격리를 통해 전도 활동이 위축될 경우 제사장의 자격을 잃을 수 있다는 불안감이 있다. 그래서 오히려 이런 상황일수록 더 적극적으로 포섭 활동에 나서는 모습을 보였다.

육체 영생 교리는 단순히 신천지 신도들의 잘못된 행동을 설명하는 수준을 넘어, 종말론, 구원론, 인간론, 성령론, 그리고 신론에 이르기까지 성경적 교리를 왜곡하는 심각한 문제를 일으킨다. 여기서는 신천지의 육체 영생 교리가 무엇인지, 성경적으로 이 교리를 어떻

게 이해해야 하는지, 그리고 성도의 참된 종말적 소망은 무엇인지 깊이 묵상해 보고자 한다.[57]

먼저, 신천지는 육체 영생 교리에 대해 믿고 있는 바의 핵심이 우리가 읽은 요한계시록 20장 4~5절 말씀에 근거한다고 주장한다.

> "또 내가 보좌들을 보니 거기 앉은 자들이 있어 심판하는 권세를 받았더라. 또 내가 보니 예수의 증거와 하나님의 말씀을 인하여 목 베임을 받은 자들의 영혼들과 또 짐승과 그의 우상에게 경배하지도 아니하고 이마와 손에 그의 표를 받지도 아니한 자들이 살아서 그리스도로 더불어 천 년 동안 왕 노릇 하니 그 나머지 죽은 자들은 그 천 년이 차기까지 살지 못하더라. 이는 첫째 부활이라"(계 20:4-5).

이 말씀은 천년왕국이 시작될 때 하늘 보좌에서 일어나는 사건들을 담고 있다. 이 본문에 대한 신천지의 해석을 살펴보자. 4절의 처음 부분을 보면 "또 내가 보좌들을 보니"라는 표현이 나온다. 신천지는 여기에서 보좌들이 있고 거기에 앉은 자들이 있다고 해석한다. 이 앉은 자들은 누구인가? 신천지의 주장에 따르면 이 보좌들은 예수님께서 열두 제자들을 위해 마련한 자리이며 열두 제자의 영혼이 앉아 있는 천상의 보좌라고 한다. 이 보좌는 나중에 신천지가 완성되면 열두 제자의 영혼이 신천지의 열두 지파장의 육체에 임하여 이루어지는 신인합일의 상태를 나타낸다. 즉 하늘에 있는 열두 제자의 영과 신천지 열두 지파장들의 육체가 결합하여 신인합일을 이루고 그 상태로 보좌에 앉게 된다는 것이다.

천년왕국이 완성될 때 신천지에는 열두 지파가 존재한다. 대전에는 맛디아 지파, 대구에는 다대오 지파, 부산에는 야고보 지파 등이 있다. 이 열두 지파의 지파장들은 신인합일을 통해 심판의 권세를 받아 하나님 보좌 주변에 앉게 된다고 한다. 신천지의 교리는 이 열두 지파장들이 열두 제자와 신인합일을 이루기로 하나님께 택함을 받았다고 주장한다. 따라서 이들은 죽지 않고 영생불사하는 존재가 될 것이라고 믿는다.

4절 중반을 보면 열두 지파장 외에도 또 다른 이들이 등장한다. 여기에는 "또 내가 보니"라는 표현과 함께 예수를 증언함과 하나님의 말씀을 전하다가 목 베임을 당한 자들의 영혼이 나온다. 신천지에 따르면 이 말씀에서 말하는 목 베임을 당한 자들의 영혼은 순교자들을 가리킨다. 신앙을 위해 복음을 전하다가 목숨을 잃은 이들이다.

이어지는 본문에서 "짐승과 그의 우상에게 경배하지 않고 이마와 손에 표를 받지 아니한 자들"이 등장한다. 신천지는 이들을 신천지 신도들로 해석한다. 이들이 순교자들과 함께 살아서 왕 노릇한다는 것이다. 신천지는 신천지인들의 육체와 하늘에 있는 순교자들의 영혼이 결합한다고, 14만 4천 명의 신천지 신도와 천상의 14만 4천 순교자들의 영혼이 신인합일을 이루고 그리스도와 함께 천 년 동안 왕노릇하게 된다고 주장한다.

5절에 보면 "이는 첫째 부활이라"는 말씀이 있다. 신천지는 이에 근거해 첫째 부활을 신인합일로 해석한다. 하나님의 신, 즉 성령과 사람이 합일되어 하나가 되는 역사를 가리킨다는 것이다. 그러나 여기에서 신천지가 말하는 성령은 삼위일체 하나님 중 한 분인 성령 하나님이 아니다. 그들이 이야기하는 성령은 하나님께 속한 선한 영, 즉 선령(善靈)을 말한다. 여기서 이들의 왜곡된 삼위일체 이해가 드러난다. 신천지는 예수님의 영도 하나님께 속한 선령으로 간주한다. 예수님의 영이 교주의 육체에 임하면 성령이 육체에 임하여 신인합일이 이루어진다고 주장하는 것이다. 열두 지파장의 경우에는 열두 제자의 영, 곧 하나님께 속한 선령이 임하면 성령과 육체가 하나가 되는 신인합일이 된다고 한다. 또한 14만 4천 순교자들의 영혼 역시 하나님께 속한 거룩한 선령으로 간주하며, 이들이 지상에 있는 신천지의 14만 4천 신도들과 결합하면 신인합일이 이루어진다고 믿는다.

이와 같이 신천지는 하나님께 속한 모든 영, 즉 선령을 성령으로 간주한다. 예수님의 영도 성령, 순교자의 영도 성령, 제자들의 영도 성령, 천사들의 영도 성령이라고 한다. 그러나 이러한 개념은 성령을 삼위일체 하나님 중 한 분으로 이해하는 성경적 교리를 왜곡한 것이다.

신천지는 왜곡된 개념의 성령, 곧 순교자의 영이 신천지 신도들에게 임하면 신인합일이 이루어진다고 주장한다. 이 신인합일의 결과로 더 이상 늙지도 않고 병들지도 않으며 영원히 사는 영생불사의 존재가 된다고 설명한다. 그리고 이러한 영생불사의 존재들이 왕 노릇하며 천년왕국을 다스린다고 주장한다.

6절은 "이 첫째 부활에 참여하는 자들은 복이 있고 거룩하도다. 둘째 사망이 그들을 다스리는 권세가 없고 도리어 그들이 하나님과 그리스도의 제사장이 되어 천 년 동안 그리스도와 더불어 왕 노릇 하리라"고 말씀한다. 신천지의 해석에 따르면 첫째 부활에 참여한다는 것은 신인합일을 통해 영생불사의 존재가 되는 것을 의미한다. 이들에게 첫째 부활에 참여하는 것은 복되고 거룩한 일이다. 둘째 사망이 그들을 다스리지 못할 뿐 아니라 그들이 하나님과 그리스도의 제사장이 되어 천 년 동안 왕 노릇할 것이기 때문이다.

신천지는 죽지 않는 제사장이 되어 왕으로 사는 때가 오면 전 세계에서 수많은 부자가 금은보화를 가지고 와서 하나님의 말씀, 즉 신천지의 말씀을 배우기 위해 찾아올 것이라고 믿는다. 이러한 비전에 사로잡혀 있는 신도들은 그 비전을 완성하기 위해 열심히 전도와 포교 활동에 전념한다. 특히 이 비전이 곧 완성될 시점이라고 믿기 때문에 외부의 방해를 마귀의 방해로 간주하며 더욱 열심히 활동에 몰두한다. 그들은 "마귀가 코로나를 퍼뜨려 자신들이 제사장이 되는 것을 방해하고 있다"라고 생각하며 큰 위기감을 느낀다. 이런 상황에서 신도들은 "올해 안에 모든 것을 완성해야 한다. 나는 택함 받은 제사장이기 때문에 죽음도, 코로나도 피해 간다"는 확신을 가지고 자가 격리를 따르지 않고 포교 활동을 계속했다. 이러한 신념이 신천지 신도들이 자가 격리 지침을 거부하고 숨어다니며 활동을 지속하는 이유인 것이다.

그러나 이들이 믿는 성경적 근거는 과연 성경적으로 타당한 것인가? 이를 자세히 검토해 볼 필요가 있다.

먼저, 4절에서 "내가 보좌들을 보니"라고 기록된 보좌들과 보좌에 앉은 자들은 누구를 가리키는가? 신천지는 이 보좌들이 예수님의 열두 제자와 신천지 열두 지파장이 신인합일을 이룬 상태를 나타낸다고 주장한다. 하지만 '보좌'는 요한계시록에서 다양한 맥락으로 사용된다. 예를 들어, 하나님의 보좌도 등장하고 사탄의 보좌도 등장한다. 그러나 4절에서는 '보좌들'이라고 되어있다. 이는 하나님의 보좌와 구별된 다른, 하늘에 있는 여러 보좌를 의미한다.

요한계시록 20장 11절에서는 하나님의 보좌를 '크고 흰 보좌'로 묘사하며 이를 백보좌라고 부른다. 반면 4절의 '보좌들'은 하늘에 있는 다른 보좌들을 가리킨다. 요한계시록 3장 21절은 "이기는 그에게는 내가 내 보좌에 함께 앉게 하여 주기를 내가 이기고 아버지 보좌에 함께 앉은 것과 같이 하리라"는 약속이 기록되어 있다.

원래 여기 '이기는 그'는 환난과 시련을 이겨낸 소아시아 일곱 교회의 성도들을 의미하며 더 나아가 환난과 시련을 믿음으로 이겨낸 모든 성도를 포함한다. 하나님 보좌에 함께 앉게 하겠다는 약속은 이 땅에서 믿음의 싸움을 잘 싸워 이겨낸 성도들에게 주어진 것이다.

다음으로 요한계시록 6장 9절에는 이 땅에서 승리한 성도들이 등장한다. 이들은 믿음의 절개와 신앙을 끝까지 지키며 승리했으나 육체적으로는 순교를 당했다. 이 순교자들은 하나님 재단 아래에서 자신들의 무고함을 탄원하며 악인들을 심판해 달라고 기도한다. 따라서 하나님의 보좌 주변에는 순교자들이 자리하고 있었다.

요한계시록 20장 4절로 돌아가 보면 "보좌에 앉은 자들이 있어서 심판하는 권세를 받았더라"는 말씀이 나온다. 여기서 '심판하는 권세를 받았다'는 표현은 직역하면 '심판이 그들을 위해 행해졌다'는 뜻이다. 하나님이 순교자들의 탄원을 들으시고 그들을 위해 심판을 행하셨다는 의미이다. 이 장면은 다니엘서에도 나타난다.

"옛적부터 항상 계신 이가 와서 지극히 높으신 이의 성도들을 위하여 원한을 풀어 주셨고 때가 이르매 성도들이 나라를 얻었더라"(단 7:22).

여기서 하나님이 성도들을 위하여 원한을 풀어 주셨다는 것은 그들을 위해 심판을 행하셨다는 뜻이다. 또한 이들이 나라를 얻었다는 것은 왕권을 얻었다는 것을 의미한다. 왕권을 얻으면 왕 노릇을 해야 하며 왕이 앉는 보좌가 필요하다. 따라서 요한계시록 20장 4절의 '보좌들'은 왕 노릇할 성도들을 위한 보좌를 의미한다고 볼 수 있다.

이와 같이 4절의 '보좌들'은 단순히 예수님의 열두 제자와 결합한 신천지 지파장을 가리키는 것이 아니다. 이는 왕 노릇할 모든 성도를 위한 보좌라고 해석해야 성경 본문의 의미와 일치한다.

두 번째로 "예수를 증언함과 하나님 말씀 때문에 목 베임을 당한 자들의 영혼들(A)과 짐승과 우상에게 경배하지 않고 이마와 손에 표 받지 아니한 사람들(B)"은 서로 다른 인물인지 동일한 인물인지 분별하는 것이 중요하다. 언뜻 보면 "예수를 증언함과 말씀 때문에 목 베임을 당한 자들의 영혼들과", 그리고 "짐승과 우상에게 경배하지 않고 표 받지 아니한 자들"이 각각 다른 그룹처럼 보일 수 있다. 신천지는 이 중 '표 받지 않은 사람들'이 신천지 신도들을 가리킨다고 주장하며 이들이 살아서 순교자들의 영혼들과 신인합일을 이루어 왕 노룻한다고 해석한다.

그러나 여기에서 영혼들 '과'라는 표현을 주목할 필요가 있다. 이는 '그리고'라는 접속사로 헬라어 '카이'에 해당하는 등위 접속사 또는 설명 접속사다. 이는 앞에 있는 것을 뒤에서 설명해 주는 역할을 한다. 영어로 표현하면 "that is to say…"와 같은 의미로 '다시 말하면' 또는 '즉'이라는 뜻이다. 이는 "목베임을 당한 자들의 영혼들, 즉 짐승과 우상에게 경배하지 않고 표 받지 아니한 자들"을 뜻한다. 이러한 의미는 영어 성경이나 다른 성경 역본에서도 명확하게 드러난다. 공동번역성경은 이렇게 설명한다. "나는 또 많은 높은 좌석과 그 위에 앉아 있는 사람들을 보았습니다. 그들은 심판하는 권한을 받은 사람들이었습니다. 예수께서 계시하신 진리와 하나님의 말씀을 전파했다고 해서 목이 잘린 사람들의 영혼을 보았습니다. 그들은 짐승이나 그 외 우상에게 절하지 않고 이마와 손에 낙인을 받지 않은 사람들입니다. 그들은 살아서 그리스도와 함께 천 년 동안 왕 노릇했습니다."

이 진술은 앞에서 언급된 '목이 잘린 사람들의 영혼'과 '짐승과 우상에게 절하지 않고 낙인을 받지 않은 사람들'이 동일한 인물임을 명확히 보여준다. 그들은 짐승과 우상에게 절하지 않고 낙인을 받지 않아 순교하게 된 자들이다. 따라서 요한계시록 20장 4절과 5절을 이해할 때 '또'와 '내가 보니'라는 표현을 올바르게 해석하지 않으면 본문의 의미를 오해할 소지가 크다. 이 구절은 이들이 땅에서는 죽임을 당했으나 하늘에서는 왕 노릇하고 있음을 말씀하고 있다.

마지막으로 4절에서 '살아서'라는 표현은 신천지가 주장하는 신인합일의 '살아서'가 아니라 영혼이 살아있다는 의미이다. 이 영혼이 살아있는 상태를 5절에서는 '첫째 부활'이라고 표현한다. 이는 육신이 죽고 영혼이 살아 하나님과 함께 있는 상태를 가리킨다. 반면 둘째 부활은 우리의 영혼과 몸이 다시 하나가 되는 상태를 의미한다.

우리는 언젠가 하나님의 심판대 앞, 곧 백보좌 심판대 앞에 서게 될 것이다. 이때 우리의 영혼과 몸이 하나가 된다. 이것은 신인합일이 아니라 온전한 전인이 되는 상태를 의미한다. 하나님께서 우리를 처음 창조하실 때를 생각해 보자. 하나님은 흙으로 사람의 형상을 빚으신 후 그의 코에 생기를 불어넣으셨다. 그 결과 사람은 생령, 곧 생물(living creature, living being)이 되었다. 사람은 육신만으로는 존재할 수 없고 영혼만으로도 온전한 존재가 될 수 없다. 온전한 사람은 영과 육이 하나로 결합된 존재이다.

이러한 온전한 상태로 우리는 장차 하나님의 심판대 앞에 서게 된다. 영과 육이 분리된 상태에서 죽었더라도 심판 때가 되면 영과 육이 다시 결합되어 하나님 앞에 나아가게 되는 것이다. 죽은 자, 큰 자, 작은 자 할 것 없이 다 하나님 앞에 심판받는다(계 20:12). 이때가 되면 바다가 죽은 자들을 내어주고 사망과 음부도 내어준다(계 20:13). 모든 사람이 하나님 앞에 서게 되며 누구든지 생명책에 기록되지 못한 자는 불못에 던져진다(계 20:15). 생명책은 예수 그리스도의 복음을 믿고 예수 그리스도의 생명을 얻게 된 자들의 이름이 기록된 책이다. 만약 이 책에 이름이 기록되지 않았다면 그 사람은 불못에 떨어진다. 이러한 불못에 떨어지는 경험이 '둘째 사망'이다. (계 20:14). 반면 복음을 믿었던 이들은 불못에 떨어지지 않고 온전한 부활의 몸으로 새 하늘과 새 땅에 거하게 된다. 이것이 바로 둘째 부활이다.

이렇게 볼 때 첫째 부활은 영혼의 부활을 의미한다. 그리고 둘째 부활은 우리 죽었던 몸이 다시 살아나는 부활이다. 사도신경의 "몸의 부활을 믿사오며"라는 고백이 바로 이러한 믿음을 반영한다. 그렇다면 첫째 부활을 경험한 영혼이 하늘 보좌에서 그리스도와 함께 천 년 동안 왕 노릇한다는 것은 무슨 뜻일까?(계 20:6). 여기서 천년왕국과 관련된 올바른 이해가 중요하다. 천년왕국은 그리스도가 온 세상의 왕으로 다스리는 시대를 의미한다. 그렇다면 그리스도가 온 세상의 왕으로 통치하는 시기는 이 세상이 끝난 후에 시작되는 것일까? 아니면 이미 시작된 것일까? 이 점을 이해하는 것이 건강한 천년왕국의 신앙을 갖는 관건이다.

빌립보서 2장 9~11절을 보면 다음과 같은 말씀이 나온다. '이러므로'라는 표현으로 시작되는데 이는 앞선 구절에서 '예수께서 우리 죄를 위하여 십자가에 죽으셨으므로'라는 의미를 담고 있다. 예수님이 십자가에 죽으셨기 때문에 하나님께서 그를 다시 살리시고 지극히 높이셨다. 이어서 모든 이름 위에 뛰어난 이름을 주사 하늘에 있는 자들과 땅에 있는 자들과 땅 아래에 있는 자들이 모두 예수의 이름에 무릎 꿇게 하셨다. 또한 모든 입으로 예수 그리스도를 주라 시인하며 하나님 아버지께 영광을 돌리게 하셨다.

이 말씀은 예수님이 '주'라는 것이 무엇을 의미하는지 분명히 한다. 이는 예수님이 부활 승천하신 이후 천상에서 온 세상을 다스리시는 주인, 곧 왕이라는 뜻이다. 지금 이 순간에도 예수님께서는 하늘에서 온 세상의 주인으로 왕 노릇하고 계시다. 천년왕국에 대한 바른 이해는 바로 여기에 있다. 천년왕국은 이 세상이 다 끝난 후에야 찾아오는 것이 아니다. 지금 이 시대, 하늘에서 그리스도께서 온 세상을 통치하시는 지금 이때가 바로 천년왕국 시대인 것이다.

천 년은 문자 그대로의 천 년이 아니라 많음과 오랜 시간을 상징하는 숫자이다. 요한계시록에 나오는 숫자는 상징적 의미를 담고 있다. 두 증인(증거의 합법적 수 '2'), 삼위일체 하나님의 완전수인 '3', 불완전함을 의미하는 '6', 완전수 '7', 많음을 의미하는 '10' 등은 모두 상징적인 숫자이다. 이렇게 볼 때 1000은 10×10×10으로 매우 많음을 뜻한다.

따라서 천년왕국은 문자 그대로의 천 년이 아니라 지금 그리스도께서 온 세상을 통치하시는 부활 승천 이후로부터 지금까지의 긴 시간을 뜻한다. 즉 천년왕국은 바로 우리가 살아가는 이 시대인 것이다. 천년왕국을 신천지의 주장처럼 열두 보좌와 144,000이 신인합일을 이루는 방식으로 해석하면 논리적으로 곤란한 상황이 발생한다. 만약 신천지의 천년왕국이 지금 시작되었다고 한다면 신인합일이 완성되지 않은 현재 상황에서 왕 노릇은 불가능하다. 144,000이 아직 완성되지 않았다면 천년왕국이 아직 시작되지 않았다는 말이 되고 만다.

또한 문자적인 천년왕국이 실제로 이루어져야 한다는 주장 역시 근거가 부족하다. 왜? 아직 신인합일이 일어나지도 않았는데 소위 천년왕국, 즉 새 하늘 새 땅이라고 하는 신천지의 역사는 이미 시작되었기 때문이다. 게다가 신천지의 열두 지파장은 영원히 살아야 하고 바뀌어서도 안 된다. 그러나 실제로는 지파장 중 여러 명이 사망했고 후임으로 교체된 예도 있다. 이러한 사례는 신천지의 교리가 현실과 맞지 않음을 명백히 보여준다.

둘째로 144,000이 순교자의 영과 신천지 신도들의 육체가 신인합일을 이루는 것을 의미한다면 현재 신천지 신도의 수와 맞지 않는다. 초기에는 144,000이 되면 신인합일이 이루어진다고 가르쳤고, 이를 위해 포섭 활동에 열중했다. 그러나 현재 신천지 신도의 수가 20만 명을 넘어가자, 교리는 바뀌었다. "144,000 중 진짜와 가짜가 있다", "알곡과 가라지가 있다"고 주장하며, 이제는 각 지파별로 1만 2천 명이 되어야 진정한 144,000이라고 말한다. 이렇게 가르침이 계속 바뀌면서 신인합일은 점점 더 멀어진 목표가 되고 있다.

셋째로 신천지 신도들은 코로나19를 피할 수 없었다. 자신들이 왕 같은 제사장이 될 운명이라 코로나19가 피해 갈 것이라고 믿었지만 현실은 달랐다. 이런 상황에서 신천지 신도들은 자신들뿐만 아니라 주변 사람들에게도 심각한 위험을 끼쳤다. 건강한 시민 의식이라면 전염병 상황에서 철저히 조심하고 자신을 스스로 격리했어야 했다. 그러나 그들은 포섭 활동을 멈추지 않았다.

이제 우리는 오직 예수 그리스도 한 분만이 참된 구주이심을 믿어야 한다. 그분께서 지금 하늘에서 온 세상을 다스리고 계신다. 천년왕국은 먼 미래에 오는 것이 아니라 그리스도의 부활 이후 하늘에서 시작된 통치의 시대이다.

하나님의 백성은 예수님을 왕으로 고백하며 그 앞에 무릎을 꿇고 그분께 소원을 아뢸 수 있다.

"내 백성이 그들의 악한 길에서 떠나 스스로 낮추고 기도하여 내

얼굴을 찾으면 내가 하늘에서 듣고 그들의 죄를 사하고 그들의 땅을 고칠지라"(대하 7:14).

우리 모두는 이 세상을 다스리시는 예수 그리스도께 참된 영광을 돌려야 한다. 잘못된 이단 사설에 미혹되었던 마음을 돌이켜 참된 구주 예수 그리스도께로 돌아가야 한다. "주여, 이 땅을 고쳐 주옵소서." 믿음으로 기도하며 오직 참된 주 예수 그리스도의 말씀을 붙들고 나아가기를 바란다.

● 설교 제목 : 안식일이 무엇이길래
● 설교 본문 : 마태복음 12:1-8

최근 들어 우리나라의 대표적인 기업인 삼성전자가 위기에 처해있다고들 한다. 특히 큰 기대를 갖고 야심 차게 시작했던 파운드리 시장에서는 대만 TSMC와의 격차가 갈수록 크게 벌어지고 있다. 반도체 회사는 보통 팹리스와 파운드리로 구분된다. 엔비디아나 퀄컴 같은 세계적인 반도체 회사들은 반도체 생산라인 없이 반도체 설계만을 주로 하는 회사다. 이렇게 생산시설이 없이 설계만을 전문으로 하는 회사를 팹리스라고 한다. 반면 파운드리는 팹리스가 계발한 반도체 설계도를 넘겨받으면 받은 그대로 위탁 생산하는 회사를 뜻한다.

전 세계에 AI 열풍이 불고 자동차에 자율주행 바람이 불면서 파운드리 시장의 규모는 해마다 크게 성장하고 있다. 이런 시장의 잠재력을 보고 비메모리 반도체 생산 경험과 기술이 풍성한 삼성은 파운드리 시장의 강자가 되겠다고 나섰다. 하지만 그 점유율이 영 신통치 않다. 대만의 TSMC가 파운드리 시장의 60%를 차지하지만 삼성은 10% 정도밖에 되지 않는다. 도대체 이런 격차가 벌어지는 이유가 무엇일까?

얼마 전 나온 「TSMC, 세계 1위의 비밀」이란 책에서 그 이유를 자세히 파헤치고 있다.[58] 이 책을 쓴 사람은 대만 경제일보에서 오랫동안 TSMC를 취재했던 린훙원이라는 경제 전문기자다. 그는 책에서 삼성전자가 파운드리에서 TSMC를 따라잡기 힘든 이유를 다음과 같이 분석한다. 한마디로 TSMC는 파운드리 기업의 본질에 충실한 기업인 반면, 삼성전자는 업의 본질에 잘 맞지 않기 때문이라는 것이다. 무슨 말인가?

TSMC의 경우에는 자체로 자사 반도체를 설계하거나 생산하지 않는다. 또 반도체를 사용하는 전자제품을 만들지도 않는다. 그저 고객사가 의뢰한 제품을 충실하게 만들어주고 고객사의 설계 보안을 철저하게 지켜준다. 하지만 삼성은 그렇지 않다. 삼성전자는 자체로 스마트폰, 컴퓨터, 가전제품 등에 있어서 세계적인 회사다. 자체적으로 반도체 칩도 생산한다. 그런데 동시에 파운드리 사업도 한다. 그러니 삼성전자 경쟁사의 경우 자사의 반도체 설계도를 믿고 맡겨 위탁 생산하기가 쉽지 않은 것이다. 애플이 자사의 핵심 반도체칩을 생산하는데 가장 강력한 라이벌인 삼성전자에 맡기기 쉬울까? 물론 삼성전자의 기술력과 생산 공정력은 세계 최고지만 파운드리 사업은 그 업의 본질상 기술 이전에 신뢰 문제다. 이 파운드리 회사에 우리 회사의 핵심 기술이 집약된 설계도를 넘겨도 되겠는가,라는 문제에 있어서 삼성은 매우 조심스러운 상대인 것이다. 결국 업의 본질에 얼마나 충실한가가 관건이 되는 것이다.

우리는 하루하루 바쁜 일정에 밀려 살다 보면 종종 본질을 놓치는 경우가 많다. 열심히 일하는 것도 중요하지만 일하는 이유와 목적을 잃고 그저 달려가다 보니 그냥 열심히 달려간다. "뭣이 중헌디?" 전에 한 영화에서 유행한 말이다. 진리를 추구하는 성도라면 본질이 무엇인가를 볼 수 있는 안목이 있어야 한다. 우리는 주일을 지키기 위해 이곳에 모였다. 그렇다면 물어볼 필요가 있다. 주일에는 뭣이 중헌디? 이 문제가 본문에도 나타난다.

> "그 때에 예수께서 안식일에 밀밭 사이로 가실 새 제자들이 시장하여 이삭을 잘라 먹으니 바리새인들이 보고 예수께 말하되 보시오 당신의 제자들이 안식일에 하지 못할 일을 하나이다"(마 12:1-2).

예수께서 안식일에 제자들과 함께 밀밭 사이로 지나가고 계셨다. 그런데 배가 고픈 제자들이 밀밭을 지나가다 이삭을 잘라 먹었다. 우리 생각에 이건 다른 사람의 곡식을 몰래 훔쳐 먹는 것이 아닌가 생각할 수 있다. 하지만, 신명기는 배가 고플 때 이러한 행위를 하는 것을 허용한다.

> "네 이웃의 포도원에 들어갈 때에는 마음대로 그 포도를 배불리 먹어도 되느니라. 그러나 그릇에 담지는 말 것이요 네 이웃의 곡식밭에 들어갈 때에는 네가 손으로 그 이삭을 따도 되느니라. 그러나 네 이웃의 곡식밭에 낫을 대지는 말지니라"(신 23:24-25).

하나님은 이스라엘이 은혜와 긍휼의 공동체가 되기 원하셨다. 배고프면 이웃의 밭에서 허기짐을 면할 수 있도록 허락하셨다. 단, 그릇에 담아가거나 낫으로 잔뜩 거두어 가는 것은 금하셨다. 성경이 허용하는 이런 행위에 대해 바리새인들은 예수님께 문제를 제기한다. 아니 예수님 당신의 제자들이 안식일에 해서는 안 되는 일을 하는데요?

지금 바리새인들이 제기하는 문제는 제자들이 이런 일을 안식일에 행한다는 것이다. 유대인들은 안식일을 잘 지키기 위해 여러 가지 세칙을 규정하고 있었다. 그도 그럴 것이 안식일은 십계명 중에서도 가장 많은 분량을 할애한 중요한 계명이고, 유대인들은 안식일을 잘 지키는 것을 목숨보다 소중하게 여겼다.

"안식일을 기억하여 거룩하게 지키라. 엿새 동안은 힘써 네 모든 일을 행할 것이나 일곱째 날은 네 하나님 여호와의 안식일인즉 너나 네 아들이나 네 딸이나 네 남종이나 네 여종이나 네 가축이나 네 문안에 머무는 객이라도 아무 일도 하지 말라. 이는 엿새 동안에 나 여호와가 하늘과 땅과 바다와 그 가운데 모든 것을 만들고 일곱째 날에 쉬었음이라. 그러므로 나 여호와가 안식일을 복되게 하여 그 날을 거룩하게 하였느니라"(출 20:8-11).

하나님이 이렇게 안식일에 아무 일도 하지 말고 쉬라고 하신 것은 무엇 때문일까? 그것은 이제 이스라엘 백성은 하나님의 통치 아래, 하나님의 새로운 시간 질서 아래 사는 사람임을 삶으로 선포하기 위해서다. 이스라엘 백성들은 출애굽하기 전까지 애굽에서 노예로서 쉼 없이 일만 했다. 그런데 이제 하나님의 구원받은 백성이 되고 하나님은 이들이 더 이상 일의 노예, 제국의 노역 스케줄에 떠밀려 사는 제국의 백성이 아니라 하나님 나라의 시간 질서에 속한, 하나님의 창조 질서에 속한 백성으로 하나님의 영광을 위해 사는 백성임을 선포하도록 하신 것이다. 그 대표적인 것이 바로 안식일을 지키며 그날 모든 일을 멈추는 것이다. 더 이상 일의 노예, 돈의 노예가 아니라 하나님의 백성으로 살아감을 선언하는 것이다. 그래서 한날을 온전히 하나님의 창조 세계 안에, 하나님의 임재 안에 쉬며 하나님을 예배하는 백성으로 지낸다. 하나님은 이를 위해 일하지 말고 쉬라고 하셨다.

이스라엘 백성들은 이 말씀을 더 잘 지키기 위해 일을 한다는 것이 무엇이냐를 놓고 하나하나 따지기 시작했다. 당시 서기관과 바리새인들은 안식일을 철저하고 거룩하게 지키기 위해서 하지 말아야 할 세부 조항 39개를 만들었다. 씨 뿌리기, 쟁기질하기, 추수하기, 단 묶기, 타작하기, 키질하기, 곡물 고르기, 곡물 빻기, 두 실 짜기, 두 실 풀기, 두 글자 쓰기, 두 글자 쓰기 위해 두 글자 지우기, 불 끄기, 불 피우기, 한 영역에서 다른 한 영역으로 짐 나르기 등등. 그리고 조항마다 6개씩 세칙을 만들어 모두 234개의 조항을 만들어 지켰다. 얼마나 꼼꼼하고 철저한지 모른다. 지금도 이스라엘에 가면 안식일에 엘리베이터가 한 층씩 자동으로 올라가 선다. 왜? 버튼을 누르는 것이 일이기 때문이다. 한국 사람이 타면 속 터진다.

이런 세칙들을 원래의 의도대로 다 지키고 나면 어떠해야 하는가? 주님께 더욱더 가까워져야 한다. 그런데 문제는 안식일을 지키는데 이 조항을 잘 지키는 것 자체가 관심거리가 되다 보니 주님께 가까워지기는커녕, 과연 옆 사람이 제대로 지키나 예의주시하며 흠 잡을 것을 관찰한다. 결국 안식을 잃어버리고 안식일 세칙의 준수 여부 자체가 안식일의 목적으로 바뀌어 버린 것이다. 바리새인들은 제 자들이 안식일에 배가 고파 밀 이삭을 잘라 먹은 것을 일종의 추수 행위로 간주했다.

원래의 의도는 안식일에 밭일을 하지 말라는 뜻이지만(출 34:21), 여기서 바리새인들은 배가 고파 밀 이삭을 잘라 먹는 행위까지 추수 행위로 본 것이다. 그러자 예수님은 두 가지 사례를 들며 참된 안식 일의 의미가 무엇인지를 설명하신다.

"예수께서 이르시되 다윗이 자기와 그 함께 한 자들이 시장할 때에 한 일을 읽지 못하였느냐. 그가 하나님의 전에 들어가서 제사장 외에는 자기나 그 함께한 자들이 먹어서는 안 되는 진설병을 먹지 아니하였느냐"(마 12:3-4).

먼저 다윗의 사례다. 사무엘상 21장에 보면 사울왕이 다윗을 반 역자로 몰아 붙잡아 죽이려고 추격해 왔을 때 다윗은 한밤중에 급하 게 도망가다가 제사장 아히멜렉의 숙소로 숨어 들어간다. 거기서 다 윗은 너무나 배가 고파 안식일에 성전에 진설하는 성전 제사 규정에 명시된 떡을 달라고 하여 얻어먹고 시장기를 면한다. 어떻게 보면 제 사장만 먹게 되어있던 진설병을 먹으므로 명백히 율법을 어긴 것이 다. 그런데도 성경은 다윗이 율법을 어겼다고 다윗을 정죄하지 않는다. 제사장 아히멜렉은 왜 다윗에게 진설병을 주었을까? 다윗은 사울을 이어 왕이 될 기름 부음을 받은 인물이었고 지금 거룩한 임무를 수행 중이라고 여겼기 때문이다. 만약 다윗과 그를 따르던 사람이 배고픔을 해결하기 위해 율법을 어기고 안식일에 진설병을 먹었다면 예수님과 그의 제자들이 이렇게 하는 행위 또한 정당화된다는 것이다. 다윗과 그의 부하들이 이 일로 비난을 받지 않았다면 예수님과 그의 제자들 역시 비난받지 말아야 한다는 것이다.

예수님은 이어 두 번째 사례를 말씀하신다.

> "또 안식일에 제사장들이 성전 안에서 안식을 범하여도 죄가 없음을 너희가 율법에서 읽지 못하였느냐"(마 12:5).

안식일에 가장 힘든 일을 하는 사람이 누구냐, 제사장들이다. 이스라엘 백성은 쉬다가 제사 드리러 오면 되지만 제사장은 제사드리러 오는 이스라엘 백성들을 위하여 제사를 준비하고 수행해야 한다. 구약시대에 하나님께 제사를 드리려면 여러 가지 준비가 필요했다. 동물을 죽이고 동물 가죽을 벗기고 피를 쏟고 창자를 따로 모으고 배설물도 모아서 따로 두고 불로 태운다. 땀범벅이 되고 머리도 그을린다. 노동의 양으로 치자면 엄청난 중노동이었다. 원칙대로 하면 이것은 안식일에 노동하는 것과 다름없었다. 이 모든 것이 다 노동이라는 것이다. 이런 논리로 바리새인들이 안식일에 성경을 가르치고 회당에서 봉사하는 것도 노동으로 볼 수 있다. 그럼에도 불구하고 하나님께서는 이들을 향하여 안식일을 범했거나 죄가 있다고 하지 않는다는 것이다. 그러면서 말씀하신다.

"내가 너희에게 이르노니 성전보다 더 큰 이가 여기 있느니라"
(마 12:6).

예수님은 성전보다 더 크다는 것이다. 성전의 핵심은 무엇인가?
하나님의 임재가 있고 하나님과의 관계가 회복되는 데 있다. 예수님
은 이 땅에 임마누엘로 오셨다(마 1:23). 예수님이 성전보다 크다면
우리는 성전이 안식일보다 크다는 것 또한 이해할 수 있어야 한다.
안식일을 온전히 지키기 위해 성전에서 예배드리고 제사를 드린다.
제사장은 안식일을 위해 성전에서 안식일의 규정을 어긴다. 성전의
권위가 안식일 위에 있기 때문이다. 그런데 예수님은 이 성전의 궁극
적인 목적을 성취하셔서 안식일 위에 계시다. 그렇다면 예수와 함께
있는 제자들은 비난받을 것이 아니라 무죄하다. 안식일에 예수와 함
께 있는 것이 안식일의 궁극적인 목적을 성취한 것이기 때문이다. 예
수께서 앞서 무엇이라 말씀하셨는가?

"수고하고 무거운 짐 진 자들아 다 내게로 오라 내가 너희를 쉬게
하리라"(마 11:28).

예수께 나아가 참된 안식을 누리라고 하신다. 그렇다면 성전보다
크신 예수님에게 나아가는 것, 그분과 함께하는 것이 궁극적인 안식
일의 목적을 성취하고 성전의 목적을 성취하는 것이다. 예수님이 우

리가 그분께 나아갈 때 원하시는 것이 무엇일까? 그분의 사랑을 힘입고 주님을 사랑한다고 고백하며 서로 사랑함으로 나아가는 것이다.

> "나는 자비를 원하고 제사를 원하지 아니하노라 하신 뜻을 너희가 알았더라면 무죄한 자를 정죄하지 아니하였으리라"(마 12:7).

그렇기에 신약의 성도들은 이제 예수 그리스도께서 부활하신 안식일 다음 첫날인 주일을 지킨다. 안식일의 참된 목적을 성취한 예수 그리스도께서 부활하신 날을 지키는 것이다. 예수께서는 결론적으로 말씀하신다.

> "인자는 안식일의 주인이니라 하시니라"(마 12:8).

원문에는 앞에 '가르'라는 접속사가 들어있다. 우리말로 하면 '그러므로', '그런고로'라는 뜻이다. 결론적으로 예수님이 안식일의 주인이다. 그래서 예수께 나아가 예수 안에 안식하고 예수와 동행하며 그분께 사랑을 고백하고 찬양하며 그분의 임재 안에 거하는 것이 안식의 참된 의미, 아니 주일의 참된 의미인 것이다. 이는 예수께서 안식일 율법의 참된 의도를 최종적으로 성취하신 분임을 의미한다. 여기서 우리는 다음의 말씀을 다시 한번 생각해 보아야 한다.

> "내가 율법이나 선지자를 폐하러 온 줄로 생각하지 말라. 폐하러 온 것이 아니요 완전하게 하려 함이라"(마 5:17).

불완전한 율법은 예수 그리도스를 통해 완전하게 된다. 안식일의 율법도 마찬가지다. 안식은 예수 그리스도에게로 나아갈 때 온전히 성취된다. 이런 면에서 초대 교회 성도들은 안식일을 지키기보다 예수님이 부활하신 안식 후 첫날, 주일을 거룩한 날로 지켰다. 주님이 부활하신 날은 죄와 사망의 권세를 이기신 날이며 부활하심으로 온 세상의 주로 선포된 날이다. 안식일의 참된 목적인 예수 그리스도를 온전히 발견한 날인 것이다.

어떤 이단들은 안식일을 토요일에 제대로 지켜야 구원받는다고 한다. 그러면서 안식일을 제대로 지키지 않고 일요일로 지키면 짐승의 표 666을 받는 것이라고 주장한다. 안식일은 원래 토요일이었는데 그것을 로마의 콘스탄티누스 황제가 일요일(Sunday), 즉 태양을 숭배하는 날로 변개시켰다고 한다. 따라서 안식일을 일요일로 지키는 것은 태양신을 섬기는 날이라는 것이다. 하지만 이런 논리라면 토요일(Saturday)은 토지의 신 새턴(Saturn)을 섬기는 날과 같다는 논리도 성립한다. 오히려 성경은 하나님을 '해' 곧 태양으로 비유한다.

"여호와 하나님은 해요 방패시라"(시 84:11).

이단들의 공격 논리대로라면 하나님은 해이시기에 우리가 주일을 지키는 것은 전혀 걸림돌이 될 수 없다. 더 나아가 성경은 신약의 성도들은 더 이상 안식일, 유월절과 같은 절기를 지키는 율법에 얽매이지 않는다고 말씀한다.

"그러므로 먹고 마시는 것과 절기나 초하루나 안식일을 이유로 누구든지 너희를 비판하지 못하게 하라. 이것들은 장래 일의 그림자이나 몸(실체라는 뜻)은 그리스도의 것이니라"(골 2:16-17).

요컨대 성도는 하나님이 창조하신 새로운 시간 질서 안에 살아가는 존재다. 성도는 안식일이 아닌 부활하신 그리스도를 높이는 주일에 예배드린다. 부활하신 그리스도를 높이며 그가 부활하신 주일에 기쁘게 예배하며 주께 가까이 나아가는 복된 성도되기를 바란다.

- 설교 제목 : **참된 안식일에 무엇을 해야 할까?**
- 설교 본문 : **마태복음 12:9-14**

요즘 전 세계가 점점 커다란 위기 가운데 들어가고 있다. 슈퍼 박테리아가 지구촌에 급증하고 있기 때문이다. 슈퍼 박테리아는 세균을 죽이는 항생제에 내성이 생겨 더 이상 항생제가 듣지 않는 괴물 박테리아를 가리킨다. 항생제가 듣지 않으면 인체 내의 균이 죽지 않고 더욱 활발하게 퍼져가다 결국에는 치명적인 죽음에 이르게 된다. 전세계 사망원인 3위가 슈퍼 박테리아로 인한 항생제 내성이다.[59]

슈퍼 박테리아의 확산은 전쟁과도 밀접한 관계가 있다. 전쟁이 일어나 부상자가 속출하면 상처를 치료하기 위해 항생제를 투여한다. 항생제는 몸 안의 세균을 죽이거나 증식을 억제하는 기능을 한다. 그런데 전쟁이 3년째 장기화되면서 계속해서 항생제가 사용되고 상처가 심한 부상자들에게는 과도하게 사용하다 보니 전쟁터가 항생제에도 끄떡없는 슈퍼 박테리아의 번식지가 된 것이다. 원래의 선한 의도와는 달리 전혀 다른 부작용이 나오고 있는 것이다.

이런 부작용은 하나님께서 이스라엘에게 주신 안식일 율법에서도 마찬가지였다. 하나님이 이스라엘 백성에게 안식일을 주신 이유가 무엇인가? 더 이상 세상 제국의 노예로 살아가지 말고 하나님이 정하신 날에 시간과 공간의 질서를 새롭게 하여 하나님의 창조 질서 아래 참된 만족과 안식을 맛보도록 주신 것이다.

하지만 바리새인들은 안식일의 원래 의도와는 달리 안식일을 잘 지키기 위한 모든 세세한 규정들을 만들고 사람들에게 무거운 짐을 지웠다. 이에 대해 예수님은 무엇이라 말씀하셨는가? "인자가 안식일의 주인"이라고 하셨다(마 12:8). 이 말은 예수님이 바로 안식일의 참된 의도와 목적을 성취하신 분이라는 뜻이다.

본문에서는 참된 안식과는 정말 거리가 먼 바리새인이 도저히 수용할 수 없는 파격적인 일이 일어나고 있다. 본문의 시작인 9절을 함께 읽어보자.

"거기에서 떠나 그들의 회당에 들어가시니"(마 12:9).

예수께서 밀밭에서 바리새인과 대화를 나누시고 이제 회당에 들어가신다. 그런데 여기 주의해야 할 표현이 있다. 누구의 회당인가? "그들의 회당"이다. 그들은 앞서 예수님과 논쟁했던 바리새인을 가리킨다. 바리새인들은 회당에서 율법을 연구하고 준수하고 가르치는 데 매우 중심적인 역할을 했다. 성경이 회당을 "그들의 회당"이라고 한 것은 예수님의 가르침과 유대교 사이에 벌어진 간격을 분명하게 보여

주는 표현이다. 성경은 종종 예수님과 유대교의 회당을 구분한다.

> "예수께서 온 갈릴리에 두루 다니사 그들의 회당에서 가르치시며
> 천국 복음을 전파하시며 백성 중의 모든 병과 모든 약한 것을 고
> 치시니"(마 4:23).

자, 여기 보면 누구의 회당인가? "그들의 회당"이다. 여기서도 예
수님과 유대교를 구분한다. 그렇다면 예수님은 회당에 왜 들어가셨
는가? 안식일을 지키러 가셨는가? 아니다. 회당에 가면 그 지역의 모
든 사람을 다 만날 수 있다. 예수님은 그 지역의 모든 사람을 한 장소
에서 만나 천국 복음을 전파하고 백성들의 연약한 것을 고치러 들어
가신 것이다. 따라서 성경은 예수님이 회당에 들어가는 것이 안식일
을 지키러 간 것이 아니라 복음을 전하기 위해서임을 종종 말씀한다.
안식일을 유대 율법에 따라 토요일에 지켜야 한다고 주장하는 이
단단체들이 있다. 이들은 예수님도 안식일을 지켰으니 우리도 지켜
야 한다고 한다. 이들이 말하는 대표적인 구절이 누가복음 4장이다.

> "예수께서 그 자라나신 곳 나사렛에 이르사 안식일에 늘 하시던 대
> 로 회당에 들어가사 성경을 읽으려고 서시매"(눅 4:16).

여기 "안식일에 늘 하시던 대로" 회당에 들어갔다는 한다. 예수님
이 늘 안식일을 지키셨던 것처럼 회당에 들어가 안식일을 지켰다는
것이다. 하지만 성경은 예수께서 들어가신 회당을 "그들의 회당"이

라고 하시며 분명한 선을 긋는다. 그렇다면 '안식일에 하시던 대로'
라는 말은 무슨 의미일까?

안식일에 "하시던 대로"는 직역하면 '관습(custom)을 따라' 라는
의미다. 헬라어 '에이오다' 가 사용되었다. '에이오다' 는 풍습, 관례를
따른다는 뜻이다. 즉 예수께서 회당에 들어가신 것은 유대인들이 안
식일에 행하던 관습대로, 풍습대로 회당에 들어가셨다는 것이다. 이
어지는 말씀에 예수님이 들어가셔서 하신 일을 보면 자신이 바로 이
사야서에서 예언한 바로 그 메시아임을 선포하신다. 회당에서 이 말
씀을 들은 유대인들은 분노해서 예수님을 동네 밖으로 끌고 가서 낭
떠러지에 밀치려고 했다. 이런 것 보면 예수님이 안식일에 회당에 들
어가신 것은 안식일을 지키러 가신 것이 아님이 분명하다. 예수님은
복음을 전하러 사람이 많이 모이는 안식일을 사용하신 것이다. 예수
님은 그들의 회당에서 그들이 지키는 안식일이 참된 안식을 줄 수 없
음을 아셨다. 왜? 참된 안식은 복음을 전하여 예수께 나아올 때 임하
기 때문이다. 이것은 사도 바울에게 있어서도 마찬가지다.

"바울이 자기의 관례대로 그들에게로 들어가서 세 안식일에 성경
을 가지고 강론하며 뜻을 풀어 그리스도가 해를 받고 죽은 자 가
운데서 다시 살아나야 할 것을 증언하고 이르되 내가 너희에게 전
하는 이 예수가 곧 그리스도라 하니"(행 17:2-3).

여기서도 바울이 자기의 "관례대로" 그들에게로 들어갔다고 한
다. 여기 '관례' 도 영어 성경에 'custom' 으로 되어있다. 여기서도 동

일한 헬라어 동사 '에이오다'가 사용되었다. 관습은 관례로 하는 습관을 말한다. 유대인으로 자란 바울은 유대인의 관례를 따라 회당에 갔다. 여기서 회당에 갔다는 표현을 '그들'에게 갔다고 한다. "그들의 회당"(마 12:9)과 같이 바울과 유대인, 복음과 유대교를 구분하는 표현인 것이다. 바울은 그들이 있는 유대 회당에 가서 무엇을 했는가? 그들의 안식일을 지켰다고 하는가? 아니다. 바울은 십자가에서 죽으시고 부활하신 예수 그리스도의 복음을 전했다.

여기서 우리가 기억해야 할 중요한 점이 있다. 신약성경을 자세히 조사해 보면 신약에는 '안식일을 지키라'는 명령이 단 한 군데도 나오지 않는다는 사실이다. 안식일 지키는 것이 그렇게 중요하면 예수님이 직접 말씀하셔야 하지 않겠는가? 팔복에 하나를 더 추가해서 구복을 선포하셔야 했을지도 모른다. "안식일을 지키는 자는 복이 있나니 천국의 안식이 저들에게 임할 것이요." 하지만 예수님은 그렇게 말씀하지 않았다. 신약성경에는 안식일을 지키라는 명령은 단 한마디도 나오지 않는다. 왜 그럴까? 그 이유가 두 가지 있다.

첫째, 성경은 안식일이 장차 폐할 것이라고 예언하기 때문이다.

"내가 그의 모든 희락과 절기와 월삭과 안식일과 모든 명절을 폐하겠고(호 2:11)

왜 모든 절기와 월삭과 안식일을 폐한다고 하실까? 그것은 신약성경이 안식일을 지키라고 언급하지 않는 바로 두 번째 이유로 연결된다. 그것은 예수님이 안식일과 모든 절기의 궁극적인 의도와 목적을 성취하셨기 때문이다. 본문에는 예수님이 안식일의 궁극적인 목적을 성취하신 분임을 선명하게 보여주는 사건이 일어난다.

"한쪽 손 마른 사람이 있는지라. 사람들이 예수를 고발하려 하여 물어 이르되 안식일에 병 고치는 것이 옳으니이까"(마 12:10).

회당에 한쪽 손이 오그라들어 마비된 사람이 있었다. 누가복음은 오른손이 마비되었다고 말한다(눅 6:6). 오른손은 우리가 주로 사용하는 손이다. 그런데 이 오른손이 오그라들어 마비되었으면 일상생활이 많이 불편한 상태다. 안식일을 지킨다고 하지만 신체의 장애와 불편을 그대로 안고 있는 것이다. 그런데 바리새인들이 예수님에게 묻는다. "선생님, 안식일에 병을 고치는 것이 옳습니까?"

질문이 왠지 삐딱하지 않은가? 이들에게는 손 마른 사람을 향한 자비가 없었다. 만약 자비가 있었다면 이들은 예수님께 "예수님 이 사람을 좀 불쌍히 여겨 주세요." 이렇게 요청했을 것이다. 하지만 이들의 질문이 이상하다. "예수님, 안식일에 병 고치는 것이 옳은 일인가요?" 아니, 오그라든 손을 고치는 것 자체가 얼마나 놀라운 기적인가? 그런데 바리새인들은 속으로 예수께서 손 마른 사람을 고쳐 주실 것을 알고 그렇게 하는 것이 과연 옳은지 묻는다. 지금 이들은 병자를 향한 자비도 없고 예수님을 향한 기대도 없다. 예수께서 고치실 것을 이미 짐작하고 만약 예수님이 고치기만 한다면 어떻게든 예수님을 끌어내리려고 하는 것이다.

여기서 "옳으니이까"라는 질문은 헬라어 '엑세스틴'으로 적법하냐, 합법적이냐, 율법에 위배되지 않느냐는 뜻이다. 이들이 이렇게 묻는 것은 예수님을 부적법한 행동을 한 범법자로 고발하기 위해서다. 하나님의 능력을 행하는 것을 법적으로 문제 삼겠다는 것이다. 자, 바리새인들은 자신들이야말로 안식일을 정말 잘 지키는 사람들이고 예수님은 안식일을 제대로 지키지 않는 범법자라고 고발하려고 하고 있다. 이렇게 묻는 이들의 마음에는 과연 참 안식이 있을까? 그렇지 않다. 이미 이들의 마음은 시기와 질투, 미움으로 가득하여 오직 예수님을 불법한 자로 고발하기 위해 강퍅한 마음을 먹고 있었다.

당시 바리새인들은 얼마나 안식일 규정에 엄격했는지 치유하는 행위도 일하는 것으로 보았다. 유일한 예외는 생명이 당장 위험할 때였다. 숨이 넘어가거나 심폐소생술을 해야 할 것 같을 때 하는 비상조치는 일이 아니었다. 하지만, 이미 아픈 상태이고 생명에 큰 지장이 없는데 안식일에 치유하는 것은 규례를 어기는 것으로 여겼다. 이에 예수님이 무엇이라 말씀하시는가?

> "예수께서 이르시되 너희 중에 어떤 사람이 양 한 마리가 있어 안식일에 구덩이에 빠졌으면 끌어내지 않겠느냐"(마 12:11).

예수님은 양 한 마리가 안식일에 구덩이에 빠지면 끌어내야지 않겠느냐고 하신다. 당시 유대인들은 구덩이에 빠진 짐승을 어떻게 할 것인가를 두고 크게 두 가지 입장이 있었다. 첫째, 어떤 일이 있어도 안식일에는 절대 짐승을 꺼내주면 안 된다는 입장이다. 일하는 것이기 때문이다. 짐승을 꺼내주다가 땀이라도 나면 큰일이다. 땀난다는 것은 노동했다는 증거이기 때문이다. 그러니 짐승이 죽든지 말든지 상관 말고 일하지 말라. 그냥 두었다가 안식일 끝나고 구해주라는 것이다. 매우 엄격한 입장이다. 두 번째는 이것보다는 훨씬 유연한 입장이다. 짐승이 빠졌으면 짐승이 좋아하는 먹이로 빠져나오도록 유도하든지 디디고 올라올 것을 구덩이에 놓아주어서 짐승이 그것을 밟고 올라오도록 하는 것은 허용하는 것이다. 그렇다면 양이 구덩이에 빠진 경우는 어떻게 해야 할까?

아프리카 선교사의 자녀로 목동 생활을 경험했던 필립 켈러는 「양과 목자」라는 책에서 양의 특징 중 하나를 다음과 같이 설명한다. 양들은 다리가 짧고 몸통이 둥글어 생각보다 잘 뒤집힌다. 만약 구덩이에서 뒤집히면 목자는 양을 다시 끌어내서 잘 일으켜 세워주어야 한다. 양이 뒤집힌 상태로 계속 있으면 장기에 압력이 가해지고 창자에 가스가 차게 되고 혈액순환도 어려워져서 결국 생명을 잃을 수 있다. 목자는 이런 양을 신속히 발견하고 세워주는 일을 잘해야 했다. 그러니 당시 양의 경우에는 웬만하면 곧바로 구덩이에서 꺼내주려고 했다.

자, 예수님이 물으신다. 만약 너희들이 구덩이에 빠진 양에 대해서 구조하는 행동을 허용한다면, 짐승보다 더 귀한 사람은 어떠해야 하겠느냐는 것이다.

"사람이 양보다 얼마나 더 귀하냐 그러므로 안식일에 선을 행하는
   것이 옳으니라 하시고"(마 12:12).

자, 여기 예수님이 중요한 표현을 하신다. "안식일에 선을 행하는 것이 옳으니라!" 지금 예수님은 안식일을 아무것도 하지 않는 날이라고 규정했던 바리새인들을 향해 안식일은 아무것도 하지 않는 날이 아니다, 적극적인 선을 행하는 것이 옳다, 적법하다고 말씀한다. 죽어가는 생명을 살리고 고통받는 이들을 돌보며 그곳에 하늘의 평화를 맛보는 것, 그것이 바로 안식일의 본래 의도에 부합하는 것이다. 그러면서 예수님이 병자를 향해 말씀하신다.

"이에 그 사람에게 이르시되 손을 내밀라 하시니 그가 내밀매 다른 손과 같이 회복되어 성하더라"(마 12:13).

자, 예수님이 병자를 치유하신다. 그런데 어떤 치유의 행위를 하신 것이 아니라 오직 말씀으로 치유하셨다. 손을 내밀라고 하자 병자가 오그라들고 마비된 손을 내밀었다. 그런데 갑자기 그 손이 움직이기 시작하면서 부드러워지는 것이다. 이 병자가 얼마나 놀라고 감격하며 기쁨의 눈물을 흘렸겠는가? 오랫동안 그를 짓눌렀던 육신의 질병과 마음의 무거움이 눈 녹듯 사라지고 참된 하늘의 평안이 그에게 임했다. 그러자 이 장면을 본 바리새인들은 어떻게 반응하는가?

"바리새인들이 나가서 어떻게 하여 예수를 죽일까 의논하거늘"(마 12:14).

예수님을 정죄하려던 바리새인들이 나갔다. 왜? 놀라운 하나님의 능력 앞에 예수님을 불법자로 정죄할 자신이 없었기 때문이다. 예수님은 어떤 치유행위를 하신 것도 아니고 단지 말씀만 하셨을 뿐이다. 그러니 안식일 규정을 어겼다고 할 수 없다. 게다가 회당 안에 치유의 기적으로 인한 큰 기쁨과 감격을 부인할 수 없었다. 그러니 결국 자기들끼리 나가서 어떻게 예수님을 죽일까 모의하기 시작했다. 지금 이들의 마음에 있는 것이 무엇인가? 살인의 마음이다. 이들은 안식일에 맛보아야 할 참 평안을 하나도 맛보지 못했다. 온통 당황스러움과 예수님을 향한 시기, 질투, 미움, 그리고 살인의 마음으로 가득했다. 이들이야말로 안식일의 참된 안식과 거리가 먼 이들이 된 것이다.

이제 신약의 시대를 살아가는 우리는 안식일이 아닌 주일을 지킨다. 왜? 예수님이 안식의 궁극적인 목적을 성취하신 분이고 그분께 나아갈 때 우리의 심령에 참된 쉼을 주시기 때문이다. 그런데 우리는 그동안 주일을 지내면서 항상 주일을 안식일 같이 생각하는 경향이 있었다. 주일은 예배만 드리고 아무것도 안 하고 그저 쉬는 날이라는 것이다. 하지만 그렇게 할수록 왠지 마음이 불편하다. 그냥 이렇게 선데이 크리스천으로 지내도 괜찮은가? 기억하라. 주일은 예수님이 기뻐하시는 선한 일을 적극적으로 행하는 날이다. 이것이 옳다.

주일이면 이른 아침부터 나아와 찬양대로, 주차 봉사로, 교회학교 교사로 다양한 모습으로 주님의 몸 된 교회를 섬기는 분들이 있다. 어떤 분들은 온종일 이른 아침부터 봉사자들의 식사를 위해 점심식사를 준비하기도 한다. 그리고 예배를 마치면 교회를 부지런히 청소하고 쓸고 마무리한다. 이 모든 것이 무엇인가? 예수 그리스도의 몸인 교회를 든든히 세우기 위한 선한 일이다. 이런 아름다운 지체들의 섬김으로 말미암아 우리가 이렇게 감사함으로 기쁘게 예배드리고 이 땅에 아름다운 천국의 모습을 이루어 갈 수 있는 것이다. 우리가 주일을 온전히 지키려면 이러한 선한 일을 이제는 전보다 더욱 적극적으로 행해야 한다. 주일은 단지 내 몸만 잠깐 와서 예배드리고 말씀 듣고 가는 날이 아니라 더욱 아름다운 교회 공동체를 이루기 위해 적극적으로 선을 행하다 가는 날인 것이다.

신앙생활을 어느 정도 하신 분이라면 이제는 우리 안에 이런 생각이 싹터야 한다. '아, 이제는 봉사를 시작해야겠다', '섬겨야겠다.' 왜? 주일에는 주님을 위해 적극적으로 선을 행하는 날이기 때문이다. 우리는 서로를 돌아보아 더욱 사랑과 선행을 격려해야 한다(히 10:24-25). 이때 하늘의 평안과 섬김의 기쁨이 임한다. 이런 성도로 한 사람 한 사람 세워지기를 바란다.

[Section 8. 각주]

47) 이 글은 양형주, 「평신도를 위한 쉬운 출애굽기 1권」(서울: 브니엘, 2021), 52-64 쪽을 가져온 것임을 밝혀둔다.

48) 메릴린 히키, 최기운 역 「가계에 흐르는 저주를 끊어야 산다」(서울: 베다니출판사, 1997).

49) 이윤호, 「가계에 흐르는 저주를 이렇게 끊어라」(서울: 베다니출판사, 1999).

50) 메릴린 히키, 「가계에 흐르는 저주를 끊어야 산다」, 10쪽.

51) 김지찬, 「데칼로그: 십계명, 어떻게 이해할 것인가」(서울: 생명의 말씀사, 2016), 161쪽.

52) 김정우, "언약의 저주에서 본 소위 '가계에 흐르는 저주 신학'의 문제점", 「헤르메니아 투데이」 29, 2005. 1. 82

53) 이인규, "'가계 저주론'의 성경적인 비판" 당당뉴스, 2013. 8. 20.

54) 김현경, "두문불출 신천지 교주 이만희, 코로나19 사태에 '마귀 짓'", 한국경제, 2020. 2. 21.

55) [CBS 뉴스] "신천지 '육체영생' 교리, 포교방식이 코로나19 확산 키웠다", CBS크리스천노컷뉴스, 2020. 2. 20.

56) 김현경, 위의 글.

57) 이를 위해 양형주, 「신천지 백신 2」(서울: 두란노, 2020), 252-291; 「바이블백신 2」 (서울: 홍성사, 2019), 251-281쪽을 참조하라.

58) 린훙원, 허유영 역, 「TSMC, 세계 1위의 비밀」(서울: 생각의 힘, 2024).

59) 박지민, "전쟁이 키운 괴물...항생제 안 듣는 슈퍼 박테리아 급증", 조선일보, 2024. 11. 30.

이단 예방 강해설교의 실제
: 세례 요한 시리즈

● 설교 제목 : 세례 요한도 실족할 뻔했다?
● 설교 본문 : 마태복음 11:2-6

우리는 종종 상대가 내가 알던 상대가 아님을 자각할 때 놀라고 당황하고 충격을 받는다. 상대를 평소에 잘 알고 있다고 생각했는데 그가 하는 행동이 내가 알던 사람이 아닐 때 우리는 실망하고 분노한다. 이것을 본문 6절은 '실족한다'고 표현한다. '실족하다'(헬. 스칸달리조)는 동사는 '걸려 넘어지다'는 뜻이다. 스캔들(헬. 스칸달론)은 나를 걸려 넘어지게 하는 걸림돌을 뜻한다.

우리가 어떤 사람에 대해 실족할 때가 있다. 충격받고 실망도 많이 하게 되는데 그때 우리가 미처 인지하지 못하는 전제가 있다. 그것은 상대방에 대한 나의 판단과 평가가 정확하다는 생각이다. 상대방을 평가하는 나는 옳다고 전제하기에 상대방이 틀렸고 문제가 있다고 생각하니 내가 힘든 것이다. 그런 상대방에게 내가 실족하지 않으려면 먼저 내가 전제하고 확신하는 신념을 돌아볼 필요가 있다. 이

것이 틀렸다면 이를 기꺼이 수정할 수 있어야 하는데 이것이 또한 쉽지 않다. 자존심이 셀수록, 또 자신이 확신했던 생각에 오랫동안 머물러 왔을수록 자신의 전제를 수정하는 것이 자기 존재를 부정하는 느낌이 들기 때문이다.

본문에 나오는 세례 요한은 바로 이런 종류의 충격과 실망을 경험하고 있다. 구약의 가장 크고 위대한 선지자라고 평가받는 세례 요한이 이런 실망으로 휘청거리는 이유가 무엇인가? 그것은 다름 아닌 바로 예수님 때문이다. 충격이지 않은가? 사역을 감당하다가 자신이 증거하던 예수님 때문에 흔들리는 것이다. 본문 2절을 보라.

"요한이 옥에서 그리스도께서 하신 일을 듣고 제자들을 보내어"
(마 11:2).

여기서 우리는 두 가지 사실을 알 수 있다. 먼저는 세례 요한이 감옥에 갇혀 더 이상 이전과 같은 열정적인 사역을 할 수 없게 되었다는 것이다. 세례 요한은 언제부터 감옥에 갇혀 있게 되었을까? 마태복음 4장부터다.

"예수께서 요한이 잡혔음을 들으시고 갈릴리로 물러가셨다가"
(마 4:12).

세례 요한은 마태복음 3장에서부터 등장하여 광야에서 외치는 자의 사역을 시작했다(마 3:1-12). 이때 예수께서 세례 요한에게 나아가 세례를 받으시고(마 3:13-17), 광야에서 사탄에게 시험을 받으신 후 (4:1-11), 요한이 잡혔다는 소식을 들으셨다(마 4:12). 이에 예수께서는 갈릴리로 물러나셨다가 그곳에서부터 본격적으로 사역을 시작하셨다(마 4:17). 그 이후로 예수님은 제자들을 부르시고(마 4:18-22), 산상설교를 가르치시고(마 5-7장), 열 가지 기적을 행하며 말씀으로만 가르치셨던 하나님 나라를 능력으로 보여주셨다(마 8-9장).

그러고는 추수할 것이 많지만 일꾼이 적음을 보시고 주인에게 청하여 추수할 일꾼들을 보내 달라고 청할 것을 말씀하셨다(마 9:37-38). 이 말씀 직후 예수께서는 열두 제자를 부르시고 이들을 파송하며 그들 앞에 있을 핍박과 박해에 대해 파송 설교를 하셨다(마 10장). 그리고 비로소 감옥에 갇혀 있던 세례 요한의 이야기(마 11:2-19)가 다시 시작되는 것이다. 1세기에 살았던 유대 역사가 요세푸스는 세례 요한의 체포를 역사적 사실로 그의 책 「유대 전쟁사」에 기록한다.[60] 이 기록에 따르면 세례 요한은 헤롯 안티파스에 의해 사해 동편에 있는 '마케루스 요새'에 갇히게 된다. 세례 요한이 감옥에 갇혀 있던 기간은 대략 1년으로 본다. 아직 세례 요한이 죽지 않았으니 세례 요한이 체포되고 8~9개월 정도 지났을 것으로 짐작된다. 참고로 세례 요한은 마태복음 14장에 가서 죽임을 당한다.

두 번째로 우리는 마태복음 11장 2절에서 세례 요한이 감옥에서 "그리스도께서 하신 일"을 들었음을 알게 된다. "그리스도께서 하신 일"은 매우 주목할 만한 표현이다. 왜냐하면 마태복음은 예수님의 탄생에 관한 앞부분의 이야기(마 1-2장)를 제외하고(마 1:1,16,17,18, 2:4) '그리스도'란 용어를 11장에 이르기까지 한 번도 직접 사용하지 않기 때문이다. 세례 요한의 사역이 시작되는 3장 이후로 한 번도 사용된 적이 없다.

마태복음에서 '그리스도'라는 표현이 본격적으로 나오는 것은 본문을 제외하고는 베드로의 고백이 처음이다. "주는 그리스도시요 살아계신 하나님의 아들이시니이다"(마 16:16). 여기서 '그리스도'는 히브리어로 '메시아'다. 마태복음은 예수님을 메시아로 인지하고 메시아로 고백하는 것이 제자들에게 있어서도 매우 조심스럽고 신중한 일임을 보여준다. 왜냐하면 제자들에게 메시아는 단순히 좋은 가르침을 주는 랍비, 즉 선생님 같은 존재로 머물지 않기 때문이다. 유대인에게 메시아는 유대를 정치적으로 회복하고 로마의 압제로부터 벗어나게 할 정치적, 군사적 존재까지를 의미했다. 그래서 제자들은 나중에 예수님이 예루살렘에 가시면서 메시아로서 십자가를 지고 죽임을 당할 것이라고 하신 말씀을 이해하지 못하고 수난의 말씀 앞에 두려워하고 당황했다.

그런데 지금 사도 요한은 예수님의 사역을 '그리스께서 하신 일', 즉 '메시아의 사역'으로 듣고 있었던 것이다. 요한은 예수님의 사역을 '메시아'의 사역으로 기대하고 듣고 있었다. 그도 그럴 것이 자신은 최선을 다해서 그분의 오실 길을 예비했고 이제는 그분이 오셔서 본격적으로 자신이 예비했던 사역을 펼치실 것을 기대했다. 그렇다면 세례 요한이 기대했던 메시아의 사역은 어떤 것이었을까? 세례 요한은 메시아가 오셔서 엘리야처럼 불같은 사역을 할 것을 기대했다. 이런 기대는 세례 요한이 선포했던 메시지에 나온다.

"요한이 많은 바리새인들과 사두개인들이 세례 베푸는 데로 오는 것을 보고 이르되 독사의 자식들아 누가 너희를 가르쳐 임박한 진노를 피하라 하더냐"(마 3:7).

"이미 도끼가 나무뿌리에 놓였으니 좋은 열매를 맺지 아니하는 나무마다 찍혀 불에 던져지리라"(마 3:10).

"손에 키를 들고 자기의 타작마당을 정하게 하사 알곡은 모아 곳간에 들이고 쭉정이는 꺼지지 않는 불에 태우시리라"(마 3:12).

요한이 기대했던 메시아는 진노를 가져오는 메시아, 열매 맺지 않는 나무를 찍어 불에 던지는 메시아, 쭉정이를 꺼지지 않는 불에 태우는 메시아, 불로 심판하는 메시아였다. 구약에서 불로 심판했던 선지자가 있다. 누구인가? 엘리야다. 엘리야 선지자는 갈멜산에서 바알과 아세라를 섬기는 850명의 거짓 선지자와 대결을 펼쳤다. 그는 우리의 기도에 불로 응답하는 분이 참 하나님이니 과연 누가 참 하나님인지 가려보자고 했다. 바알과 아세라 선지자들은 온종일 자기 몸을 자해하며 하늘에서 불이 내리기를 몸부림쳤지만 아무 소용이 없었다. 하지만 엘리야가 나서서 "여호와여 내게 응답하소서. 내게 응답하소서"(왕상 18:37)라고 기도하자, 하늘에서 불이 내려 번제물을 순식간에 다 태워버렸다.

세례 요한은 메시아가 와서 이런 사역을 하기를 기대했던 것 같다. 그가 증거했던 자기 뒤에 오실 메시아는 이런 하나님의 능력으로 직접 헤롯왕과 대결해서 헤롯왕을 몰아내고 로마의 압제에 있는 유대 백성을 해방시킬 것으로 기대했다. 그렇게 되면 지금 감옥에 갇혀 있는 자신을 자신의 사촌형이기도 한 메시아께서 꺼내주고 메시아가 새롭게 세울 하나님의 나라에서 자신을 명예롭게 높이고 한자리를 주지 않겠는가? 그래서 세례 요한은 감옥에 있었지만 자신이 증거했던 메시아 예수의 사역이 어떻게 전개되나 관심을 갖고 있었다. 요한을 따르던 제자들은 이런 선생의 관심을 알고 종종 감옥에 찾아가 메시아 예수의 사역을 보고했던 것 같다.

하지만 요한의 귀에 들리는 메시아 예수의 사역은 자신이 기대했던 불로 심판하는 사역이 아니었다. 메시아가 천국 메시지를 전파하자, 많은 사람이 몰려들었던 것은 사실이다. 하지만 그가 심판을 준비하거나 사람들을 모아 새로운 군사적 행동을 준비하는 것은 아니었다. 이런 모습에 세례 요한은 당황하고 실망하며 더 나아가 흔들렸다. 요한은 메시아 예수에 대한 보고를 듣고 자신의 흔들리는 마음을 점잖게, 그러나 가능한 한 분명하게 도전적으로 표현한다.

"예수께 여짜오되 오실 그이가 당신이오니이까. 우리가 다른 이를 기다리오리이까"(마 11:3).

이 짧은 문장에는 다음과 같은 속마음이 들어있다. '나 세례 요한이 그토록 목숨을 걸고 선포했던 오실 그분, 오실 메시아가 정말 당신 맞나요? 아니면 우리가 다른 분을 기다릴까요? 저는 당신의 사역에 대해 당황하고 실망하고 있습니다. 당신이 메시아가 아니라면 저와 제자들, 그리고 제가 사역하며 세례를 베풀고 저를 따르던 사람들에게 당신을 더 이상 따르지 말고 다른 메시아를 기다리라고 할 수 있습니다. 당신, 정말 메시아 맞나요?'

세례 요한은 상당히 도전적인 질문을 함축적이고도 점잖게 던지고 있는 것이다. 지금 세례 요한의 마음은 흔들리고 있다. 우리는 예수님의 길을 예비했던 세례 요한도 실족할 뻔했다는 사실에 다시 한번 놀라게 된다. 어떻게 하나님께서 보내신 광야의 외치는 소리였던 세례 요한이 이렇게 흔들릴 수 있는가?

사실 이 부분 때문에 본문은 많은 이단이 왜곡하는 단골 메뉴이기도 하다. 이들은 세례 요한이 지옥에 갔다고 주장한다. 이런 왜곡된 주장은 통일교, JMS, 신천지를 비롯한 많은 이단이 공통으로 가진 교리이다. 그래서 교회 다니는 분들에게 묻는다. "혹시 세례 요한이 지옥 간 것 아세요?" "네? 세례 요한이요? 그런 말 못 들어봤는데요?" "허허, 이 중요한 사실을 교회에서는 안 가르치는군요. 저는 그 이유를 아는데…." "예? 정말요? 이거 진짜 충격적인 사실인데, 세례 요한이 왜 지옥에 갔지요?" "여기서 다 말할 수는 없고 함께 차분히 성경 공부를 하시지요."

이단들이 세례 요한이 지옥에 갔다고 하는 이유 중 하나가 바로 본문 3절과 같이 세례 요한이 예수님을 의심하고 실족했다는 것이다. 어떻게 사명자가 예수님이 메시아가 아닌 것 같다고 의심할 수 있냐는 것이다.

하지만 생각해 보자. 사명자는 의심하면 안 되는가? 사명자가 의심하면 지옥에 갈까? 예수님을 따르다 보면 흔들리고 의심이 찾아올 때가 있는 것은 당연하다. 성경에는 그런 경우가 종종 등장한다. 예수님이 십자가를 지겠다고 하자 베드로는 예수님을 말리며 절대 십자가 지면 안 된다고 했다. 예수님이 이런 베드로에게 무엇이라고 했는가? "사탄아 내 뒤로 물러가라. 너는 나를 넘어지게 하는 자로다"(마 16:23). 예수님은 베드로에게 너는 나를 넘어지게 하는 '사탄'이라고 하셨다. 이 정도면 베드로는 지옥행 확정 아닌가? '사탄'이라고 불렸던 베드로는, 심지어 예수님께서 고난받으실 때 사람들 앞에서 예수님을 모른다고 세 번이나 부인했을 정도이다. 확실히 사탄 같지 않은가?

그럼 도마는 어떤가? 예수님이 부활하셨다고 하니까 자기가 손으로 직접 예수님 손의 못 자국을 보고 자기 손가락을 못 자국과 옆구리에 넣지 않고는 믿지 않겠다고 하지 않는가? 예수님은 이렇게 지독하게 예수님을 의심하는 도마를 지옥에 보내셔야 하지 않는가? 하지만 예수님은 어떻게 하셨나? 의심하는 그 앞에 오셔서 직접 손과 옆구리와 발을 보여주시며 만져보라고 하신다. 그러고는 격려의 말씀을 하신다. "믿음 없는 자가 되지 말고 믿는 자가 되라"(요 20:27). 또 베드로에게는 어떻게 하셨나? 갈릴리로 물고기 잡으러 갔던 베드로 앞에 나타나셔서 "요한의 아들 시몬아 네가 나를 사랑하느냐?"(요 21:15-17) 하고 물으며 그의 낙담하고 실족했던 마음을 회복시켜 주시지 않는가?

기억하라. 예수님은 우리들의 믿음이 흔들리고 실족하려 할 때 그런 우리를 다시 붙드시고 세워주시는 분이다. 그런데 이런 예수님이 단지 그를 의심했다는 이유로 세례 요한을 지옥에 보낸다? 이건 예수님을 몰라도 너무나도 모르는, 말도 안 되는 이야기다.

그렇다면 이단단체들은 왜 세례 요한이 지옥에 갔다고 주장하려는 것일까? 그것은 자기 전임자를 부인하기 위해서다. 모든 이단 교주는 자신이 몸담았던 이전 단체가 있다. 신천지의 이만희는 이전에 유재열의 장막성전에 있었고 JMS의 정명석은 이전에 통일교에 몸담고 있었다. 자신은 현재 보혜사고 하나님의 계시를 받은 특별한 사람이어야 하는데 이전 단체의 지도자에게서 말씀을 배웠다고 하면 권위가 깎인다. 그래서 그는 자기가 배웠던 전임자를 단지 자기 길을 예비하기 위한 세례 요한에 불과하다고 폄하한다. 더 나아가 전임자는 새로운 구원자로 온 자신을 의심하다가 지옥에 간 배도하여 멸망당한 자라고 주장하는 것이다. 다른 말로 하면 세례 요한이 지옥 갔다고 하는 주장은 전임자를 부인하기 위한 성경을 왜곡한 교묘한 정치적 교리 장치인 것이다.

예수님은 세례 요한의 의심에 대해 어떻게 반응하셨는가? "역시 넌 나를 의심하는구나, 지옥에나 가라 이 배도자야." 이렇게 말씀하셨나? 아니면 좀 더 점잖게 "내가 내 길을 예비하는 사자를 잘못 뒀구나. 내가 너를 위해 지옥문을 열어둘까?" 이렇게 말씀하셨는가? 아니다. 예수님은 친절하게 자신의 메시아사역을 설명하며 실족하려는 세례 요한의 오해를 바로잡아 주셨다.

"예수께서 대답하여 이르시되 너희가 가서 듣고 보는 것을 요한에게 알리되"(마 11:4).

먼저 예수님이 말씀하신다. 요한의 제자들아. 너희가 그동안 내 사역을 지켜보며 나에게서 듣고 보는 것을 요한에게 알리거라. 여기서 '듣고 보는 것'은 마태복음에 전개된 예수님의 사역 순서를 그대로 반영한다. 먼저 이들이 들은 것은 예수님이 세례 요한의 체포 후에 행하신 마태복음 5~7장까지의 산상설교를 가리킨다. 그리고 행하신 것은 8~9장까지 예수께서 행하신 10가지의 이적을 가리킨다. 이러한 말씀사역과 이적사역 안에는 좀 더 구체적으로 본문 5절의 내용이 들어있다.

> "맹인이 보며 못 걷는 사람이 걸으며 나병환자가 깨끗함을 받으며 못 듣는 자가 들으며 죽은 자가 살아나며 가난한 자에게 복음이 전파된다 하라"(마 11:5).

이 구절에는 총 다섯 가지의 이적과 하나의 말씀사역이 등장한다. 먼저 맹인이 보는 사역이다. 이 사역은 마태복음 9장 27~31절에 예수께서 행하신 사역이다. 못 걷는 사람이 걷는 역사는 침상에 누운 하반신이 마비된 중풍 병자를 고친 사역(마 9:2-8)을 가리킨다. 나병환자가 깨끗함을 받은 사역은 8장 2~4절에 등장한다. 못 듣는 자가 듣는 사역은 귀신 들려 말 못 하는 사람을 치유하는 이적(마 9:32-33)에 나온다. 죽은 자가 살아나는 것은 9장 18~26절에 등장한다. 그리고 가난한 자에게 복음이 전파되는 사역은 5~7장의 산상설교뿐만 아니라 8~9장의 이적사역을 통해 이들에게 복음이 선포되는 사역에 등장한다. 이것을 요약하는 구절이 마태복음 9장 35절이다.

"예수께서 모든 도시와 마을에 두루 다니사 그들의 회당에서 가르치시며 천국 복음을 전파하시며 모든 병과 모든 약한 것을 고치시니라. 무리를 보시고 불쌍히 여기시니 이는 그들이 목자 없는 양과 같이 고생하며 기진함이라"(마 9:35-36).

그런데 이 사역은 구약에서부터 예언되었던 전형적인 메시아의 사역이다. 이사야서를 보라.

"주 여호와의 영이 내게 내리셨으니 이는 여호와께서 내게 기름을 부으사 가난한 자에게 아름다운 소식을 전하게 하려 하심이라. 나를 보내사 마음이 상한 자를 고치며 포로된 자에게 자유를, 갇힌 자에게 놓임을 선포하며"(사 61:1).

당시 많은 유대인이 이사야서에서 예언한 메시아의 사역을 알고 있었다. 예수께서도 공생애를 시작하며 나사렛 회당에서 이 말씀을 선포하신다.

"예수께서 그 자라나신 곳 나사렛에 이르사 안식일에 늘 하시던 대로 회당에 들어가사 성경을 읽으려고 서시매 선지자 이사야의 글을 드리거늘 책을 펴서 이렇게 기록된 데를 찾으시니 곧 주의 성령이 내게 임하셨으니 이는 가난한 자에게 복음을 전하게 하시려고 내게 기름을 부으시고 나를 보내사 포로 된 자에게 자유를, 눈먼 자에게 다시 보게 함을 전파하며 눌린 자를 자유롭게 하고 주의 은혜의 해를 전파하게 하려 하심이라 하였더라"(눅 4:16-19).

예수께서는 이사야서 가운데 말씀을 찾아 낭독하시고 이어서 다음과 같이 말씀하신다.

"이에 예수께서 그들에게 말씀하시되 이 글이 오늘 너희 귀에 응하였느니라 하시니"(눅 4:21).

이렇게 볼 때 예수님은 세례 요한에게 지금 이런 말씀을 하는 것이다. "네가 선포한 메시아의 사역이 네가 말한 것과 다른 것 같아 실망스럽고 흔들리느냐? 아니다. 나는 메시아가 맞다. 지금 나는 이사야서에서 말씀하신 바로 그 메시아의 사역을 하는 중이야. 네가 선포한 메시지의 기대대로 나를 보지 말고 내가 하는 사역과 하나님의 말씀을 기준으로 다시 나를 보렴."

한편으로는 이런 생각도 든다. '혹시 세례 요한은 선지자로서의 계시를 잘못 받은 것은 아닐까?' 아니다. 그렇지 않다. 세례 요한이 선포한 불로써 심판하는 메시아의 사역은 틀린 예언이 아니다. 단 이 선포는 나중에 메시아가 이 땅에 다시 오실 때 이 세상의 주님이자 통치자이자 심판주로서 하실 궁극적으로 행하실 사역이다. 하지만 지금은 이스라엘을 돌이키고 회복시키는 이사야서가 예언한 메시아의 사역을 감당할 때인 것이다. 예수님은 이 말씀을 통해 세례 요한이 실족할 뻔한 순간에 그를 잡아주신다. 만약 실족시킬 것 같으면, 이렇게 말씀하셨을 것이다. "요한아, 네가 나를 증거하고도 감옥에 있더니 맛이 갔구나, 그냥 지옥에 가렴."

지금 예수님이 자신의 사역을 이렇게 친절하게 자세히 설명하신 것은 실족하려는 세례 요한을 잡아주시기 위해서다. 예수님은 자신의 사역을 예고했던 이사야서의 말씀을 소개하신 후 이어서 6절에 이렇게 말씀하신다.

> "누구든지 나로 말미암아 실족하지 아니하는 자는 복이 있도다 하시니라"(마 11:6).

이 말씀은 예수께서 요한에 대한 실망감을 표현하는 말씀이 아니라 요한과 그의 제자들에게 예수님의 사역을 친절하게 설명하신 후에 예수님의 사역을 신뢰하고 이것으로 인해 실족하지 말라고 권면하는 말씀인 것이다. 기억하라. 예수님은 우리의 실족을 붙들어 주시는 분이다. 그럴 때 우리가 해야 할 반응은 무엇인가? 예수님이 내가 기대했던 분이 아니라고 예수님께 실망했다고 자기주장을 끝까지 고집할 것이 아니라 자기 생각을 예수님의 생각에 비추어 바꾸고 수정하는 것이다.

우리도 신앙생활 할 때 이런 위기가 찾아올 때가 있다. 예수님 때문에 실족하려 한다. 그때가 언제인가? 내 기대와 다른 상황이 펼쳐질 때다. 이때 우리는 다음과 같이 항변한다. "예수님, 어떻게 나한테 이러실 수 있어요?" "하나님, 제게 너무 가혹하신 분이세요." 이런 생각이 찾아올 때 우리가 갖는 마음의 전제 또는 확신이 있다. 그것은 이렇게 확신하는 내 생각이 옳다는 것이다. 사실 이때 우리가 해야 할 반응은 하나님에게 탓을 돌리는 것이 아니라 자기가 하나님에 대해, 예수님에 대해 무엇을 오해하고 있는지를 돌아보는 것이다. 자신이 어떤 교만한 확신을 붙들고 있는가를 살펴야 한다. 이것은 교회에 대해, 성도에 대해, 담임목사에 대해서도 적용되어야 한다.

어떤 분은 처음에 교회를 등록하며 목사님의 말씀에 은혜가 되고, 교회학교가 참 좋고, 교회 분위기가, 교회가 참 좋아서 왔다고 한다. 그런데 이따금 성도 간의 의견이 맞지 않거나 갈등이 일어나 실족하여 교회를 떠나려고 할 때가 있다. 교회학교에서 교사가 우리 아이에게 잠시 소홀했거나 때로는 간식을 빠뜨렸다는 이유로 실족한다. 이때는 교회를 비난할 것이 아니라 먼저 '아, 내가 무엇을 오해하고 있지? 내가 가진 확신이 무엇이지? 내가 왜 이 확신에 이토록 집착하고 예민한 거야?'를 돌아봐야 한다.

흑인과 한인 어머니 사이에 태어난 2세 자녀가 있다. 어느 날 이 자녀가 다 커서 엄마 아빠가 44년간 이혼하지 않고 좋은 관계를 맺어온 비결을 물었다. 그때 아빠가 대답했다. "얘야, 엄마가 무슨 일을 해도 처음에 마음에 떠오르는 생각, 두 번째 떠오르는 생각은 절대 그대로 말하지 마렴, 세 번째 생각을 말하면 아무 탈이 없단다." 자, 집에 오니 집이 지저분하다. 어떤 생각이 먼저 나는가? '아니, 집이 왜 이렇게 지저분해?' 이건 첫 번째 생각이다. 두 번째 생각은 무엇인가? '아니, 당신은 도대체 뭐 하는 사람이길래 집을 이런 모습으로 놔둬?' 이건 두 번째 생각이다. 세 번째는 무엇인가? '혹시 무슨 사정이 있나? 어디 아픈가? 힘든가?' 바로 이 세 번째를 말하라는 것이다.

부부가 여행을 갔다. 아이스박스에 얼음을 넣어야 하는데 깜빡

잊었다. 첫째 나오는 말은 무엇인가? "잘~한다!" 둘째 나오는 말은 무엇인가? "당신은 도대체 정신을 어디다 두고 다녀?" 두 번째까지는 말하면 안 된다. 그럼 셋째 말은 무엇인가? "여보, 이거 아이스박스가 불량품인가?" 이 말을 하길 바란다. 세례 요한의 경우에도 그렇다. 그가 예수께서 행하신 메시아의 사역을 듣고 어떻게 반응했을까? 첫째 반응은 아마도 "메시아 맞아?"였을 것이다. 둘째 반응은 "메시아가 이래도 되는 거야? 메시아가 이러면 안 되지!" 정도가 될 것이다. 그러나 세 번째 생각에서는 관점이 좀 바뀔 것이다. "'혹시 내가 착각하고 있는 것이 있나? 주님, 혹시 제가 모르는 것이 있으면 깨닫게 해 주세요'가 될 것이다.

세례 요한의 이런 연약한 모습은 온전한 인간으로 오셨던 예수님에게조차 있었던 모습임을 기억할 필요가 있다. 예수께서 십자가를 지시기 전 겟세마네 동산에서 기도하실 때 심하게 괴로워하시며 고민하셨다. 하나님께 할 수 있다면 이 잔을 내게서 옮겨달라고 기도하실 정도였다(마 26:39). 어찌 보면 세례 요한은 이런 예수님의 연약한 모습조차 그림자처럼 비추어주는, 길을 예비하는 충실한 사자로서 그림자의 사명을 감당했던 것이다.

누구나 흔들린다. 그것이 교회와 목사님 때문일 수도 있고 자기 배우자나 가족 때문일 수도 있다. 그러나 이때 드는 생각으로 상대방을 규정하고 정죄하고 실망하고 실족할 것이 아니라 끝까지 부르심을 신뢰하며 나의 교만한 판단을 주님 앞에 내어놓고 기도하자. 주여 나를 변화시켜 주옵소서!

● 설교 제목 : 세례 요한은 누구인가?
● 설교 본문 : 마태복음 11:7-11

대전의 빵집 성심당은 전국에서 찾아오는 유명 빵집이다. 튀김소보루 같은 메뉴로 꾸준히 사랑받으며 매출 원가율을 높여 품질에 집중한 경영전략이 빛을 보게 된 것이다. 하지만 성심당은 신생 업체가 아니다. 1956년에 처음 문을 열고 어언 70년 가까이 된 '노포', 즉 오래된 가게다. 성심당의 대표메뉴 튀김소보루는 출시된 지 30년도 더 된 오래된 메뉴다. 성심당의 경우 작년 기준 매출 원가율이 52%였다.[61] 재료에 아낌없이 쏟아붓는, 빵에 진심인 가게인 것이다. 이런 성심당의 진심이 조금씩 사람들의 마음을 움직이더니 마침내 전 국민의 마음을 사로잡은 것이다. 그동안 유명 브랜드를 따라가던 사람들이 이제는 브랜드에 좌우되지 않고 본질을 보기 시작한 것이다. 그래서 비주류 브랜드가 주류 브랜드를 밀어내는 현상이 서서히 여기저기서 생겨나고 있다.

하지만 진짜를 알아보는 것은 때로 너무 많은 시간이 걸린다. 튀 김소보루를 제대로 알아보는 데 30년이 넘게 걸렸고 성심당을 알아 보는데 70년 가까이 걸렸다. 이런 것 보면 우리는 한 번 마음에 각인 된 것을 바꾸기가 쉽지 않음을 알 수 있다. 문제는 우리의 죄성으로 인해 가짜에 현혹되기 쉽고 진짜를 알아보는 데 참 둔하다는 것이다.

성경에 참 많은 사람이 오해하는 인물이 세례 요한이다. 세례 요 한처럼 그 진가를 인정받지 못하고 애매하게 평가받거나 아예 지옥 에 갔다고 극도로 폄하 당하는 인물도 없다. 세례 요한이 이 땅에 왔 다 간 지 2천 년이 넘었지만 여전히 세례 요한은 많이도 오해받고 있 다. 특히 많은 이단이 세례 요한을 가리켜 지옥에 갔다고 주장한다. 본문에는 여러 이단단체가 세례 요한이 지옥에 갔다고 주장하는 근 거가 되는 여러 성경 구절이 등장한다.

먼저, 7절 후반 절 말씀이다. 예수님은 세례 요한을 바람에 흔들 리는 갈대라고 정의하셨다.

"너희가 무엇을 보려고 광야에 나갔더냐. 바람에 흔들리는 갈대냐"
(마 11:7b).

둘째는 11절 말씀이다.

"내가 진실로 너희에게 말하노니 여자가 낳은 자 중에 세례 요한보
다 큰 이가 일어남이 없도다. 그러나 천국에서는 극히 작은 자라
도 그보다 크니라"(마 11:11).

이단들은 이 말씀을 근거로 세례 요한은 구약 인물 중에서 가장 큰 자지만 천국에서는 극히 작은 자도 세례 요한보다 크기 때문에 세례 요한은 천국에 없다고 주장한다.

이런 이유로 세례 요한의 가치는 너무나 평가절하당하고 있다. 이제는 세례 요한의 가치를 제대로 보고 평가해야 한다. 그러려면 어떻게 해야 하는가? 예수께서 세례 요한을 평가한 내용을 가능한 원래의 의미를 제대로 파악하여 그동안 감춰졌던 세례 요한의 가치를 제대로 발견해야 한다. 예수님의 평가대로 세례 요한을 보아야 한다. 예수님의 시선과 마음으로 세례 요한을 보면 과연 어떨까? 정말 지옥에 갈 정도로 형편없는 사람일까? 이를 위해 본문의 흐름을 찬찬히 살펴볼 필요가 있다. 본문의 시작을 살펴보자.

"그들이 떠나매 예수께서 무리에게 요한에 대하여 말씀하시되 너희가 무엇을 보려고 광야에 나갔더냐. 바람에 흔들리는 갈대냐"(마 11:7).

본문은 '그들이 떠나매'로 시작한다. 여기서 '그들'은 세례 요한의 제자들을 가리킨다. 이들은 스승 세례 요한의 보냄을 받고 예수님이 과연 성경이 약속한 메시아인가를 묻기 위해 찾아왔었다. 예수님은 자신의 사역이 성경이 예언한 메시아의 사역임을 차분하게 알려주시고 다시 그들을 요한에게 보내셨다. 이들이 떠난 후, 예수님은 무리에게 세례 요한이 어떤 사람인지 그에 대한 예수님의 평가를 알려 주신다. 이렇게 말씀하시는 것은 세례 요한이 예수님이 과연 메시아인지 물어봤다는 이유로 세례 요한을 하찮은 선지자로 생각하지 않도록 오해를 교정해 주시기 위해서다.

예수님은 이러한 교정을 위해 세 개의 질문을 연속으로 던지신다. 그것은 "너희가 무엇을 보려고 나갔더냐"라는 질문이다(7-9절). 9절의 "그러면 너희가 어찌하여 나갔더냐"는 질문은 7절, 8절에서 제기된 두 번의 질문에 대한 대답이 계속해서 부정적임을 암시한다. 이 마지막 질문을 던진 후 예수께서 내리신 세례 요한에 대한 평가의 결론이 무엇인가? 세례 요한은 분명 선지자, 아니 선지자보다 더 나은 인물이라는 것이다. 지금 예수님은 세례 요한을 단순한 선지자가 아니라 선지자보다 더 나은 자로 재평가하신다.

그러면서 10절 말씀은 세례 요한이 선지자보다 더 나은 자인 이유를 말라기 3장 1절 말씀을 인용하며 그 근거를 말씀하고 이에 대한 평가를 11~13절로 말씀하신다. 그리고 나서 결론적으로 하신 말씀이 14절 말씀이다.

"만일 너희가 즐겨 받을진대 오리라 한 엘리야가 곧 이 사람이라" (마 11:14).

만약 너희들이 기쁘게 받아들이고자 한다면 이 세례 요한은 단순한 예언자가 아니라 바로 구약에서 예언한 엘리야에 해당하는 사람이라는 것이다. 다른 말로 하면 세례 요한은 비록 연약하여 예수님에 대한 확신이 잠시 흔들리기는 했어도 그는 말라기에서 예언한 엘리야이자 선지자보다 더 큰 자니 그를 기쁘게 받아들이라는 것이다. 하나님이 보낸, 정말 큰 사명을 감당하는 자라는 것이다. 그러니 오해하지 말고 마음을 열고 세례 요한을 귀하게 여기라는 것이다. 그래서 15절에 하시는 말씀이 무엇인가? "귀 있는 자는 들을지어다!" 이 말은 예수님의 말씀에 마음을 열고 세례 요한에 대한 예수님의 긍정적인 평가를 들으라는 뜻이다.

이제 예수님의 긍정적인 평가를 본문에서 좀 더 자세히 살펴보도록 하겠다. 먼저, 7절에 나오는 바람에 흔들리는 갈대라는 표현이다.

"그들이 떠나매 예수께서 무리에게 요한에 대하여 말씀하시되 너희가 무엇을 보려고 광야에 나갔더냐. 바람에 흔들리는 갈대냐" (마 11:7).

예수님은 세례 요한의 제자들과 예수님이 말씀 나누는 것을 듣고 혼란스러워하는 무리에게 세례 요한에 대한 예수님의 평가를 알려주신다. 이런 평가를 좀 더 효과적으로 들리게 하려고 예수님은 세례 요한의 정체성에 대한 세 개의 수사적인 질문을 던지신다. 본문 7절은 그 첫 번째 질문이다. "너희가 무엇을 보려고 광야에 나갔더냐." 이 질문은 '너희가 세례 요한에 대해 무엇을 기대하며 그에게 나아갔느냐?', '그를 어떤 사람으로 기대하고 나아갔느냐?' 하는 뜻이다. 그러면서 묻는 말이 "바람에 흔들리는 갈대냐?" 하는 것이다. 많은 이단 교주들이 이 질문을 근거로 "이거 봐라, 예수님도 세례 요한을 바람에 흔들리는 갈대라고 하지 않느냐"고 주장한다. 하지만 이것은 세례 요한을 향해 그가 바람에 흔들리는 갈대라고 결론 내리는 것이 아니다. 바람에 흔들리는 갈대 보러 나갔니? 하고 묻는 말이다.

많은 이단 교주가 초등학교도 졸업하지 않은 경우가 많다. 그래서 성경책 읽는 것도 더듬더듬 제대로 이해하지 못하고 읽는 경우가 많다. 그럼 어떻게 성경을 깨우치느냐? 계시받았다고 한다. 국어도 잘되지 않는데 어떻게 계시받아 깨우칠까? 많은 경우 교주가 받았다는 계시를 보면 국어 맞춤법을 제대로 이해하지 못한 채로 오독해서 자의적으로 해석하는 경우가 많다. 예를 들어 '아버지 가방에 들어가신다'는 주장을 한다고 치자. 원래 문장은 무엇일까? '아버지가 방에 들어가신다'이다. 그런데 이단 교주는 이것은 그 뜻이 아니고 정말 '아버지 가방에 들어가신 사건'이라고 우긴다. 그럼 어떻게 들어가냐고 묻지 않겠는가? 그러면 교주는 자기가 계시받았다, 못 들어갈 이유가 없다고 한다. "대저 하나님의 모든 말씀은 능하지 못하심이 없다"(눅 1:37)고 하면서 만약 커다란 이민 가방에 들어가면 아버지 가방에 들어갈 수 있다고 한다.

이런 식의 억지 주장을 하는 대표적인 경우가 바로 오늘 본문이다. 이들은 본문을 성급하게 자의적으로 읽고는 "이거 봐라. 성경이 세례 요한을 바람에 흔들리는 갈대라고 하지 않느냐?"라고 주장한다. 하지만 본문을 자세히 보면 예수님의 말씀은 세례 요한을 바람에 흔들리는 갈대라고 하는 것이 아니라 "너희가 바람에 흔들리는 갈대 보려고 광야에 나갔더냐?" 하고 묻는 일종의 수사적 질문임을 알 수 있다. 그런데 "바람에 흔들리는 갈대냐?"라고 질문한 것을 "바람에 흔들리는 갈대다"라는 평서문으로 성급하게 결론 내린 것이다. 바람에 흔들리는 갈대인지 묻는 것과 바람에 흔들리는 갈대라고 단정적으로 말하는 것은 전혀 다른 뜻이다.

왜 이렇게 국어를 무시하고 이런 억지 주장을 할까? 그것은 우리에게 '바람에 흔들리는 갈대'라고 하면 꽂히는 부분이 있기 때문이다. 혹시 '갈대의 순정'이란 트로트 노래를 아는가? 박일남 가수가 부른 노래다. 가사를 보면 "사나이 우는 마음을 그 누가 알랴, 바람에 흔들리는 갈대의 순정"이라고 나온다. 또 바람에 흔들리는 갈대는 "인간은 생각하는 갈대다"라고 말한 프랑스의 철학자 파스칼의 유명한 말을 생각나게 한다. 이런 노래와 격언들로 우리는 '흔들리는 갈대'라고 하면 '마음이 흔들리는 연약한 인간'을 떠올린다. 하지만 예수님 당시 '바람에 흔들리는 갈대'는 이런 뜻이 아니었다. 이 표현은 광야와 갈릴리 지역의 일상적이고도 아름다운 풍경을 뜻한다.

당시 세례 요한을 잡아들여 감옥에 가두었던 헤롯 안티파스는 이 지역을 다스리는 분봉왕이었다. 헤롯은 자기 나라에서 통용되는 동전을 발행했는데 그 동전에는 갈릴리 갈대의 모습을 새겨서 주조했다. 당시 유대에서는 동전에 사람의 형상을 새기는 것을 십계명을 위반하는 것으로 여겼다. 제2계명에 그 어떤 것의 형상도 만들지 말라는 말씀이 있기 때문이다. 그래서 헤롯은 사람의 형상을 새기는 대신 자신이 다스리는 지역의 대표적인 상징인 갈대를 새겨 발행했다. 갈대는 갈릴리 호수 부근뿐만 아니라 물이 많지 않은 광야에도 아름답게 자라는 이 지역의 대표적인 식물이었다. 즉 바람에 흔들리는 갈대는 갈릴리의 아름다운 풍광을 의미하는 것이다.

따라서 예수님께서 "너희가 무엇을 보려고 광야에 나갔느냐 바람에 흔들리는 갈대냐?"라고 하신 말씀은 "너희들이 아름다운 풍경을 보러 나갔느냐?" 하는 뜻이다. 이어지는 11장 8절은 이렇게 시작한다.

"그러면 너희가 어찌하여 나갔더냐"(마 11:8a).

여기서 '그러면'이란 말은 부정적인 대답을 전제하는 단어다. 즉 대화의 흐름을 살피면 이렇다. "너희들, 바람에 흔들리는 아름다운 갈대 보러 광야에 나갔느냐? 아니지? 그럼 무엇을 보러 나갔느냐?" 하는 것이다. 세례 요한은 바람에 흔들리는 갈대라는 뜻이 전혀 아니다. 이어지는 8절은 계속해서 묻는다. "부드러운 옷 입은 사람이냐?" 여기 부드러운 옷 입은 사람은 왕과 귀족들의 화려한 옷을 말한다. 거친 낙타털옷을 입은 세례 요한과는 거리가 멀다. 결국 이 대답도 아니라는 것이다.

그래서 이어지는 9절은 계속해서 묻는다. "그러면 너희가 어찌하여 나갔더냐?" 자, 이 질문은 너희가 광야에 나간 것이 갈대 보러 간 것도 아니고 부드러운 옷 입은 사람 볼 간 것도 아니면 왜 나갔느냐는 것이다. 사실 이들이 광야에 나간 것은 광야에서 외치는 하나님의 소리를 듣기 위해서 아닌가? 그래서 말씀한다. "선지자를 보기 위함이었더냐?" 마침내 이 질문에 대해서 예수님은 긍정적으로 대답하신다. "옳다" 그런데 여기서 한 걸음 더 나가신다. "내가 너희에게 이르노니 선지자보다 더 나은 자니라." 예수님은 세례 요한이 단순한 선지자 그 이상이라는 것이다. 예수님은 세례 요한이 선지자 그 이상인 이유를 이어지는 10절에 말라기서를 인용하여 말씀한다.

"기록된바 보라 내가 내 사자를 네 앞에 보내노니 그가 네 길을 네 앞에 준비하리라 하신 것이 이 사람에 대한 말씀이니라"(마 11:10).

이 구절이 인용하는 말라기 3장 1절을 보자.

"만군의 여호와가 이르노라. 보라 내가 내 사자를 보내리니 그가 내 앞에서 길을 준비할 것이요 또 너희가 구하는 바 주가 갑자기 그의 성전에 임하시리니 곧 너희가 사모하는 바 언약의 사자가 임하실 것이라"(말 3:1).

자 예수님은 이 말씀을 인용하면서 세례 요한이 예수님 앞에 보내질 사자, 곧 메신저라고 말씀한다. 그러면서 결론적으로 말씀하신다.

"내가 진실로 너희에게 말하노니 여자가 낳은 자 중에 세례 요한보다 큰 이가 일어남이 없도다. 그러나 천국에서는 극히 작은 자라도 그보다 크니라"(마 11:11).

"진실로"는 헬라어로 '아멘'이다. 이는 예수께서 권위 있는, 확증하는 말씀을 하실 때 사용하는 표현이다. 예수께서는 '아멘' 하시며 "여자가 낳은 자 중에 세례 요한이 가장 크다"고 말씀한다. 선지자뿐 아니라 구약의 모든 시대를 통틀어, 즉 아브라함, 모세, 다윗 같은 인물보다 더 큰 인물이 바로 세례 요한이라고 말씀한다. 이단은 세례 요한이 의심하고 바람에 흔들리는 연약한 사람이라고 폄하하는 반면 지금 예수님의 평가는 세례 요한보다 큰 자가 없다. 즉 세례 요한이 가장 큰 자라고 한다. 그렇다면 여기서 '크다'는 뜻이 무엇일까? 그 것은 하나님의 구원 역사에 있어서 그 위치와 역할을 볼 때 가장 크다는 것이다.

하나님의 구원 역사는 크게 두 단계로 나눈다. 예수 그리스도를 기다리던 옛 시대와 예수 그리스도가 오신 새 시대. 아담과 하와가 하나님의 명령에 불순종하자마자 하나님께서는 장차 예수 그리스도 보내실 것을 약속하셨다.

> "내가 너로 여자와 원수가 되게 하고 네 후손도 여자의 후손과 원수가 되게 하리니 여자의 후손은 네 머리를 상하게 할 것이요 너는 그의 발꿈치를 상하게 할 것이니라 하시고"(창 3:15).

구약의 가장 위대한 인물인 모세조차도 장차 오실 그리스도를 기다렸다.

> "네 하나님 여호와께서 너희 가운데 네 형제 중에서 너를 위하여 나와 같은 선지자 하나를 일으키시리니 너희는 그의 말을 들을지니라"(신 18:15).

사도행전 3장에서 베드로 사도는 이를 이렇게 선언한다.

> "또 주께서 너희를 위하여 예정하신 그리스도 곧 예수를 보내시리

니 하나님이 영원 전부터 거룩한 선지자들의 입을 통하여 말씀하신 바 만물을 회복하실 때까지는 하늘이 마땅히 그를 받아 두리라. 모세가 말하되 주 하나님이 너희를 위하여 너희 형제 가운데서 나 같은 선지자 하나를 세울 것이니 너희가 무엇이든지 그의 모든 말을 들을 것이라"(행 3:20-22).

이어지는 24절을 보라.

"또한 사무엘 때부터 이어 말한 모든 선지자도 이때를 가리켜 말하였느니라"(행 3:24).

그래서 구약시대를 살았던 믿음의 선조들은 모두 예수 그리스도가 오시기를 기다리며 오실 그리스도를 믿는 믿음으로 구원받았다.

"너희 조상 아브라함은 나의 때 볼 것을 즐거워하다가 보고 기뻐하였느니라"(요 8:56).

"이 사람들은 다 믿음을 따라 죽었으며 약속을 받지 못하였으되 그것들을 멀리서 보고 환영하며"(히 11:13).

'이 사람들'이란 그리스도가 가져오실 새 언약을 멀리서 믿음으로 바라보던 믿음의 선조들을 가리킨다. 구약의 말라기서 이후로 세례 요한이 나타날 때까지 하나님 말씀은 끊어지고 선지자도 사라지는 말씀의 암흑시대가 약 400년간 계속되었다. 이 가운데 말라기서는 장차 메시아가 오실 것과 그 이전에 메시아의 길을 예비할 사자가 올 것이라고 약속했다. 이 길을 예비하는 사자는 구원사에 있어서 구약의 선조들이 그토록 고대하고 바랐던 메시아의 앞길을 준비하는 역할을 했고 그의 준비를 통해 마침내 하나님의 구원사가 성취되며 절정을 맞게 된다. 세례 요한은 단순히 선지자가 아니라 하나님이 오랫동안 약속하고 준비하셨던 최종적인 구원 역사의 길을 연, 가장 중요한 역할을 한 큰 자였다는 뜻이다. 요한은 그 성취의 문을 여는 정점에 있었다. 그래서 본문 13절은 말씀한다.

"모든 선지자와 율법이 예언한 것은 요한까지니"(마 11:13).

요한은 구원사의 문을 여는 전환점에 있는 옛 시대의 가장 중요한 인물인 것이다. 그런데 11절 후반 구절이 좀 난해하다. "그러나 천국에서는 극히 작은 자라도 그보다 크니라." 이단들은 이 구절을 갖고 "이거 봐라. 세례 요한은 천국 밖에 있지 않느냐"고 주장한다. 하지만 여기서 비교는 천국에서 일어난다. 여기서 '크다' 는 것은 앞서 이야기한 것처럼 구원사의 위치에 있어서 크다는 뜻이다. 즉 아무리 세례 요한이 중요한 역할을 했다 해도 요한은 구원의 성취를 맛보지 못한 마지막 구약의 사람이고, 예수님이 선포한 천국에 들어가는 사람은 그 성취를 맛보는 사람이기에 구원사의 성취 안에 들어온 사람이다.

이것은 마치 이런 것과 같다. 유대인은 구약의 위대한 선지자로 모세를 말한다. 모세는 출애굽을 시키고 이스라엘을 약속의 땅 앞까지 인도했다. 하지만 모세는 그 땅 안으로 들어가지 못했다. 젖과 꿀이 흐르는 땅을 약속받았음에도 불구하고 그 안으로 들어가지 못했다. 약속을 바랐지만 그 약속된 것을 받지 못했던 것이다. 구원사에서는 약속의 땅 앞까지 간 자와 약속의 땅으로 들어간 자는 비교할 수 없는 차이가 있다. 그래서 히브리서 11장 24절 이하는 모세에 대해 이렇게 말씀한다.

"믿음으로 모세는 장성하여 바로의 공주의 아들이라 칭함 받기를 거절하고"(히 11:24).

"그리스도를 위하여 받는 수모를 애굽의 모든 보화보다 더 큰 재물로 여겼으니 이는 상 주심을 바라봄이라"(히 11:26).

"이 사람들은 다 믿음으로 말미암아 증거를 받았으나 약속된 것을 받지 못하였으니 이는 하나님이 우리를 위하여 더 좋은 것을 예비하셨은즉 우리가 아니면 그들로 온전함을 이루지 못하게 하려 하심이라"(히 11:39-40).

그렇다면 모세는 천국에 못 들어갔는가? 그렇지 않다. 만약 그렇다면 예수님이 십자가 지시기 전 변화산에서 변모하셨을 때 모세가 엘리야와 함께 예수님께 나타날 수 없었을 것이다(마 17:2-3). 예수님은 마태복음 8장에 분명히 말씀한 바 있다.

"또 너희에게 이르노니 동서로부터 많은 사람이 이르러 아브라함과 이삭과 야곱과 함께 천국에 앉으려니와"(마 8:11).

아브라함, 이삭, 야곱 다 구원사의 옛 시대에 있던 이들이다. 이들은 모두 예수 그리스도의 언약을 기다리며 바라보았지만, 이 땅을 살면서 히브리서 11장 13절처럼 약속된 것을 받지 못했던 이들이다. 그러나 이들은 모두 예수 그리스도를 바라보는 믿음으로 천국에 간 이들이다. 그런데 예수님은 무엇이라고 하시는가? 이 모든 이들보다 더 큰 인물이 바로 세례 요한이라는 것이다.

이렇게 볼 때 세례 요한은 지옥에 간 것이 아니라 천국에 갔다. 그래서 비교도 천국에서 하지 않는가? "천국에서는 극히 작은 자라도 그보다 크니라." 이 말은 구원사의 성취를 맛본 신약의 성도들은 하나님의 구원 역사의 성취를 맛보았다는 점에서 그 길을 예비했던 요한과는 비교할 수 없이 크다는 뜻이다. 우리가 예수 믿는 것은 구약의 선조들이 그토록 맛보기 원하고 기다렸던 축복이다. 그래서 베드로전서 1장 5절은 말씀한다.

"너희는 말세에 나타내기로 예비하신 구원을 얻기 위하여 믿음으로 말미암아 하나님의 능력으로 보호하심을 받았느니라"(벧전 1:5).

이런 놀라운 구원의 선물을 얻은 우리는 이제 예수님의 시선과 마음으로 사람을 바라보아야 한다. 혹시 누군가가 실수하고 실족한다고 하더라도 그 한순간을 갖고 이상한 말을 만들어내지 말고, 또 그 말에 선동되지 말고 오직 주님의 말씀에 붙어 예수님의 시선과 마음을 다른 것에 빼앗기지 말아야 한다. 세례 요한을 가장 정확하게 아는 길은 예수님의 마음과 시선에 초점 맞추는 것이다. 이것은 우리가 주변 사람을 대할 때도 마찬가지다. 이런 마음으로 내 주변의 이웃, 친척과 지인들을 사랑하고 그들을 섬기며 생명의 복음을 전하라. 예수의 마음으로 충만하여 그리스도의 마음이 나를 주장하게 하라.

● 설교 제목 : **천국은 침노를 당하나니**
● 설교 본문 : **마태복음 11:12**

●
●
●

피아노를 어느 정도 배웠던 사람이라면 체르니를 기억할 것이다. 즐거운 체르니인가 아니면 공포의 체르니인가. 체르니를 치는 과정은 길고도 험난하다. 초급 단계인 100번부터 시작해서 중급 단계인 30번, 40번, 그리고 고급 단계인 50번 이런 식으로 간다. 대부분 체르니 치다가 포기한다. 연습하다 보면 이런 생각이 든다. '도대체 체르니가 누구야?' '우리를 이렇게 고통스럽게 하는 체르니 미워.' 체르니에 시달리다 보면 나중에는 체르니 소리만 들어도 체할 것 같다. 그래서 이름이 '체르니'인가? 많은 사람이 피아노를 포기하면 그와 동시에 체르니를 잊고 싶어 한다. 그런데 알고 보면 체르니는 그렇게 싫어할 체르니가 아니다.

1791년에 태어난 오스트리아 출신의 카를 체르니(1791-1857)는 당대의 정말 빼어난 피아니스트였다. 체르니는 열 살 때 베토벤 앞에서 베토벤의 작품인 '비창' 소나타를 연주했었고 그 연주에 깊은 감명을 받은 베토벤은 그 자리에서 체르니를 제자로 받아들였을 정도다.[62] 1812년, 그의 나이 21세 때는 오스트리아 빈에서 스승 베토벤의 피아노 협주곡 5번 황제를 또한 연주했었다. 체르니는 베토벤이 작곡한 피아노곡은 대부분 다 외워서 연주할 수 있을 정도였다고 한다. 게다가 체르니는 제자들을 두었다. 그중 하나가 리스트였다. 이처럼 우리나라에서 체르니는 참 오해를 많이 받는 인물이다. 성경에도 보면 이렇게 오해를 많이 받는 인물이 있다. 그중 우리나라의 수많은 이단단체에서 가장 오해를 많이 받는 인물이 바로 세례 요한이다.

왜 이렇게 오해가 많을까? 그것은 우리가 지난 시간을 통해 살펴본 것처럼 곳곳에 그럴듯한 해석의 오해를 유도하는 난해한 구절이 많기 때문이다. 먼저, 3절을 보면 세례 요한이 예수님을 의심하는 듯한 질문을 한다. "오실 그이가 당신이오니이까. 우리가 다른 이를 기다리오리이까." 또 7절에 보면 예수님이 세례 요한을 향해 "바람에 흔들리는 갈대"라고 말씀하는 것 같다. 11절도 그렇다. "천국에서는 극히 작은 자라도 그보다 크니라"고 말씀하셨기에 세례 요한은 천국에 없고 천국 밖에 있는 것 같은 느낌을 준다. 이런 구절들을 연결해서 반복적으로 듣다 보면 논리적으로 맞는 것 같고, 그러다 보면 정말 그런가 하는 생각에 점차 확신이 들기 시작한다. 그러다가 본문을 읽으면 이런 생각들이 결정적인 확신으로 굳어진다.

"세례 요한의 때부터 지금까지 천국은 침노를 당하나니 침노하는 자는 빼앗느니라"(마 11:12).

이 말씀을 언뜻 들으면, 세례 요한이 세우려 했던 천국이 침노를 당해서 빼앗기고 무너졌다고 생각하기 쉽다. 세례 요한이 예수님을 의심하고 바람에 흔들리는 갈대같이 갈팡질팡하더니 예수님은 그런 세례 요한이 천국 밖에 있다고 하시고, 결국 그가 세우려 했던 천국은 그를 대적했던 대적자들에 의해 침노당하고 무너졌다는 것이다. 세례 요한은 쓸데없이 헤롯왕의 연애사에 간섭하여 헤로디아를 아내로 맞이한 헤롯왕에게 옳지 않다고 했다가 감옥에 갇혔다(마 14:3-4, 막 6:17-18). 그러는 사이 세례 요한의 제자들은 이미 바리새인과 한통속이 되어 같이 금식하며 그들과 하나가 되고(마 9:14), 그러다가 결국에는 세례 요한이 세우려던 천국을 빼앗기고 무너지고 말았다는 것이다. 이런 이단단체의 주장은 지속해서 세례 요한이 지옥에 간 것 같은 생각을 갖도록 한다.

이단들이 이토록 세례 요한 교리에 집착하는 이유는 무엇인가? 이는 자기네 교주의 전임자를 부인하기 위한 정치적 음모론을 바탕으로 한 거짓 교리다. 언뜻 듣기에 논리적으로 타당하게 들리기에 어처구니없는 결론을 진리로 확신하며 세례 요한이 지옥에 갔다고 주장하는 것이다.

그렇다면 본문 12절은 어떻게 이해해야 할까? 12절은 언뜻 읽어도 이것이 무슨 뜻인지 파악하기 어렵다. 본문을 이해하는 데 중요한 단어가 세 개가 있다. 그것은 '침노한다', '침노하는 자', 그리고 '빼앗느니라'는 단어다. 먼저 이 의미를 본격적으로 살펴보기 전에 본문이 전제하는 상황을 살펴보도록 하자. 그러려면 12절 전반부에 나온 "세례 요한의 때부터 지금까지"라는 구절의 의미를 파악할 필요가 있다. '지금까지' 는 지금 무리에게 말씀하시는 예수님의 때까지를 뜻한다. 바로 앞 11절에서 예수님은 구원의 옛 시대와 새 시대를 나누어서 말씀하셨다. 그런데 12절에서는 세례 요한부터 예수님까지를 하나의 기간 단위로 묶는다. 여기서 "세례 요한의 때부터 지금까지" 는 세례 요한이 천국의 길을 예비하면서부터 예수님께서 천국을 선포하며 그 길을 연 지금까지를 가리킨다. 다시 말하면 "구원사의 새 시대를 여는 천국의 여명이 세례 요한에 의해 동터오기 시작하여 예수님에게서 그 천국이 본격적으로 시작된 지금까지"를 가리킨다. 이 기간은 세례 요한의 천국과 예수님의 천국을 나누지 않고 하나로 본다.

따라서 12절의 천국은 세례 요한의 천국, 세례 요한의 장막이 아니고 세례 요한이 준비하고 예수님이 본격적으로 여신 예수님의 천국, 즉 하나의 천국을 가리킨다. 그런데 그때부터 지금까지 천국에 무슨 일이 있었는가? 계속해서 침노를 당했다는 것이다. 여기 나오는 '침노하다'(헬. 비아제타이)는 헬라어 원문은 크게 두 가지 형태로 사용된다. 하나는 수동형이고 다른 하나는 우리에게는 다소 생소한 중간태 형태다. 수동태냐 중간태냐에 따라 그 의미가 차이 난다. 중간태는 긍정적인 의미가 있다. 이런 의미로 천국이 '침노를 당한다' 는 말씀은 천국은 '강력하게 전진한다' 는 뜻이다. 누가복음 16장 16절은 이런 중간태로 사용된 대표적인 예다.

> "율법과 선지자는 요한의 때까지요 그 후부터는 하나님 나라의 복음이 전파되어 사람마다 그리로 침입하느니라"(눅 16:16).

여기 그리로 침입한다는 것은 하나님 나라로 강력하게 전진한다, 하나님 나라에 들어가도록 힘쓴다는 뜻이다. 이런 의미로 본문의 '침노한다'는 단어를 해석하면 본문의 의미가 긍정적이다. 중간태로 해석할 경우 '천국은 힘 있게 전진한다'는 뜻이고, '침노하는 자'란 뜻은 복음을 전파하기 위해 힘쓰고 애쓰는 사람들, 분투하는 사람들이란 뜻이 된다. 그리고 '빼앗느니라'는 단어는 '차지한다', '획득한다'는 뜻이 된다. 이런 의미를 살려서 번역한 「새번역 성경」은 본문의 중간태 의미를 잘 드러낸다.

> "세례자 요한 때로부터 지금까지, 하늘나라는 힘을 떨치고 있다. 그리고 힘을 쓰는 사람들이 그것을 차지한다"(마 11:12, 새번역).

이것을 좀 더 현대적인 표현으로 하면 다음과 같을 것이다. "세례 요한 때부터 지금까지 하늘나라는 강력하게 전진해 왔다. 그리고 분투하는 사람들이 그것을 차지한다." 우리는 마태복음에서 이렇게 분투하여 하나님의 나라를 맛보고 차지했던 사람들을 볼 수 있다.

가버나움에서 로마 백부장이 예수님께 와서 중풍으로 괴로워하는 하인을 고쳐 달라고 간구한다(마 8:5). 그리고 그렇게 간구한 백부장은 자기 하인의 치유를 맛보게 된다. 마태복음 9장 1절 이하에는 침상에 누운 중풍 병자를 사람들이 데리고 예수님께 나아온다. 마가복음 2장에서도 사람들이 너무 많아 예수님 가까이 갈 수 없자 지붕으로 올라가 지붕을 뜯고 중풍 병자가 누운 상을 달아 내린다. 그리고 중풍으로 고생했던 친구는 죄 사함을 얻고 치유를 경험한다. 12년간 혈루증을 앓던 여인(마 9:20 이하)은 어떤가? 그녀는 예수님 뒤로 가서 그 겉옷 자락이라도 만지려고 몸부림을 쳤고 그렇게 분투했던 그녀는 마침내 천국을 맛보게 되었다. 이런 긍정적 의미에서 예수님은 제자들에게 다음과 같이 말씀하셨다.

> "구하라. 그리하면 너희에게 주실 것이요. 찾으라. 그리하면 찾아낼 것이요. 문을 두드리라. 그리하면 너희에게 열릴 것이니"(마 7:7).

우리는 분명 하나님 나라가 우리 삶에 임할 수 있도록 분투하며 간구하고 기도하며 나아가야 한다.

하지만 본문의 '침노하다'(비아제타이)는 수동형의 의미도 있다. 그래서 개정개역판이나 이전의 개역한글판을 보면 '침노하다'는 단어를 수동형으로 '침노를 당하나니'로 번역했다. '침노한다'는 헬라어 '비아제타이'가 수동형으로 사용되면 부정적인 의미가 있게 되는데 그 의미는 '폭력에 시달린다', '폭력을 겪는다'는 뜻이다. 그래서 영어 성경(NRSV, ESV)에 보면 'suffered violence'라고 되어있다. '침노하다'는 단어가 부정적인 수동태형으로 해석이 되면 '침노하는 자'도 부정적 의미로 번역된다. 그래서 '침노하는 자'는 좀 더 분명하게 표현하면 '폭력을 쓰는 자', '폭력적인 자'가 된다. 영어 성경도 'the violent'(NRSV, ESV), 또는 'violent people'(NIV)로 번역한다. 이런 해석을 살린 것이 최근에 나온 「새한글 성경」이다.

> "세례자 요한의 날들부터 지금까지 하늘나라가 폭력에 시달리고

있습니다. 폭력을 쓰는 사람들이 그 나라를 앗아가고 있습니다"
(마 11:12, 새한글성경).

공동번역은 후반절 부분을 "하늘나라를 **빼앗으려고 한다**"로 표현한다. 이런 의미를 살려 다시 번역하면 이런 표현이 될 것이다. "세례 요한의 때부터 지금까지 천국은 폭력적인 핍박에 시달려 오고 있습니다. 폭력으로 박해하는 자들은 어떻게든 하나님 나라를 **빼앗으려고 합니다**"

우리는 세례 요한이 하나님 나라를 전파하다가 감옥에 갇힌 것을 알고 있다. 하지만 이단들은 이렇게 주장한다. 세례 요한이 감옥에 갇힌 것은 쓸데없이 남의 연애사에, 정치사에 간섭하다가 갇힌 것이지 하나님의 사명을 감당한 것이 아니라고 한다. 그러나 그렇지 않다. 세례 요한이 분봉왕 헤롯에게 동생 빌립의 아내 헤로디아를 취한 것이 옳지 않다고 해서 감옥에 간 것은 왕이 회개하고 올바르게 나라를 다스리도록 촉구하기 위해서다. 왕이 하나님 말씀에 바로 서도록 하나님 말씀을 선포하는 것은 선지자의 마땅한 사명이다. 율법은 분명 동생의 아내를 취하는 것을 금지하고 있다.

"너는 네 형제의 아내의 하체를 범하지 말라. 이는 네 형제의 하체니라"(레 18:16).

헤롯은 분명 레위기의 말씀을 범했고 이는 하나님께 범죄한 것이다. 하나님께 범죄한 통치자를 책망하고 그를 회개케 하여 옳은 데로 돌아오게 하는 것은 선지자의 사명이다. 따라서 세례 요한은 쓸데없이 남의 연애사나 정치사에 끼어든 것이 아니다. 다윗 시대의 선지자 나단을 보라. 다윗이 밧세바와 간음에 빠지자 어떻게 하는가? 직접 왕을 찾아가 책망하지 않는가?(삼하 12:7-9). 이런 면에서 세례 요한은 하나님 나라가 다가오고 있으니 회개하여 그 나라를 맞이할 준비를 하라고 선포했던 것처럼 범죄하고 회개하지 않는 왕을 향해서도 동일한 메시지를 선포한 것이다.

그렇다면 세례 요한의 제자들이 바리새인들과 함께 금식한 것은 어떻게 된 것일까?

> "그 때에 요한의 제자들이 예수께 나아와 이르되 우리와 바리새인들은 금식하는데 어찌하여 당신의 제자들은 금식하지 아니하나이까"(마 9:14).

여기서 금식한 것은 한통속이 되었다는 말이 아니다. 당시 금식은 유대인이라면 누구나 하는 경건의 습관이었다. 금식은 하나님을 경외하는 유대인이라면 마땅히 해야 할 것으로 간주되었기에, 당시 유대인들은 정기적으로 금식을 했고 바리새인들은 더욱 세부적인 규칙을 만들어 더 적극적으로 금식을 행했었다. 이런 가운데 예수님의 제자들은 예수님을 따라다니고 사역을 하면서 파격적으로 금식을 행하지 않았고 이에 대해 요한의 제자들이 궁금해서 물었던 것이다. 세례 요한이 직접 물은 것도 아니고 그의 제자들이 유대의 경건 관습에 대해 물어본 것을 '세례 요한과 바리새인들이 한통속'이라고 주장하는 것은 성경의 본뜻을 무시하고 자의적으로 왜곡하는 주장이다.

오히려 본문의 말씀은 세례 요한이 바리새인들과 한통속이 된 것이 아니라 예수님과 한통속이 되었다는 것을 보여준다. 어떤 면에서 그럴까? 하나님 나라의 의를 위하여 핍박받고 고난받는 면에서 그렇다. 세례 요한은 지금 회개하라는 메시지를 선포했다가 공권력의 폭력으로 인해 감옥에 갇혀 고난을 받고 있다. 예수님께서도 하나님 나라를 선포하시다 장차 로마 군병에 의해 체포되고 십자가에 달려 죽으실 때 그러하실 것이다. 그뿐만 아니다. 예수님은 그의 제자들도 천국 복음을 전하다 그런 핍박에 처할 것이라고 말씀하셨다.

"사람들을 삼가라. 그들이 너희를 공회에 넘겨주겠고 그들의 회당에서 채찍질하리라"(마 10:17).

"자기 목숨을 얻는 자는 잃을 것이요, 나를 위하여 자기 목숨을 잃는 자는 얻으리라"(마 10:39).

핍박과 고난이란 측면에서 세례 요한의 때부터 예수님의 때까지는 서로 연결되어 있고 하나님 나라는 이런 핍박과 고난으로 끊임없이 방해를 받고 타격을 입게 될 것이다. 이것은 하늘나라의 여명이 밝을 때부터 주님이 다시 오실 때까지 계속된다. 이것은 우리에게도 그대로 적용된다. 우리도 이 땅에서 천국 복음을 증거하고 하나님의 나라를 세워갈 때 이런 핍박과 고난에 대한 각오가 있어야 한다. 반대 없고 고난 없는 신앙은 없다. 도리어 반대와 조롱과 거부가 있을수록,

'아, 내가 하나님의 나라에 지금 동참하고 있구나' 하는 생각 가운데 감사함으로 받아들여야 한다. 우리 중에 가족을 전도하거나 지인을 전도하는 데 망설이는 이들이 있다. 그들의 반대와 조롱과 거부가 두렵기 때문이다. 하지만 이것은 하나님의 나라를 확장하는 데 마땅히 따라오는 부분이다. 두려워 말고 하나님 나라를 위해 적극적으로 분투할 수 있기를 바란다. 비록 조소와 반대가 있더라도 하나님 나라를 위해 분투하며 그 나라의 영광과 능력을 맛보는 복된 성도로 서자.

[Section 9. 각주]

60) 요세푸스, 김지찬 역, 「요세푸스 III: 유대 전쟁사」(서울: 생명의말씀사, 1987).
61) 안재광, "비주류는 어떻게 주류를 밀어내나", 한국경제, 2024. 9. 14.
62) 김성현, "[클래식 따라잡기] 피아노 학원서 만나는 공포의 연습곡...체르니가 만들었죠, 카를 체르니", 조선일보, 2024. 8. 27.

교리 백신
예방설교의 실제

● ● ● ● ●

- 설교 제목 : **성 삼위일체 하나님을 바로 아는 지식**
- 설교 본문 : 에베소서 1:3-5, 13-14

세상에서 가장 가기 어렵고 또 비싼 관광지가 어디일까? 지구로부터 400km 위에서 시속 약 27,000km로 지구 주변을 돌고 있는 국제 우주정거장(ISS)이다. 이는 미국, 영국, 일본, 프랑스, 러시아 등 총 16개 나라가 연합하여 만든 거대한 건축물로 그 크기가 월드컵 축구 경기장만 하다. 이곳을 다녀오는 관광 상품을 일론 머스크가 CEO로 있는 스페이스 X가 2022년 처음으로 출시했다.

우리가 우주를 여행할 때 우리 몸에 가장 걸림돌이 되는 것은 무엇일까? 그것은 바로 뼈다.[63] 뼈는 우리 몸을 지탱하고 몸의 기능을 유지하는 아주 중요한 신체의 지지대 역할을 한다. 게다가 뼈는 튼튼해서 우리 몸을 지탱하고 몸의 장기를 보호한다. 또 근육이 제대로 기능할 수 있도록 지탱해 준다. 아니 그러면 이 뼈는 우주여행을 할 때 정말 필수적인 것 아니겠는가? 게다가 이 뼈는 스스로 자라고 가볍고 내구성이 좋은 데다가 뼈가 부러지면 회복하는 능력까지 있어, 이 세상에서 발견할 수 있는 가장 완벽한 재료다. 그래서 아담이 하와를 보자마자 감탄했던 말이 무엇인가? "이는 내 뼈 중의 뼈"라고 하지 않는가? 인류 최초의 여인 하와는 무엇보다 뼈가 아름다운 여인이었다.

그렇다면 뼈는 무엇으로 이루어져 있을까? 가장 대표적인 성분이 칼슘이다. 칼슘이 우리 뼈를 튼튼하게 해 준다. 그런데 이 단단한 뼈의 또 다른 주성분은 놀랍게도 콜라겐이다. 요즘 콜라겐 드시는 분들 많지 않은가? 이 콜라겐은 부드럽고 신축성이 있다. 사실 뼈는 콜라겐 덩어리이기도 하다. 콜라겐 덩어리인 뼈가 단단한 이유는 칼슘 때문이다. 뼈는 콜라겐이라는 부드럽고 신축성 있고 질긴 그물 위에 칼슘 결정이 수북이 쌓여 단단한 프레임을 형성한 구조로 되어 있다. 뼈는 칼슘과 콜라겐을 비롯하여 우리 몸의 신경, 장기, 근육 조직이 작동하는 데 필수적인 영양분을 저장하는 일종의 영양소 은행 역할을 한다.

그런데 이렇게 소중하고 든든한 뼈가 우주여행에서 걸림돌이 되는 이유가 무엇일까? 그것은 우주에 나가 무중력 상태가 되면 우리의 뼈는 저장했던 영양소를 붙잡아 주는 힘이 없어진다. 결국 뼈에 저장되었던 영양소가 급속도로 빠져나가게 되는 것이다. 뼈의 칼슘과 영양소가 다 빠져나가면 심한 골다공증이 오게 되고 결국 온몸이 무너지게 된다. 가장 든든하다고 여겼던 뼈가 우주에 나가면 우리가 알던 뼈가 아닌 가장 위협적인 잠재 요소가 되는 것이다.

그렇다면 우리가 하나님을 믿으며 신앙생활을 할 때 가장 잠재적인 걸림돌이 되는 위협 요소는 무엇일까? 그것은 놀랍고도 아이러니하게도 하나님이다. 우리가 바로 믿었던 하나님이 바르지 못한 지식으로 왜곡될 때 우리는 그토록 뜨겁게 믿으려 했던 하나님을 저버리고 참 하나님이 아닌 다른 하나님, 참 구원이 아닌 다른 구원을 열심히 쫓아갈 수 있다. 2023년 넷플릭스를 통해 개봉되었던 다큐멘터리 〈나는 신이다〉를 보라. 여기 나오는 이들은 하나같이 이단 사이비 교주를 이 시대에 오신 하나님, 그리스도, 혹은 보혜사로 믿고 맹종하며 자기 인생을 바치고 있다. 이들은 허무맹랑한 거짓 교리에 세뇌되어 도저히 이해할 수 없는 끔찍하고 극악무도한 일을 서슴지 않고 자행했다. 그들이 그렇게 할 수 있었던 것은 그들 속에 있는 왜곡된 신앙 때문이었다. 극악무도한 범죄행위조차 자신들이 믿고 있는 신이 원하는 일이고 그가 시키는 일이면 그것이 신의 공의라고 믿고 있었다. 이런 왜곡된 신앙의 핵심으로 들어가면 무엇이 있느냐? 바로 하나님에 대한 왜곡된 이해가 있다.

교회력으로 성령강림 주일로 지키는 오순절 이후 8번째 주일은 삼위일체 주일이다. 이는 우리가 믿는 하나님이 성 삼위일체 하나님임을 고백하며 마음에 새기는 날이다. 이렇게 삼위일체 주일을 지키는 것은 삼위일체 하나님을 올바로 아는 것이 그만큼 중요하기 때문이다. 삼위일체 하나님을 잘못 알면 잘못된 신앙을 형성하게 되고 자칫하면 왜곡된, 잘못된 다른 하나님을 따라가기 쉽다. 그렇다면 우리가 믿는 삼위일체 하나님은 어떤 하나님일까? 이를 위해서는 먼저 삼위일체 하나님이 아닌, 다른 하나님이 무엇인가를 살펴볼 필요가 있다. 삼위일체 하나님인 것 같지만 삼위일체가 아닌 다른 하나님에는 어떤 모습이 있을까?

첫째, 양태론적 하나님이다. 양태론적이라는 것은 겉으로 나타나는 모습은 세 가지 다른 모양인데 결국 그 본질은 하나님 한 분이라는 것이다. 예를 들어 이런 것이다. 집사님이 한 분 있다. 이 사람이 교회에서는 집사인데 집에 가면 자녀들의 아빠가 된다. 그런데 회사에 가면 과장이다. 한 사람이 있는 장소에 따라 서로 다른 세 가지 다른 모습으로 나타나는 것이다.

이러한 양태론적 하나님은 많은 이단이 하나님을 왜곡하는 대표적인 방식이다. 또 다른 예를 들어보자. 물이 상온일 때는 물이다. 그런데 영하일 때는 얼음이다. 그리고 100℃가 되면 수증기가 된다. 이처럼 하나님도 동일한 한 분 하나님이 구약시대에는 여호와의 이름으로 오시고 신약시대에는 예수님의 이름으로 오시고 오늘날 성령시대에는 성령의 이름으로 오신다는 것이다. 그런데 성령은 이름이 없어서 우리가 모르던 새 이름으로 오는데 그 새 이름이 바로 자기 교주의 이름이라는 것이다.

하나님은 구약에서는 여호와 하나님으로 나타나시고, 이때는 여호와 하나님의 이름을 부름으로 구원받고 여호와의 이름으로 기도한다. 신약에서는 하나님이 예수 그리스도로 나타나셨고, 예수 그리스도의 이름을 부름으로 구원받았으며, 예수 그리스도의 이름으로 기도했다. 그리고 이제 오늘날 성령시대에는 성령님이 오셔서 그의 새 이름을 부름으로 구원받고, 그의 새 이름으로 기도해야 한다는 것이다. 이처럼 한 분 하나님이 시대에 따라 각각 다른 모습으로 오시지만 결국 한 하나님이 다른 모습으로 오신다고 주장하는 것을 양태론적 이단이라고 한다.

둘째, 삼위일체 하나님이 아닌 다른 하나님으로 왜곡하는 또 다른 방식이 있다. 그것은 오직 여호와 하나님 한 분만 인정하고 예수님과 성령님은 하나님으로 인정하지 않는 것이다. 이것을 일신론이라고 한다. 참된 하나님은 하나님 한 분뿐이고 예수님, 성령님은 특별한 존재이기는 하지만 하나님은 아니라는 것이다. 그래서 이것을 삼신론이라고 한다. 하나님만이 참되신 하나님이고 예수님과 성령님은 신적 존재이기는 하지만 하나님과 동일하지 않은 차별되고 구별된, 도리어 열등한 신이라는 것이다.

수많은 이단이 이런 관점을 취한다. 이들은 예수님을 성자 하나님으로 인정하지 않는다. 예수님을 특별히 가장 높은 지위에 있는 영적 존재인 천사라고 하든지, 아니면 하나님이 택한 목자, 즉 사람이라고 한다. 그런데 그런 목자에게 하나님의 영이 임했다. 그래서 택한 목자는 하나님의 능력과 계시력을 발휘하는 특별한 목자가 된다.

성령님도 마찬가지다. 성령님은 성령 하나님이 아니다. 어떤 단체는 성령은 일종의 기운, 능력이라고 하며 성령의 인격성을 부인한다. 또 어떤 이단단체는 하나님께 속한 모든 영, 천사, 순교자와 같은 하늘에 있는 영이 하나님께 속한 선한 영, 곧 성령이라고 한다. 하지만 하나님의 성령과 하나님께 속한 영은 분명 다르다. 성령은 하나님이시지만 천사는 하나님의 피조물일 뿐이다. 하지만 이단들은 이런 교리를 구분하지 못한다. 지금 교주에게는 초림시대의 목자였던 예수님의 영이 임했다면서 지금 교주를 특별한 예수의 영이 함께하는 특별한 약속의 목자로 떠받든다.

이처럼 양태론이나 일신론은 교주를 비록 하나님까지는 아니지만 예수님이나 성령님과 거의 동급으로 올려놓게 하는 이론적 뒷받침을 제공한다. 여기까지 들은 분들은 '아, 내가 지금까지 막연하게 알고 있던 삼위일체가 잘못된 것이네'라고 생각하는 분이 있을 것이다. 사실 이런 왜곡된 이해가 있으므로 이단들이 성도들을 많이 미혹하는 것이 사실이다.

그렇다면 삼위일체 하나님은 어떤 분이실까? 먼저 삼위란, 성부, 성자, 성령 하나님을 말한다. 성부, 성자, 성령은 시대에 따라 다르게 나타나는 모습이 아니라 각각 인격적으로 구별되는 하나님이다. 그래서 성부도 하나님이고 성자도 하나님이고 성령도 하나님이지만 성부는 성자가 아니고 성자는 성령이 아니며 성령은 성부가 아니다. 각각 인격적으로 구별된다, 그런데 그 구별되는 하나님이 한 본체, 한 본질로 계신다. 그것이 일체, 곧 하나의 본질(one essence)이 갖는 의미다. 이것은 이 세상에서 발견할 수 없는, 독특하게 구별되는 존재 방식이다.

생각해 보라. 같은 본질이면 구별이 없어야 한다. 세쌍둥이가 있다고 하자. 남자아이 셋인데 이번에 고등학교를 졸업한다. 세쌍둥이는 언뜻 보기에 같은데 자세히 보면 조금씩 다르다. 물어보면 성품도 다르고 성향도 다르다. 그래서 이 셋은 각각 다른 독립적 인격체다. 세쌍둥이 간에 구별된다는 것은 무엇인가 다른 점이 있어서 구별이 가는 것이다. 그런데 삼위일체 하나님은 같은 본질인데 인격적 구별이 있다. 이런 삼위일체 하나님의 존재 방식은 이 세상에 있는 그 어떤 것으로도 설명할 수 없는, 구별된, 독특한 존재 방식이다. 그래서 삼위일체 하나님 앞에 '성'이라는 말을 덧붙인다. '성'이란 거룩할 '성'(聖, holy)이다. 따라서 성 삼위일체(Holy Trinity)라는 말은 이 세상에 존재하는 그 어떤 존재와도 구별되는, 비교할 수 없는, 독특한 하나님의 존재 방식을 의미한다.

그렇기에 삼위일체 하나님을 이 땅에 있는 것들을 빗대어 비유적으로 설명하다 보면 항상 논리적인 모순에 빠진다. 지금까지 이 세상에 있는 것들로 삼위일체 하나님을 빗대어 비유로 설명하려는 시도들은 하나같이 논리적인 오류에 빠졌다. 이 세상에 있는 것들은 다르거나 차이가 있으면, 구별되면 본질이 달라지기 때문이다. 하지만 하나님은 삼위 하나님이 인격적으로 구별되지만 본질에서 동일한 하나님이신 신비로운 존재 방식을 갖고 있다. 그래서 우리는 하나님의 존재 방식을 전부 다 이해할 수는 없다 하더라도 믿음을 통해 받아들여야 한다.

하나님의 존재 양식을 올바르게 받아들여야 이단들의 왜곡된 주장에 대한 분별력과 저항력을 기를 수 있다.

첫째, 양태론적 주장을 검토해 보자. 양태론은 하나님께서는 동일한 한 분이신데 구약시대, 신약시대, 오늘날의 시대에 따라 다른 모습으로 오신다고 한다. 시대에 따라 나타나는 양태(樣態)만 바뀐다는 것이다. 구약에서는 여호와로 오셨던 하나님이 신약시대에는 예수님의 양태로 오시고 오늘날에는 보혜사의 양태로 오신다는 것이다. 성경에서 마지막 때의 구원자는 동방에서 오시고 동방은 한국이니 한국에 출현한 보혜사가 바로 마지막 때 나타나실 구원자 하나님이라고 한다. 구약에 여호와, 신약에 예수로 나타나셨던 하나님이 이

시대에 한국 사람의 육신을 입고 오신다. 그러면 여기서 당황스러운 상황이 펼쳐진다. 예수님께서 겟세마네 동산에서 "아버지여 이 잔을 내게서 옮겨 주옵소서"라고 기도한 것은 자기가 자기에게 기도했다는 말인가? 아니다. 예수님은 분명 자신과 구별되신 성부 하나님께 기도하신 것이다.

따라서 하나님이 구약시대에는 여호와, 신약시대에는 예수, 오늘날 시대에는 보혜사로 온다는 주장은 잘못된 주장이다. 하나님은 구약시대에도 성 삼위일체 하나님, 신약시대에도 성 삼위일체 하나님, 오늘날에도 성 삼위일체 하나님으로 역사하신다. 성경은 우리를 향한 구원 경륜을 이루기 위한 이러한 삼위 하나님의 역사하심을 명확하게 구별하여 진술한다.

> "곧 하나님 아버지의 미리 아심을 따라 성령이 거룩하게 하심으로 순종함과 예수 그리스도의 피 뿌림을 얻기 위하여 택하심을 받은 자들에게 편지하노니 은혜와 평강이 너희에게 더욱 많을지어다"(벧전 1:2).

여기 보면 성부 하나님께서는 예지와 예정 가운데 택하시고 성자 예수께서는 우리를 위하여 피 흘려주시며 성령은 우리를 거룩하게 하여 순종하게 한다고 말씀한다. 여기에는 삼위 하나님의 구원 경륜을 위한 구별된 사역이 잘 드러나 있다. 이는 고린도후서 13장의 말씀에도 나타난다.

"주 예수 그리스도의 은혜와 하나님의 사랑과 성령의 교통하심이
너희 무리와 함께 있을지어다"(고후 13:13).

이 말씀에 따르면 성자 예수는 은혜를 주시고 성부 하나님은 사
랑하시며 성령께서는 성도에게 깊은 교제와 나눔을 갖게 하시는데
이런 삼위일체 하나님이 우리와 함께 있기를 축복한다.

하나님이 세상을 창조하실 때도 삼위 하나님의 구별된 사역이 수
행된다. 성부께서 "빛이 있으라"(창 1:3) 하시자 로고스 되신 성자 예
수께서 나아가 세상을 창조하셨다(잠 8:30, 요 1:2-3). 성령 하나님
은 여호와의 영으로 이 세상이 창조되기 전 흑암 가운데 덮여있는 이
땅을 운행하신다(창 1:2). 이처럼 성 삼위 하나님께서는 시대마다 다
른 모습으로 나타나 역사하는 것이 아니라 태초부터 종말까지 항상
함께 역사하신다.

둘째, 올바른 성 삼위일체 하나님에 대한 이해는 삼신론을 거부
한다. 올바른 삼위일체 신앙은 성부, 성자, 성령 모두 동등한 위격의
하나님이며 한 본체, 즉 동일한 본질이라는 것을 믿는다. 많은 이단
이 예수님은 하나님이 아니라고 주장한다. 이들은 예수님은 사람으
로 태어났고 단지 요단강에서 세례받으실 때 하늘이 갈라지며 성령
이 임하시면서 그때부터 하나님의 영이 특별하게 임한 택함 받은 약
속의 목자라고 주장한다.

"예수께서 세례를 받으시고 곧 물에서 올라오실새 하늘이 열리고
하나님의 성령이 비둘기같이 내려 자기 위에 임하심을 보시더니

하늘로부터 소리가 있어 말씀하시되 이는 내 사랑하는 아들이요 내 기뻐하는 자라 하시니라"(마 3:16-17).

이단들은 예수께서 세례를 받고 올라오실 때 하늘이 열리고 성령이 임하면서 예수님이 하나님의 특별한 아들이 되었다고 한다. 언뜻 들으면 그런 것 같다. 그러나 예수님은 이때 성령이 임하신 것이 아니다. 예수님은 성령의 능력으로 동정녀 마리아에게 잉태되셨고 또 모태에서부터 성령으로 충만하셨다. 자라면서도 지혜가 충만하고 하나님의 은혜가 늘 그 위에 있었던 분이셨다.

우리는 예수님이 사람으로 나셨기에 사람이라고 생각한다. 그러나 성경은 예수님이 태초부터 하나님과 함께 계셨던 성자 하나님이고 그 성자 하나님이 우리의 구원을 위해 인성을 취하여 사람이 되셨다고 말씀한다. 신성이 인성을 취하여 신성과 인성이 결합된 사건, 그것이 바로 성육신이고 하나님의 로고스, 곧 말씀이 사람이 되신 사건이다.

"말씀이 육신이 되어 우리 가운데 거하시매 우리가 그의 영광을 보니 아버지의 독생자의 영광이요 은혜와 진리가 충만하더라"(요 1:14).

하나님의 신적 로고스가 육신이 되셨다. 더 나아가 우리 가운데 계시는데, 그에게 영광이 있는데 아버지의 독생자의 영광이요 은혜와 진리가 충만하다고 한다. 그렇다면 아버지의 독생자의 영광이란 무엇일까?

> "본래 하나님을 본 사람이 없으되 아버지 품속에 있는 독생하신 하나님이 나타내셨느니라"(요 1:18).

독생하신 하나님이 나타내셨다. 여기 예수님을 독생하신 하나님이라고 말씀한다. 성경은 이런 예수님이 성부와 동등하신 하나님이라고 증언한다.

> "그는 근본 하나님의 본체시나 하나님과 동등됨을 취할 것으로 여기지 아니하시고"(빌 2:6).

본래 하나님의 본체이신 성자께서 하나님과 동등됨을 취하지 않고 자기를 비워 인성을 취하여 사람으로 오셨다. 여기 '동등됨을 취하지 않았다'는 것은 본래는 동등되었던 분이라는 것을 뜻한다. 그러나 그분이 동등됨을 포기하고 이 땅에 오신 것은 바로 우리를 구원하기 위해서였다는 것이다. 이런 성 삼위일체 하나님의 존재 방식과 역사는 바로 우리를 구원하기 위한 것이다. 즉 삼위일체는 우리의 구원을 위한 삼위일체인 것이다. 우리를 구원하기 위해 성부 하나님은 구원을 계획하고 작정하셨고, 성자 하나님은 그 구원 역사를 십자가에서 이루기 위해 이 땅에 인성을 취하여 내려오셨고, 성령 하나님께서는 그 구원의 역사가 우리에게 적용되어 우리를 거룩하게 하는 일을 이루어 가신다. 이를 위해 삼위일체 하나님의 존재 방식이 반드시 필요한 것이다. 이것을 본문이 잘 설명한다.

> "곧 창세전에 그리스도 안에서 우리를 택하사 우리로 사랑 안에서
> 그 앞에 거룩하고 흠이 없게 하시려고 그 기쁘신 뜻대로 우리를
> 예정하사 예수 그리스도로 말미암아 자기의 아들들이 되게 하셨
> 으니"(엡 1:4-5).

하나님의 구속 계획은 창세전부터 시작되었다. 창세전에 우리를
그리스도 안에서 택하시고 거룩하고 흠이 없게 하시려고 예수 그리
스도를 통한 구속 역사를 계획하시고 그 아들을 보내어 예수 그리스
도로 말미암아 하나님의 자녀가 되게 하셨다.

이어지는 13~14절도 주목하라.

> "그 안에서 너희도 진리의 말씀 곧 너희의 구원의 복음을 듣고 그
> 안에서 또한 믿어 약속의 성령으로 인치심을 받았으니 이는 우리
> 기업의 보증이 되사 그 얻으신 것을 속량하시고 그의 영광을 찬송
> 하게 하려 하심이라"(엡 1:13-14).

성령으로 말미암아 복음을 듣게 하시고 믿게 하시고 하나님의 소
유됨을 인치셨다. 예수를 우리의 구주로 고백하고 믿는 우리는 모두
성령의 인침을 받은 사람이다. 한 가지 주의할 것은 여기서도 그렇지
만 성경에서 '성령'을 말할 때는 항상 정관사와 대문자를 써서 'the

Holy Spirit'이라고 사용한다는 사실이다. 성경은 성령 하나님을 하나님께 속한 여러 영이 아니라 일관되게 한 분으로 증거함을 기억해야 한다.

요컨대 삼위일체는 이 세상에 있는 것을 통해 이해하기 어려운, 이 세상에 있는 것들과는 구별된 존재 방식이다. 그렇기에 이를 세상과 구별된다는 의미에서 성(聖) 삼위일체라고 부른다. 하나님이 이런 신비로운 존재 방식으로 태초부터 계신 것은 바로 우리를 구원하시고 하나님의 자녀 삼으시려는 풍성한 구속의 은총을 베풀기 위함이다. 따라서 우리가 삼위일체를 바르게 알수록 하나님께서 우리에게 베푸신 구원의 풍성함도 더 깊이 알게 된다. 반면 삼위일체를 왜곡되게 이해하면 자칫 다른 왜곡된 이상한 신을 따라갈 수 있다. 성 삼위일체 하나님을 왜곡하는 여러 이단적 주장들을 지혜롭게 분별하고 바른 삼위일체 신앙 안에 든든히 서는 성도 될 수 있기를 바란다.

- 설교 제목 : 주 예수를 바로 아는 지식
- 설교 본문 : 빌립보서 2:6-11

어느 날 오후 한 노신사가 국내 굴지의 전자제품 회사의 매장에 들어가 제품을 보고 있었다. 이 노신사는 제품을 찬찬히 살펴보고, 때로는 그 제품을 집어 들고 작동도 해보며, 여기저기를 찬찬하게 훑어보고 있었다. 하지만 국내 최고의 전자회사 제품이라는 말이 무색할 정도로 작동이 제대로 되는 제품이 별로 없었다.

이 노신사를 바라보는 매장 직원의 표정은 별로 좋지 않았다. 꼭 표정이 '살 것이면 빨리 사고 갈 것이지, 뭐 살 것 같아 보이지도 않는데 이것 저건 만지작거리냐'는 못마땅한 모양이었다.

제품을 한참 이리저리 살피던 이 노신사는 이 매장 직원에게 가서 물었다.

"당신, 어디에 소속되어 있습니까?"

그러자 직원은 통명스럽게 대답했다.

"남이야 아무 데 소속되어 있든 그런 것은 왜 묻소? 당신이 무슨 상관이요?"

이 말에 노신사는 침착하게 다시 물었다.

"여기 물건들이 제대로 작동되는 게 별로 없는데, 고장이 난 것입니까?"

그러자 이 매장 직원은 더욱더 퉁명스럽게,

"고장이 나든 말든 당신은 볼일이나 보고 가면 그만이지, 당신이 월급 주는 사람이오? 뭐 그리 참견하는 게 많소이까?"

이 노신사는 그 말을 듣고 매장 밖으로 나갔다.

그리고 다음 날, 그 전자회사의 임원으로부터 전화가 왔다. 내용인즉슨, 오늘부터 이 매장은 철수한다는 것이다. 대신 본사의 특판부에서 직접 운영한다는 것이다. 알고 보니 이 노신사는 그 대기업의 회장이었다. 늘 회사 제품에 애정이 있던 회장은 점심식사 후 그 매장에 들러 매장 운영이 제대로 잘 되고 있는가를 찬찬히 살폈던 것이다. 알고 보니 정말 그 매장 직원 월급 주는 사람이었다. 결국 그 점포는 그날로 철수했고 그 매장 직원도 졸지에 직장을 다니지 못하고 낙향하게 되었다.

우리는 종종 우리 눈앞에 나타나는 존재가 누구인지 제대로 알아보지 못하고 이해하지 못할 때가 많다. 이것은 우리의 신앙생활도 마찬가지다. 우리는 예수를 믿는 신앙생활을 한다고 하지만 이 예수를 제대로 알지 못할 때가 많다. 이왕 예수 믿는 것, 잘 믿어야 한다. 그렇다면 예수를 잘 믿으려면 어떻게 해야 할까? 무엇보다 우리가 믿는 믿음의 대상인 예수님을 제대로, 바르게 알아야 한다. 이단에 빠진 사람들을 보라. 얼마나 열심히 신앙생활 하는가? 문제는 그들의 열심이 잘못된 지식에 기반한 열심이라는 것이다. 따라서 주 예수를 제대로, 바르게 아는 것은 정말 중요하다. 그렇다면 우리는 예수님의 어떤 점을 바르게 알아야 할까?

가장 중요한 것은 예수님이 바로 하나님이시라는 진리이다. 한 번 소리 내 고백해보자. "예수님은 하나님이십니다." 이렇게 말하면 다소 생소하게 느껴질 분이 있을지 모르겠다. 왜냐하면 우리에게 예수님은 하나님의 아들, 또는 세상 죄를 지고 가신 하나님의 어린 양이라는 말이 훨씬 더 익숙하기 때문이다.

특히 삼위일체 하나님에 대한 신앙이 올바르게 정리되지 않은 상태에서 예수님이 하나님이라고 하면 왠지 모를 거부감을 가지는 이들이 의외로 많다. 왜냐하면 예수님은 이 땅에 사람으로 태어나셨기 때문에 우리의 상식으로 여인의 몸에서 태어난 분이면 사람이지 사람을 어떻게 하나님으로 믿을 수 있느냐 하는 생각이 들기 때문이다. 만약에 예수님이 사람으로 태어난 것에 초점을 맞추면 예수님은 사람이었다가 하나님의 영이 임한 특별한 사람이라는 무속적 개념에서 벗어나지 못하는 경우가 많다. 특히 이런 사고는 무속신앙 또는 신령신앙에 익숙한 우리나라 사람들이 자주 빠지는 사고의 오류이기도 하다.

무속신앙에서 무당은 보통 사람이 신령에게 택함을 받고 그에게 특별한 신령이 임해서 신통력을 갖고 예언한다고 말한다. 우리나라는 전 국토의 70%가 산이다. 우리 민족은 이런 산에는 대대로 산신령이 사는 것으로 믿어왔다. 이 산신령이 특별한 한 사람에게 임하게 되는 것이다. 그래서 어떤 무속인들을 보면 오대산 산신령을 받은 분이 있고, 또 어떤 이는 지리산 신령을 받았다고 하며 계룡산 신령을 받은 이가 있다고 선전하지 않는가? 이 산신령 신앙은 불교도 밀어내지 못했던 민간 신앙이다. 그래서 예로부터 사찰을 지으려 할 때면 반드시 그 산의 산신령에게 신고하고 신령을 달래는 제사를 드린 후에 사찰을 지어오는 전통이 있었다. 이런 신앙이 남아있는 것이 바로 산신각(山神閣)이다. 산신각은 산왕전(山王殿)이라는 이름으로도 남아있는데 사찰에서 가장 중요한 건물인 대웅전보다 더 높은 곳에 별도로 지어진다. 신령신앙은 불교신앙 이전에 우리 민족의 깊은 의식 속에 자리 잡은 민간 신앙이었던 것이다.

우리나라에 수많은 자칭 보혜사, 자칭 예수의 영이 임했다고 주장하는 교주가 200여 명이나 된다. 이들은 예수님을 바르게 아는 지식에 기초하지 않고 하나같이 바로 이런 민간 신령 신앙에 뿌리내린 개념을 주장하고 있다. 자기가 산에서 기도하다가, 동굴에서 성경 보다가 빛이 임하고 자기에게 특별한 영이 임했다는 것이다. 왜 나이 많은 할아버지 같은 사람을 보혜사로 믿느냐? 결론은 특별한 예수님의 영이 그에게 임했기 때문이라는 것이다. 초림 때 오셨던 예수님도 예수라는 사람에게 하나님의 특별한 영이 임했기 때문이라고 한다. 이제 초림 때 일어났던 그런 역사가 자신에게도 특별히 영험한 계룡산, 대둔산에서 또는 청계산에서 일어났다는 것이다. 이러한 생각은 예수님을 하나님의 영이 임한 특별한 신령처럼 생각하는, 우리 민족 가운데 오랫동안 뿌리내린 민간 신앙적, 신령 신앙적 사고방식임을 기억해야 한다. 성경이 말하지 않는 이런 이상한 예수를 고린도후서

11장 4절은 사도들이 전파하지 않은 '다른 예수'라고 한다.

여기서 우리는 '기독교'라는 용어의 의미를 잘 이해해야 한다. '기독'이란 말은 '그리스도'를 한문으로 음역한 것이다. 따라서 기독교는 그리스도교와 같은 말이다. 이는 그리스도를 신앙의 대상으로 믿는 종교를 뜻한다. 그래서 이를 예수교라고도 한다. 기독교, 그리스도교, 예수교는 모두 예수 그리스도를 하나님으로 믿는 종교라는 뜻이다. 예수님을 하나님으로 믿지 않고 특별한 사람 또는 목자로만 생각하면 존경의 대상이 될 수는 있어도 신앙의 대상이 될 수는 없다. 이사야 선지자에게 하나님의 영이 임했으면 이사야교라고 해야 하는가? 다니엘을 그런 목자로 믿으면 다니엘교라고 해야 하는가?

마찬가지 논리로 예수님을 하나님으로 믿지 않고 단지 목자라고만 믿으면 굳이 예수교라고 할 필요가 없다. 이단단체가 이렇게 예수님을 신앙의 대상에서 교묘하게 제외시킨 이유는 자기네 교주가 하나님의 영이 임한 이 시대의 구원자라는 것을 부각시키기 위해서다. 그렇다면 그 교주의 이름을 앞에 따서 교주교라고 해야 한다. 왜냐하면 이 시대의 구원자를 교주로 믿기 때문이다. 다시 한번 용어를 제대로 바로잡을 필요가 있다. 예수교라고 한다면 예수님을 하나님으로 믿는 종교이어야 한다.

그렇다면 성경은 예수님을 과연 하나님으로 말씀하는가? 그렇다. 이것이 제대로 된 신앙고백이다.

먼저, 예수님의 제자였던 도마가 예수께서 영으로 나타난 것이 아니라 정말 육체로 부활하신 것을 보고 그의 손과 발을 만져 봄으로 마침내 확신하게 되자 예수님을 하나님으로 고백한다.

"도마에게 이르시되 네 손가락을 이리 내밀어 내 손을 보고 네 손을 내밀어 내 옆구리에 넣어 보라. 그리하여 믿음 없는 자가 되지 말고 믿는 자가 되라. 도마가 대답하여 이르되 <u>나의 주님</u>이시요 <u>나의 하나님</u>이시니이다"(요 20:27-28).

"본래 하나님을 본 사람이 없으되 아버지 품속에 있는 <u>독생하신 하나님</u>이 나타내셨느니라"(요 1:18).

"복스러운 소망과 우리의 <u>크신 하나님 구주 예수 그리스도</u>의 영광이 나타나심을 기다리게 하셨으니"(딛 2:13).

"또 아는 것은 <u>하나님의 아들</u>이 이르러 우리에게 지각을 주사 우리로 참된 자를 알게 하신 것과 또한 우리가 참된 자 곧 <u>그의 아들 예수 그리스도</u> 안에 있는 것이니 <u>그는 참 하나님</u>이시요 영생이시라"(요일 5:20).

예수님은 참 하나님이자 영생이다. 예수님이 영생이 되실 수 있는 것은 예수님이 바로 참되신 하나님이기 때문이다. 예수님은 "내가 곧 길이요 진리요 생명"이라고 말씀한다(요 14:6). 이 세상의 어떤 사람도 길이요 진리요 생명이 될 수 없다. 사람은 단지 진리나 생명으로의 안내자밖에 될 수 없다. 진리 자체, 생명 자체는 하나님 한 분밖에 없다. 고대 헬라 세계에서는 이런 생명의 신적 존재를 '로고스'라 불렀다. '로고스' 하면 고대 헬라 세계관에서는 세상을 진리로 세운 신적 존재를 가리키는 표현이었다. 참고로 이 말에서 'logic'(논리)이라는 말도 파생했다. 이 신적 존재인 로고스가 우리에게 소개될 때 우리나라에서는 이 단어를 '말씀'이라고 번역했다. 이때 '말씀'은 단순한 성경 말씀이 아니다. 온 세상을 만드신 창조주이자 특별히 성부 하나님과 구별되는 성자 하나님을 표현하기 위해 사용된 용어다. 그래서 우리가 착각하면 안 되는 것이 있다.

바로 요한복음 1장 1절이다. "태초에 말씀이 계시니라 이 말씀이 하나님과 함께 계셨으니 이 말씀은 곧 하나님이시니라," 여기서 '말씀'은 성경 말씀이 아니다. 바로 태초부터 하나님과 함께 계셨던 로고스가 되시는 성자 하나님이다. 여기 말씀은 그냥 말씀이 아니라 태초부터 계셨던 온 세상을 창조한 생명의 신적 존재를 가리키는 말이다. 그래서 이어지는 구절을 보면 그가 태초에 하나님과 함께 계셨고(요 1:2), 만물이 그로 말미암아 지은 바 되었으니 지은 것이 하나도 그가 없이는 된 것이 없었다(요 1:3). 또한 그 안에 생명이 있었다(요 1:4). 생명은 하나님만 주실 수 있는 것이다. 그리고 이 생명이 어둠 가운데 있던 사람들에게 빛을 가져다주는 빛이 되었다고 한다(요 1:5).

이를 요한일서 1장은 이렇게 말씀한다.

"태초부터 있는 생명의 말씀에 관하여는 우리가 들은 바요 눈으로 본 바요 자세히 보고 우리의 손으로 만진 바라. 이 생명이 나타내신 바 된지라. 이 영원한 생명을 우리가 보았고 증언하여 너희에게 전하노니 이는 아버지와 함께 계시다가 우리에게 나타내신 바 된 이시니라"(요일 1:1-2).

태초부터 있는 말씀, 즉 생명의 로고스에 관해서는 우리가 듣고 보고 더 나아가 손으로 만진 바다. 아니 어떻게 말씀을 보고 만질 수 있는가? 이것은 바로 로고스 되신 성자 하나님이 인성을 취하여 사람이 되어 오신 사건, 즉 성육신을 말하는 것이다. 여기서 말씀 곧 로고스를 무엇이라고 하는가? '생명'이라고 한다. 예수님께서 자신을 "길이요 진리요 생명"이라고 말씀하신 것을 기억하라(요 14:6). 이 생명이 나타내셨다는 것이다. 이 생명을 보고 증언하여 너희에게 전했다는 것이다. 이 생명은 바로 성자 하나님인 예수 그리스도를 가리킨다. 이 태초부터 계셨던 생명의 로고스는 아버지, 즉 성부 하나님과 함께 계시다가 우리에게 나타내신 바 되셨다. 이것을 구약성경 잠언 8장은 이렇게 말씀한다.

> "내가 그 곁에 있어서 창조자가 되어 날마다 그의 기뻐하신 바가 되었으며 항상 그 앞에서 즐거워하였으며"(잠 8:30).

이 말씀에 따르면 창조주 하나님 곁에 또 다른 창조자가 있었다고 말씀한다. 그리고 항상 하나님의 기뻐하는 자가 되었고 이 다른 창조자는 하나님 앞에서 즐거워했다고 한다. 깊은 사랑의 친밀감 가운데 있었다는 것이다. 성부와 구별된 창조자는 하나님의 기뻐하고 사랑하는 자였다. 우리는 예수께서 세례받으실 때 하늘이 갈라지며 들었던 음성을 기억한다.

> "하늘로부터 소리가 있어 말씀하시되 이는 내 사랑하는 아들이요

내 기뻐하는 자라"(마 3:17).

이 선언은 지금부터 예수님을 하나님의 아들 삼아준다는 것이 아니고 태초부터 있었던 성부, 성자와의 관계를 다시 한번 온 세상에 공식적으로 공표하며 알리는 선언이었다. 예수께서는 이전부터 계셨던 하나님임을 말씀하곤 했다.

"너희 조상 아브라함은 나의 때 볼 것을 즐거워하다가 보고 기뻐하였느니라. 유대인들이 이르되 네가 아직 오십 세도 못되었는데 아브라함을 보았느냐. 예수께서 이르시되 진실로 진실로 너희에게 이르노니 아브라함이 나기 전부터 내가 있느니라 하시니 그들이 돌을 들어 치려 하거늘 예수께서 숨어 성전에서 나가시니라"(요 8:56-59).

예수께서는 아브라함이 예수께서 이 땅에 오실 때를 볼 것을 소망 중에 즐거워하고 기뻐했다고 한다. 어떻게 이것이 가능할까? 히브리서는 사라에 대해 "이러므로 죽은 자와 같은 한 사람으로 말미암아 하늘의 허다한 별과 또 해변의 무수한 모래와 같이 많은 후손이 생육하였느니라"(히 11:12) 말씀한다. 죽은 자 같은 한 사람으로 말미암아 수많은 이들이 살아나는 것을 바로 아들 이삭을 통해 예표적으로 보며 그리스도의 때가 오기를 기다리며 즐거워했던 것이다.

아브람이 예수님의 때가 오기를 기다리고 즐거워했다는 말씀을 예수님께서 하시자, 유대인들이 묻는다. 아니 네가 아직 50세도 못되었는데 어떻게 아브라함을 보느냐? 이미 수천 년 전에 왔다가 돌아가신 선조인데. 그러자 예수님이 말씀하신다. "아브라함이 나기 전부터 내가 있느니라!" 이 말을 영어 성경(NRSV, ESV)은 "Before Abraham was, I am"라고 진술한다. 참 신비로운 표현이다. 직역하면 "아브라함 이전부터 나는 I AM이었다"가 된다. 예수님의 'I AM'이란 말은 하나님이 구약에서 자신을 드러냈던 표현이다. 출애굽기 3장을 보라.

> "하나님이 모세에게 이르시되 나는 스스로 있는 자이니라. 또 이르시되 너는 이스라엘 자손에게 이같이 이르기를 스스로 있는 자가 나를 너희에게 보내셨다 하라"(출 3:14).

여기 "스스로 있는 자"가 'I AM'이다. 그래서 "스스로 있는 자가 나를 너희에게 보내셨다 하라"는 말은 'I AM'이 보내셨다 하라가 된다. 즉 예수님은 태초부터 하나님과 계셨던 자존자로 자신을 소개하는 것이다. 자 이 말씀을 하시자 유대인들이 어떻게 하는가? 돌로 치려 한다. 왜? 이것을 신성모독이라고 여긴 것이다. 예수님이 자신을 하나님이라고 하기에 그런 것이다. 이런 단면을 볼 수 있는 것이 바로 요한복음 5장이다.

> "유대인들이 이로 말미암아 더욱 예수를 죽이고자 하니 이는 안식일을 범할 뿐만 아니라 하나님을 자기의 친 아버지라 하여 자기를 하나님과 동등으로 삼으심이러라"(요 5:18).

자신을 성자 하나님으로 계시하자 이것을 신성모독이라고 여기고 예수님을 죽이려 한 것이다. 여기서 우리는 예수님께서 이 땅에 오신 것이 어떤 의미를 갖는지 다시 한번 깊이 생각해 볼 필요가 있다. 이를 보여주는 것이 바로 오늘 본문의 말씀이다.

> "그는 근본 하나님의 본체시나 하나님과 동등됨을 취할 것으로 여기지 아니하시고"(빌 2:6).

예수님은 본래 하나님의 본체, 하나님과 같은 본질을 가진, 하나님과 동등된 성자 하나님이셨다. 그런데 여기 놀라운 반전이 있다. 그 성자 하나님께서 성부 하나님과 동등됨을 취하지 않고 자기를 비워 사람으로 오신 것이다. 여기 동등됨을 '취할 것으로 여기지 않는다'는 구절의 난하주2를 보면 동등됨을 '보류'하셨다고 한다. 포기하신 것이 아니다. 보류하셨다. 언제까지? 인류 구원의 사명을 감당하기까지 보류하셨다.

예수님은 모든 인류가 죄 가운데 빠져 자신의 힘으로 자기를 구원할 수 없다는 것을 아셨다. 그래서 온 세상을 만드신 전능하신 하나님께서 기꺼이 인성을 취해 이 땅에 오신 것이다. 성육신이란 인류 구원을 위해 본래 동등하셨던 성자 하나님이 성부 하나님의 뜻에 순종하여 자신을 낮추어 이 땅에 오신 사건이다. 성자께서 성부의 뜻에 순종하신 것은 성자가 열등해서가 아니다. 본래 동등하신 성자이지만 구원을 위해 동등됨을 보류하시고 기꺼이 자신을 내어주기 위해 순종하신 것이다. 이것이 바로 '본래 아버지 품속에 있던 독생하신 하나님이 나타내셨다' 는 뜻이다(요 1:18).

여기서 '독생한다' 는 뜻은 '홀로 낳았다' 는 뜻이다. 이는 생물학적으로 낳았다는 뜻이 아니고 아버지와 아들됨의 유일한 관계로 질서 지어졌다는 것이다. 빌레몬서 10절에 보면 바울이 "갇힌 중에 즉 감옥에 있을 때 낳은 아들 오네시모"라고 한다. 여기 '낳았다' 는 것은 생물학적으로 낳았다는 것이 아니라 믿음 안에서 아버지와 아들의 관계로 질서 지어졌다는 것이다. 마찬가지로 독생하신 하나님이란 것은 성부와 성자가 인류의 구속을 위한 구속사의 계획안에서 아버지와 아들의 관계로, 아버지의 뜻에 기꺼이 순종하는 아들의 관계로 질서 지어졌다는 뜻이다. 이것이 바로 로고스가 육신이 되신, 전능하신 하나님이 인성을 취하여 사람이 되신 성육신이다.

여기 '되었다' 는 것은 분리할 수 없는 새로운 존재가 되었다는 뜻이다. 따라서 성육신은 단순히 영이 육을 취한 사건이 아니고 하나님의 신성과 인성이 변화나 혼합이나 혼동 없이, 분리할 수 없게 하나의 위격 안에 서로 결합되어 있는 상태를 가리킨다. 골로새서는 예수 그리스도는 "신성의 모든 충만이 육체로 거한다"고 말씀한다(골 2:9). 즉 온 땅에 충만하신 하나님이 인성을 취하여 사람이 되신 것이다.

예수께서 취하신 인성은 껍데기 인성이 아니다. 참된 인성이다. 그래서 예수께서는 참 하나님이신 동시에 참 사람이 되셨다. 여기서 중요한 점이 있다. 성자 하나님께서 취하신 인성은 이 전에 없던 제3의 존재가 되신 사건이기에 더 이상 분리하거나 원상으로 되돌아가지 않는다는 것이다. 이 말은 성자 예수께서 취하신 육체는 단지 죽으면 버리고 가는 껍데기가 아니라 신성과 인성이 하나의 위격 안에 새로운 존재가 된 것이다. 따라서 이 예수께서는 십자가에서 육체로 죽으시고 육체로 부활하여 모든 인류를 위한 부활의 첫 열매가 되셨고 부활한 육체로 승천하셨으며 부활한 육체로 이 땅에 재림하신다. 영만 다른 사람에게 쏙 들어오는 것이 재림이 아닌 것이다.

많은 다른 가짜 예수들이 예수님의 십자가 대속과 부활을 폄훼한다. 우리를 위한 완전한 대속이 아니라 십자가에 억울하게 죽어서 그 뜻을 다 이루지 못했다고 한다. 그러나 예수님은 마가복음에 처음부터 "인자가 온 것은 섬김을 받으려 함이 아니라 도리어 섬기려 하고 자기 목숨을 많은 사람의 대속물로 주려 함"이라고 하셨다(막 10:45). 그리고 그 예언 그대로 십자가에서 하나님의 뜻을 성취하셨다. 그리고 완전히 부활하셨고 그 육체로 승천하셨으며 그 육체로 다시 재림하신다(행 1:11). 성육신하신 예수님은 한 번 취하신 인성을 결코 포기하거나 버리지 않으신다. 그분이 우리를 위한 대속제물로 죽으셨을 뿐 아니라 첫 부활의 열매가 되셨기 때문이다. 그래서 하나님은 부활하신 이 예수를 지극히 높이셨다.

> "이러므로 하나님이 그를 지극히 높여 모든 이름 위에 뛰어난 이름을 주사 하늘에 있는 자들과 땅에 있는 자들과 땅 아래에 있는 자들로 모든 무릎을 예수의 이름에 꿇게 하시고 모든 입으로 예수 그리스도를 주라 시인하여 하나님 아버지께 영광을 돌리게 하셨느니라"(빌 2:9-11).

예수를 주라 시인한다는 것은 예수님이 곧 주 하나님이라는 말이다. 예수님을 하나님으로 시인하여 영광 돌리라고 하신 것이다.

　말씀의 결론을 맺겠다. 요즘은 가짜 신, 가짜 예수, 다른 예수들이 판치는 종말이 가까운 세상이다. 이런 세상에서 엉뚱한 것에 미혹되지 않으려면 주 예수 그리스도를 바로 알아야 한다. 참 하나님, 참 사람이 되어 우리를 구원하기 위해 오셨다. 이 예수를 바로 알고 고백하는 바른 진리 위에 우뚝 선 성도로 자라가자.

● 설교 제목 : 성령 하나님을 바로 아는 지식
● 설교 본문 : 요한복음 14:16-17

태국에 기독교 선교가 시작된 것은 우리나라보다 무려 60여 년이나 빠른 1828년부터다. 하지만 태국에 복음이 들어가는 과정은 참 쉽지 않았다. 태국에 처음 세례받은 회심자가 생기기까지 무려 18년이나 걸렸다. 그 이후로도 태국 선교는 복음이 퍼져나가는 데 시간이 참 많이 걸렸다. 태국 선교가 시작된 지 이제 어언 200여 년이 되는데 지난 200여 년 동안 태국의 복음화 비율은 전체 인구의 1%밖에 되지 않는다. 이처럼 복음화 비율이 낮기에 태국에서 백 명이 모이는 교회는 규모가 큰 교회에 속한다. 태국에서 천 년의 역사를 가진 고도(古都) 람푼에 한태선교교회가 있다. 람푼 한태선교교회는 한때 200명이 모일 정도로 크게 성장했던 교회였다.

교회 부흥의 중심에는 그 교회를 열심으로 섬겼던 '쏨 댓'이란 이름을 가진 장로가 있었다.[64] 그는 예수를 믿고 변화되어 주변 사람을 열심으로 전도했다. 그가 직접 전도한 사람만 80명이나 되었다. 이렇게 교회가 큰 부흥을 경험하던 때, 쏨 댓 장로는 놀라운 신비체험을 한다. 그는 기도 중 영이 몸을 빠져나가 약 3시간 동안 영계를 경험하고 돌아왔다고 한다. 그는 입신 상태에서 천국과 지옥을 경험하고 돌아왔다. 그가 정상 상태로 돌아오자 그를 주변에서 지켜보던 성도들이 어떤 일이 있었느냐고 물었다. 그는 천국과 지옥을 갔다 왔고 예수님이 십자가에서 체험하는 고난을 자신도 영계에서 다 받았다고 했다. 너무나 고통스러운 고난을 자신도 체험했다는 것이었다. 이런 놀랍고 신비로운 체험 앞에 사람들은 입을 다물지 못했다. 그는 자신이 경험한 천국과 지옥을 그림으로 그려 사람들에게 보여주기도 했다.

그런데 문제는 그다음부터였다. 쏨 댓 장로는 교회에서 이상한 주장을 하기 시작했다. 참된 성경은 예수님의 말씀이 기록된 복음서만이고 사도 바울의 서신들은 다 가짜고 성경에서 제외시켜야 한다는 것이다. 이는 2세기에 나타났던 마르시온 이단과 비슷하다. 그는 또 우리가 부르는 찬송가 중에 버려야 할 것이 많다며 복음서 가사로만 된 찬송을 불러야 한다고 주장했다. 기도는 예수님이 가르쳐 주신 기도, 즉 주기도로만 해야 한다. 그는 또 우리가 거룩하려면 레위기에 나오는 음식 규정을 잘 따라야 한다며 돼지는 부정한 짐승이기에 돼지고기는 먹으면 안 된다고 주장했다.

이상한 주장을 자꾸 하자 교회의 목회자들과 부딪쳤다. 결국 쏨 댓 장로는 계속해서 그를 권고하는 교회와 갈라졌고 자신을 따르던 100여 명을 이끌고 따로 나와 예배드렸다. 태국 선교 역사에서 가장 큰 분열이 일어났던 것이다. 하지만 10년이 지나고 쏨 댓 장로의 모임은 결국 한 사람도 남지 않고 다 흩어졌다. 일부는 교회로 돌아왔고 일부는 앞으로 아무 신앙도 갖지 않겠다며 나갔다. 쏨 댓 장로 개인적으로는 가정이 깨어지게 되었다. 쏨 댓 장로는 정말 성령의 특별한 체험을 한 것 같았지만 결국 그 열매가 좋지 않았다. 반면, 이런 가운데 한태선교교회는 흩어진 인원이 다시 모이고 점차로 회복하게 되었다.

여기서 우리는 정말 충격적인 사실을 깨닫게 된다. 아무리 신비로운 체험과 역사라 하더라도 그것이 성령이 아닌 다른 영의 역사일 수 있다는 것이다. 정말 분별을 잘해야 한다.

이런 일은 우리나라 선교 초창기에도 일어났다. 1920년경 평안북도 철산에서 예수를 믿게 된 김성도 권사가 있었다. 김성도 권사는 기도를 많이 했다. 그녀도 기도하다가 1923년 4월 세 차례에 걸쳐 입신을 하게 되었다.[65] 입신을 해서 그녀의 영이 하늘 천군 천사의 환영을 받아 천국에 들어갔고 거기서 예수님을 만나 새로운 계시를 받게 되었다면서 그녀는 자기가 받은 계시를 주장하기 시작했다. 그 계시의 내용을 들은 담임목사님은 이것은 "사탄의 역사이니 자제하라"고 권면했다. 교회는 그녀의 계시가 성경과 다르다고 하며 그녀가 바른 진리에 서도록 권면했다. 하지만 김성도 권사는 교회의 그런 권면을 듣지 않았고 결국 1925년에 출교당하기에 이르렀다.

그렇다면 그녀가 예수님을 만나 받았다는 계시는 어떤 것일까?
첫째, 죄의 뿌리는 선악과가 아니라 음란이 타락의 동기다.

둘째, 예수님은 십자가를 지기 위해 오신 것이 아니다. 억울하게 십자가를 지지 말고 하나님의 뜻을 이루어 드려야 했다.

셋째, 하나님은 아담이 타락하는 순간을 아시면서도 간섭하지 못하고 바라볼 수밖에 없는 슬픈 속사정이 있으시다.

넷째, 재림주는 구름을 타고 오는 것이 아니라 여자의 몸을 통해 오신다. 여자 재림주가 다시 온다는 것이다.

다섯째, 재림주는 동방의 땅 한국으로 오고 결국 만민이 한국을 신앙의 종주국으로 알고 말씀을 배우러 찾아온다는 것이다.

결국 그녀는 이런 주장을 하다 출교당하고 자신이야말로 이 시대에 여인의 몸을 입고 동방에 온 새 주님이라고 주장했다. 그러면서 그녀는 새 주님이 오셨으니 회개하라고 하며 새주파를 창설하기에 이른다.

여기서 우리는 매우 충격적이면서도 놀라운 사실 앞에 직면하게 된다. 그것은 신비로운 영적 체험이라도 때로는 독이 되어 하나님이 원하시는 것과 정반대의 좋지 않은 열매를 맺는다는 사실이다. 우리는 흔히 영적이다, 신령하다고 하면 모두 성령의 역사로 이해하곤 한다. 갑자기 어떤 사람의 상태가 보이고 예언을 시작하면 성령의 역사로 생각하곤 한다. 하지만 이런 역사가 모두 성령의 일하심은 아닐 수 있다는 것이다.

따라서 우리는 성령님을 바로 알고 성령의 역사를 바로 알아야 한다. 그래야 우리는 다른 영의 역사에 휘둘리지 않고 오히려 영들을 분별하며 성령께서 기뻐하시는 열매를 온전히 맺을 수 있다.

"사랑하는 자들아 영을 다 믿지 말고 오직 영들이 하나님께 속하였 나 분별하라. 많은 거짓 선지자가 세상에 나왔음이라"(요일 4:1).

이런 영들을 성경은 성령이 아닌 다른 영이라고 말씀한다.

"만일 누가 가서 우리가 전파하지 아니한 다른 예수를 전파하거나 혹은 너희가 받지 아니한 다른 영을 받게 하거나 혹은 너희가 받 지 아니한 다른 복음을 받게 할 때에는 너희가 잘 용납하는구나" (고후 11:4).

여기서 '너희가 받지 아니한 다른 영'은 성령이 아닌 다른 영을 가리키는 것으로 이런 다른 영의 역사가 일어날 때도 성도들은 잘 용 납한다고 한다. 따라서 우리는 성령님을 바로 알아야 한다. 그래야 다른 영을 분별할 수 있고 성령님의 올바른 역사를 추구할 수 있다.

그렇다면 성령님은 어떤 분인가? 이것을 이해하기 전에 먼저 성 령님에 대한 오해들이 무엇인가 살펴보아야 한다.

첫째, 성령님은 하나님께 속한 영들이 아니다. 천사도 하나님께 속했고 천국에 올라간 순교자들도 하나님께 속했고 예전에 이 땅에 서 예수 믿고 천국에 간 이들도 하나님께 속한 영들이다. 그러나 하 나님께 속한 영이라고 해서 성령은 아니다. 어떤 이단은 하나님께 속 한 영들은 선한 영이고 이런 선한 영들이 곧 성령이라고 가르친다. 그러나 이것은 잘못된 해석이다. 성경에서 성령은 항상 정관사 the

가 붙어서 대문자 Holy Spirit으로 소개된다. 우리말로 풀어 설명하면 바로 '그 한 분 성령님'을 뜻한다. 이것은 성부, 성자, 성령 삼위일체 하나님 중 구별된 위격인 성령 하나님을 가리키는 말이다. 따라서 성령님은 성령 하나님으로 한 분이다. 절대 하나님께 속한 여러 영이 아니다. 성경은 성령님이 한 분이심을 증언한다.

> "몸이 하나요 성령도 한 분이시니 이와 같이 너희가 부르심의 한 소망 안에서 부르심을 받았느니라"(엡 4:4).

여기 보면 성령도 한 분이라고 말씀한다.

> "이는 그로 말미암아 우리 둘이 한 성령 안에서 아버지께 나아감을 얻게 하려 하심이라"(엡 2:18).

> "이 모든 일은 같은 한 성령이 행하사 그의 뜻대로 각 사람에게 나누어 주시는 것이니라"(고전 12:11).

성경은 분명 성령을 한 분으로 말씀한다.

둘째, 성령은 기운, 능력만을 의미하지 않는다. 우리는 성령으로 충만하면 능력이 생기고 권능이 생기는 것으로 여긴다. 물론 그 말도 한편으로는 맞지만 자칫하면 성령님을 인격적이지 않은 신비로운 힘과 같은 존재로 오해하기 쉽다. 물론 성령께서 우리에게 새 힘을 주시고 능력을 주신다. 하지만 이것은 성령께서 임할 때 나타나는 현상에 불과할 뿐 성령님 자체는 아니다. 성령님은 인격적인 영이고 인격적인 하나님이다.

> "이와 같이 성령도 우리의 연약함을 도우시나니 우리는 마땅히 기도할 바를 알지 못하나 오직 성령이 말할 수 없는 탄식으로 우리를 위하여 친히 간구하시느니라"(롬 8:26).

성령께서는 단순한 기운, 능력이 아니라 인격적이신 하나님이다.

> "형제들아 내가 우리 주 예수 그리스도와 성령의 사랑으로 말미암아 너희를 권하노니"(롬 15:30).

성령의 사랑이라고 말씀한다. 성령은 우리를 돕고 탄식하고 기도하시며 더 나아가 우리를 사랑하시는 삼위 하나님이시다.

셋째, 성령은 사람이 아니다. 본문 말씀을 보자.

> "내가 아버지께 구하겠으니 그가 또 다른 보혜사를 너희에게 주사 영원토록 너희와 함께 있게 하리니 그는 진리의 영이라. 세상은 능히 그를 받지 못하나니 이는 그를 보지도 못하고 알지도 못함이라. 그러나 너희는 그를 아나니 그는 너희와 함께 거하심이요 또 너희 속에 계시겠음이라"(요 14:16-17).

자, 여기 성령을 가리키는 또 다른 표현으로 '다른 보혜사'가 등장한다. 많은 이단이 '보혜사'란 말뜻을 왜곡한다. 보혜사를 한글로 풀어서 '보호하고 은혜를 베푸는 스승'이라고 한다. 끝에 나오는 '사' 자를 스승 사(師)로 푸는 것이다. 그래서 이단은 이 시대에 성령은 사람으로 오고 그 사람을 가리켜 선생님, 또는 보혜사라고 한다. 그래서 이단 교주를 흔히 '선생님'으로 부른다. 기억하라. 사람을 가리켜 보혜사라고 하는 곳은 모두 이단이다. 사람을 보혜사로 부르는 것은 성경의 가르침과 분명 다르다.

성경은 보혜사는 사람이 아니라 '진리의 영'이라고 한다(요 4:17). 진리를 전하는 성령이라는 뜻이다. 진리는 누구를 가리키는가? 바로 예수님을 가리킨다(요 14:6). 따라서 보혜사, 곧 진리의 성령은(요 15:26, 16:13) 예수님을 전하는 분인 것이다. 보혜사는 영이어야지, 절대 사람이면 안 된다. 게다가 다른 보혜사는 누구에게 오느냐. 요한복음 14장 16절에 보면 '너희' 곧 제자들에게 주신다고 한다. '너희'는 예수님의 제자들을 가리킨다. 다른 보혜사는 예수님 당시의 제자들에게 임하셔야 한다는 것이다. 그리고 제자들에게 오셨던 성령께서는 영원토록 함께 계신다고 한다. 만약 보혜사가 사람이라면 보혜사는 적어도 제자들에게 오셔서 지금까지 함께하며 2천 살이 넘어야 한다.

'보혜사'는 영어 성경(NRSV)에 'Advocate', 즉 변호자라고 나와 있다. 변호자는 무엇을 변호하는 것을 뜻할까? 우리의 죄를 변호하는 것을 말한다. 재판정에서 우리를 대신해서 우리 죄를 변호한다고 해서 이를 대언자라고도 한다.

"나의 자녀들아 내가 이것을 너희에게 씀은 너희로 죄를 범하지 않게 하려 함이라. 만일 누가 죄를 범하여도 아버지 앞에서 우리에게 대언자가 있으니 곧 의로우신 예수 그리스도시라"(요일 2:1).

여기 '대언자'에 붙은 난하주3은 이를 '보혜사'라고 설명한다. 여기서 보혜사, 곧 대언자는 예수님을 가리킨다. 예수님께서 우리 죄를 하나님 앞에서 대신 변호해 주신다는 것이다. 그럼 성령님은 어떤 면에서 변호자가 되실까? 그것은 성령께서 우리로 예수님의 대속의 은혜를 깨닫게 하시고 확신을 갖게 하시며 그리스도 안에 정죄함이 없음을 확신시켜 주심으로 예수께서 십자가에서 이루신 역사를 통해 담대함을 갖게 하는 역사를 이루신다. 성령께서 역사하셔서 죄 사함에 대한 확신을 주시고 마귀의 정죄와 불화살에서 변호하고 보호해 주시는 것이다. 그래서 우리에게는 보혜사인 예수님과 다른 보혜사인 성령님이 계시다. 그럼 보혜사라고 부르는 이유는 무엇인가? 그것은 초기 한국교회에서 성경을 번역하는 한국인 조사가 헬라어 '파라클레토스'를 한자어로 번역하여 음차할 때 '보혜사'란 단어로 번역했기 때문이다.

이런 성령님은 삼위 하나님 중 한 분이시다. 그래서 세례를 베풀 때도 아버지와 아들과 더불어 성령의 이름으로 베풀라고 하신다. 또 고린도후서의 축도에도 "주 예수 그리스도의 은혜와 하나님의 사랑과 성령의 교통하심이 너희 무리와 함께 있을지어다"라고 축복한다 (고후 13:13). 여기 "함께 있을지어다"는 '임마누엘'이란 뜻이다. 즉 성부, 성자, 성령이 임마누엘로 함께하시는 하나님이라는 것이다. 이

한 본체 되시는 하나님이 우리에게 은혜를 주실 때는 예수님의 은혜, 하나님의 사랑, 성령 하나님의 교통하심으로 나타나는 것이다. 세례도 축복도 오직 하나님만이 주실 수 있다. 따라서 성부, 성자, 성령의 이름으로 베푸는 세례와 축복은 이 삼위 하나님이 한 본체 되시는 삼위일체 하나님임을 증거한다.

그렇다면 이런 성령께서 하시는 가장 중요한 사역은 무엇일까? 가장 중요한 것은 바로 예수님을 드러내고 깨닫게 하는 것이다. 예수님은 보혜사의 역할에 대해 다음과 같이 말씀한다.

"내(예수님)가 아버지께로부터 너희(제자)에게 보낼 보혜사 곧 아버지께로부터 나오시는 진리의 성령이 오실 때에 <u>그가 나를 증언하실 것이요</u>"(요 15:26).

둘째, 십자가의 의미와 대속의 의미를 더 깊이 깨닫게 하신다.

"그러나 진리의 성령이 오시면 그가 너희를 모든 진리 가운데로 인도하시리니 그가 스스로 말하지 않고 오직 들은 것을 말하며 <u>장래 일을 너희에게 알리시리라</u>"(요 16:13).

여기서, 장래 일이란 영어 성경(NRSV)에서 "things that are to come", 즉 '곧 닥쳐올 일'(새한글성경)을 말한다. 그러므로 예수님이 말씀하신 '닥쳐올 일'은 십자가와 부활을 뜻한다. 진리의 성령께서 오시면 예수님이 지신 십자가가 실패한 십자가가 아니라 우리 죄를 위한 대속의 십자가, 예수님의 목숨을 많은 사람의 대속물로 주겠다고 하신 약속을 성취한 구속의 십자가임을 깨닫게 하신다는 것이다.

셋째, 진리의 성령은 예수를 주로 고백하는 모든 이에게 함께하시어 그들을 세상 끝날까지 인도하신다. 성령은 한 분이시지만 예수를 주로 고백하는 각 사람에게 임하시어 함께하신다(행 2:3). 성령은 한 사람에게만 임하는 것이 아니다. 모든 이의 속에서 각 사람과 함께하신다. 하나님은 한 곳에만, 한 사람에게만 계신 것이 아니라 온 땅에 충만하신 분이다. 마찬가지로 예수의 영인 성령은 예수를 주로 고백하는 주의 모든 백성에게 충만하게 함께하신다.

넷째, 성령을 지칭하는 다른 호칭들이 있다. 진리의 영, 예수의 영도 있다. 사도행전에서는 사도 바울의 선교 여정을 예수의 영이 허락하지 않았다고 한다(행 16:7). 여기 '예수의 영'은 예수를 증거하는 영, 즉 성령을 가리킨다. 성령은 길이요 진리요 생명이신 예수님을 증언하는 분이기에 예수의 영이라고도 하고 진리의 영이라고도 하고 생명의 성령(롬 8:2)이라고도 한다.

다섯째, 성령은 하나님의 백성을 그의 영으로 충만하게 한다. 베드로는 성령으로 충만하였다. 스데반 집사도 성령으로 충만하였다. 바나바, 바울, 그리고 제자들은 모두 성령으로 충만하였다. 성경은 "술 취하지 말라. 이는 방탕한 것이니 오직 성령으로 충만함을 받으라"고 말씀한다(엡 5:18). 하나님의 백성들은 지속해서 성령으로 충만함을 받아야 한다.

이런 성령 충만으로 나타나는 열매가 무엇인가? 사랑과 희락과 화평과 오래 참음과 자비와 양선과 충성과 온유와 절제의 열매다(갈 5:22-23). 이러한 열매가 바로 예수님의 성품이다. 이처럼 성령 충만한 사람은 결국 예수로 충만한 사람이다. 예수를 사랑하고 그분의 험한 십자가를 사랑하고 몸된 교회를 사랑하고 하나됨을 지키기에 힘쓰는, 예수로 충만한 사람이다. 왜? 성령은 궁극적으로 예수 그리스도를 가르치고 증거하는 분이기 때문이다. 우리 모두 성령 하나님을 바로 알고 고백하며 이 성령으로 충만한 성도로 자라가도록 하자.

- 설교 제목 : **성령 훼방죄란 무엇인가?**
- 설교 본문 : **마태복음 12:31-32**

성령 훼방죄에 대해 들어본 적 있는가? 성령 훼방죄는 신앙생활을
하는 성도라면 한 번쯤은 진지하게 생각하는 부분이다. 아니, 예수님
은 우리의 죄를 다 용서해 주신다고 했는데 성령을 모독하면 죄 사함
을 받지 못한다니, 이건 좀 너무한 것은 아닌가 하는 생각이 든다. 성
경을 읽다가 이 부분을 만나면 마음 한구석에 불편함과 불안함이 자
리 잡는다. 우리는 이 부분에 대해서 성경적으로 분명하게 정리할 필
요가 있다. 성령 훼방죄에 대한 대표적인 본문이 마태복음 12장
31~32절이다. 본문을 다시 한번 읽어보자.

"그러므로 내가 너희에게 이르노니 사람에 대한 모든 죄와 모독은
사하심을 얻되 성령을 모독하는 것은 사하심을 얻지 못하겠고"(마
12:31).

예수님은 사람에 대한 모든 죄, 그리고 심지어는 하나님을 모독하는 죄라도 사함을 받는다고 한다. 여기 '모독' (헬. 블레스페미아)은 영어로는 'blasphemy'로 신성모독, 즉 하나님을 모독하는 죄를 가리키는 말이다. 이는 사람에 대한 모든 죄와 구별되는, 하나님을 향한 신성모독을 가리킨다. 그래서 새번역은 이를 이렇게 표현한다.

"그러므로 내가 너희에게 말한다. 사람들이 <u>무슨 죄를 짓든지</u>, <u>무슨 신성 모독적인 말을 하든지</u>, 그들은 용서를 받을 것이다. 그러나 성령을 모독하는 것은 용서를 받지 못할 것이다"(새번역 마 12:31).

하나님을 모독하는 것은 정말 엄청난 죄다. 그래도 하나님은 이런 죄까지 용서해 주신다고 한다. 하지만, 성령을 모독하면 그것은 용서받지 못한다고 말씀한다. 이어지는 32절도 보자.

"또 누구든지 말로 인자를 거역하면 사하심을 얻되 누구든지 말로 성령을 거역하면 이 세상과 오는 세상에서도 사하심을 얻지 못하리라"(마 12:32).

여기서 '인자'는 예수님을 가리킨다. 예수님을 반대하거나 예수님을 거슬러서 말하는 사람은 용서받을 수 있다. 그런데 성령을 거스르는 사람은 이 세상, 현세는 물론이거니와 앞으로 장차 올 영원한 세상에서도 용서받지 못한다고 말씀한다. 그러니 이 죄가 얼마나 엄중하고 심각한 죄인지를 우리는 짐작할 수 있다. 마가복음은 이것을 좀 더 직설적으로 말씀한다.

> "내가 진실로 너희에게 이르노니 사람의 모든 죄와 모든 모독하는
> 일은 사하심을 얻되 누구든지 성령을 모독하는 자는 <u>영원히 사하
> 심을 얻지 못하고 영원한 죄</u>가 되느니라 하시니"(막 3:28-29).

예수님은 그 누구라도 예수님께 나아오면 모든 죄를 다 용서해
주시지만 성도가 용서받지 못하는, 그것도 영원히 용서받지 못하는
죄가 있는데 그것이 바로 성령을 모독하는 죄, 곧 성령 모독죄라고
말씀한다. 우리에게는 성령 훼방죄로 좀 더 친숙하게 알려져 있다.
실제로 성경을 읽어보면 용서받지 못하는 죄에 대해 말씀하는 부분
이 나온다. 대표적인 구절을 함께 살펴보자.

> "우리가 <u>진리를 아는 지식</u>을 받은 후 짐짓 죄를 범한즉 다시 속죄
> 하는 제사가 없고 오직 무서운 마음으로 심판을 기다리는 것과 대
> 적하는 자를 태울 맹렬한 불만 있으리라. 모세의 법을 폐한 자도
> 두세 증인으로 말미암아 불쌍히 여김을 받지 못하고 죽었거든 하
> 물며 하나님의 아들을 짓밟고 자기를 거룩하게 한 언약의 피를 부
> 정한 것으로 여기고 <u>은혜의 성령을 욕되게 하는 자</u>가 당연히 받을
> 형벌은 얼마나 더 무겁겠느냐. 너희는 생각하라"(히 10:26-29).

여기 진리를 아는 지식, 즉 복음을 받은 후 죄를 범하고 더 나아
가 은혜의 성령을 욕되게 하는 자는 용서받지 못하고 무거운 형벌에

처한다고 한다.

"누구든지 형제가 사망에 이르지 아니하는 죄 범하는 것을 보거든 구하라. 그리하면 사망에 이르지 아니하는 범죄자들을 위하여 그에게 생명을 주시리라. 사망에 이르는 죄가 있으니 이에 관하여 나는 구하라(간구하라) 하지 않노라"(요일 5:16).

여기 사망에 이르는 죄는 용서받지 못하는 죄를 가리킨다. 이런 것 보면 참 두렵고 무서운 생각이 든다. 사실 이런 두려움을 악용하여 이단단체들은 본문과 같은 구절을 인용하며 성령 훼방죄를 말한다. 성도들이 자기네 단체에 대해 잘못된 것을 말 못 하게 하고, 또 소문이 새어 나가지도 못 하게 한다. 이단 교주에 대해 의심을 품거나 이단 교주가 저지른 온갖 파렴치한 범죄들을 드러내려고 하면 성령 훼방죄라고 규정한다. 그리고 이런 행위는 절대 용서받지 못한다고 한다. 또 진리라고 주장하는 이단단체의 가르침을 거부하거나, 이단에 있는 신도들에게 그 가르침이 잘못되었다고 나오라고 하면 이것 역시 성령 훼방죄라고 규정하고 말을 못 하게 한다. 그러면서 위협한다. 성령 훼방죄를 저지르면 용서받지 못하고 영원히 저주받아 불못에 떨어진다는 것이다.

그렇다면 이들은 왜 자기네 교주의 가르침과 자기네 단체를 반대하는 것을 성령 훼방죄로 말하는 것일까? 그것은 이들에게 성령에 대한 왜곡된 개념이 있기 때문이다. 이들에게는 자기네 교주가 진리의 성령이 임한 보혜사다. 그러니 교주를 반대하는 것이 곧 성령을 훼방하고 모독하는 것이요, 보혜사의 가르침과 그의 말을 거역하는 성령 훼방죄가 된다. 한마디로 교주의 말을 조금이라도 무시하고 거역하면 성령 훼방죄인 것이다. 교주가 전 신도들 총집합 지시를 내린다. 그런데 여기에 참석하지 않는다? 이것은 보혜사의 말을 듣지 않고 무시하는 성령 훼방죄다. 교주는 '전도하라', '사명 감당하라'며 끊임없이 하늘의 명령(?)을 내리는데 이런저런 핑계를 대고 사명을 거절하고 전도하지도 않는다? 그럼 성령 훼방죄가 성립하는 것이다.

이런 상황에서 감히 교주의 가르침이 잘못되었다는 말조차 꺼내지도 못 한다. 자기네 단체가 이상하다는 말도 못 한다. 자기네 단체의 가르침에 의심을 품거나 거부하는 것은 결국 보혜사라 주장하는 교주가 가르쳐준 가르침을 거부하는 것이기에 성령 훼방죄에 걸리는 것이다. 그럼 결국 죄용서도 못 받고 불지옥에 떨어진다고 생각한다. 하지만 아이러니한 것은 이단단체에 대한 비방을 멈추고 또 생각이 바뀌어서 다시 이단단체의 가르침을 듣겠다고 하면 다시 받아준다. 그렇다면 이것은 성령 훼방죄가 아니다. 왜? 성령을 훼방하면 결코 용서받지 못한다고 했기에 영원히 저주받은 사람을 받아주는 이단단체는 자기네가 곧 저주받은 단체이자 용서받지 못할 단체라는 것을 입증하게 된다.

이런 식의 억지 논리는 사실 성령님을 제대로 이해하지 못하는 무지에서 비롯된 주장이다. 보혜사를 제대로 이해하지 못하고 이단단체에서 왜곡된 개념으로 심어준 그대로 잘못 이해하기 때문이다. 성령 훼방죄를 제대로 이해하려면 우리는 성령님이 어떤 분이고 어떤 일을 행하시는지 알아야 한다.

그렇다면 성령 하나님은 어떤 분이신가?

첫째, 성령 하나님은 삼위일체 하나님 중 한 분이시다. 본질로는 하나님이지만 인격적으로는 성부, 성자와 구별되시는 분이다. 이런 존재 방식은 이 세상에 존재하지 않는다. 아무리 쌍둥이라도 인격이 구별되면 그 둘은 다른 존재다. 하지만 삼위일체 하나님은 한 분의 본질로 존재하시지만 그 인격이 구별되시는 신비로운 존재 방식을 갖고 계신다. 우리가 다 이해하기 어렵지만 이를 도형으로 이해하면 다음과 같이 이해할 수 있다(가). 또 인격적인 구별을 갖는다면 이렇게도 이해할 수 있다(나).

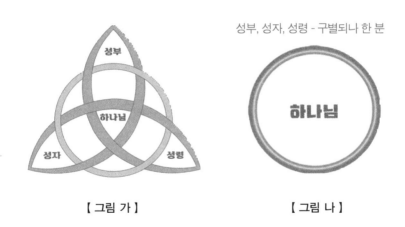

성부, 성자, 성령 - 구별되나 한 분

【 그림 가 】　　　　　【 그림 나 】

성령님이 하나님이기에 성령은 전지전능하고 무소부재하며 무한한 분이시다. 무소부재(無所不在)하다는 것은 이 세상에 안 계신 곳이 없다는 뜻이다.

"내가 주의 영(성령)을 떠나 어디로 가며 주의 앞에서 어디로 피하리이까. 내가 하늘에 올라갈지라도 거기 계시며 스올에 내 자리를 펼지라도 거기 계시니이다. 내가 새벽 날개를 치며 바다 끝에 가서 거주할지라도 거기서도 주의 손이 나를 인도하시며 주의 오른손이 나를 붙드시리이다"(시 139:7-10).

둘째, 성령 하나님은 초월하신 하나님인 동시에 내재하시는 하나님이시다. 성령께서는 시간과 공간을 초월하셔서 온 세상과 피조세계에 충만하신 분이시다. 그와 동시에 성령께서는 모든 믿는 자 안에 내주하시고 역사하신다.

"너희는 너희가 하나님의 성전인 것과 하나님의 성령이 너희 안에 계시는 것을 알지 못하느냐"(고전 3:16).

하나님의 성령께서 성도들 안에 계시다고 한다. 여기 '너희 안에'라는 것은 두 가지 뜻이 있다. 그것은 성도의 모임인 교회 안에 계신다는 뜻이고, 동시에 성도들 각 개인에 내주하신다는 뜻이다. 오순절에 성령이 강림하셨을 때도 함께 기도하는 초대 교회에 임하신 동시에 성령께서 불의 혀같이 갈라지며 각 사람에게 임하시지 않는가.

그렇다면 이런 성령은 어떤 일을 하실까?

첫째, 성령께서는 무엇보다 예수님을 증거하고 예수님의 가르침을 깨닫게 하신다.

"보혜사 곧 아버지께서 내 이름으로 보내실 성령 그가 너희에게 모든 것을 가르치고 내가 너희에게 말한 모든 것을 생각나게 하리라"(요 14:26).

"내가 아버지께로부터 너희에게 보낼 보혜사 곧 아버지께로부터 나오시는 진리의 성령이 오실 때에 그가 나를 증언하실 것이요"(요 15:26).

여기서 성령을 '진리의 성령'이라고 한다. 이것은 성령께서 진리를 계시하고 가르치고 인도하시는 사역을 강조하기 위한 표현이다. 성령은 그 하시는 사역에 따라 진리의 성령(요 15:26, 16:13), 영광의 영(벧전 4:14), 생명의 성령(롬 8:2), 은혜의 성령(히 10:29), 약속의 성령(엡 1:13), 아들의 영(갈 4:6), 예수의 영(행 16:7), 하나님의 성령(고전 3:16), 성결의 영(the Spirit of holiness, 롬 1:4) 등과 같이 다양하게 등장한다.

그렇다면 진리의 성령이라고 할 때, 진리는 무엇인가? 요한복음 14장 6절은 예수님이 곧 길이요, 진리요, 성령이라고 말씀한다. 즉 진리는 예수님을 가리키는 것이다. 따라서 성령은 우리를 예수님께로 인도하고 예수님이 진리 되심을 깨닫게 한다(요 16:13). 또 우리에게 죄를 깨닫게 하신다. 성령은 죄에 대하여 의에 대하여 심판에 대하여 세상을 책망하는 사역을 한다(요 16:8). 그리고 우리로 회개하게 하고 거듭나게 하신다. 그리고 예수를 인생의 주로 고백하게 하신다(고전 12:3).

이처럼 성령께서는 예수 그리스도께서 십자가에서 이루신 구속의 역사를 우리 각 사람에게 적용되게 하여 거듭나게 하시고 우리를 거룩하게 살도록 역사하시는 삼위 하나님 중 한 분이다. 그래서 성령을 따라 살면 사랑과 희락과 화평과 오래 참음과 자비와 양선과 충성과 온유와 절제와 같은 아름다운 삶의 열매를 맺게 된다. 성령께서는 이처럼 성도를 거룩하게 하고 능력과 은사를 주어 하나님을 섬기게 한다. 그리고 이렇게 모인 성도의 모임인 교회를 하나 되게 하신다. 그래서 에베소서는 성령이 하나 되게 하신 것을 힘써 지키라고 말씀한다(엡 4:3).

성령을 '다른 보혜사'로도 부르는데, 이는 예수님이 처음 오신 보혜사고 성령 하나님은 예수님이 부활 승천하신 후에 우리 가운데 오신 다른 보혜사임을 뜻한다. 보혜사는 헬라어로 '파라클레토스'인데 이것은 법정에서 피고의 무죄를 위해 적극적으로 소송하는 사람, 즉 변호인을 가리킨다. 그래서 이것을 영어 성경에는 advocate로 번역한다. 예수님은 하나님 보좌 우편에서 우리를 변호하시는 보혜사다 (요일 2:1). 다른 보혜사인 성령님은 우리 안에 내주하셔서 우리를 죄에서 돌이키고 회개하게 하시고, 죄책감에서 자유롭게 하고 확신을 주시며, 우리 마음 안에서 변호하신다. 따라서 보혜사는 우리의 죄를 변호해 줄 수 있어야 한다. 하지만 이단들은 이것을 무식하게 한자의 뜻으로 풀이한다. '보호하고 은혜를 베푸는 스승', 그래서 선생님이라고 하지 않는가? 그러나 이것은 불교개념에서 온 잘못된 뜻풀이다. 강원도 홍천에 가도 보혜사(保惠寺)가 있지 않는가? 물론 여기 보혜사는 사찰이름이다.

요컨대, 성령은 우리 구원을 위해 지금도 우리 안에 역사하는 분이다. 그런데 이런 성령을 모독하고 성령의 사역을 부인하고 훼방하면 어떻게 될까? 길이요, 진리요, 생명이신 예수님께로 나아갈 수 없게 된다. 성령께서 우리 마음을 열고 죄를 깨닫고 고백하게 하시는데 성령을 부인하고 거부하니 이런 역사가 우리 안에 일어날 수 없는 것이다. 성령은 인격적인 하나님이시다. 그래서 지금도 우리의 연약함을 도우시고 우리를 위해 말할 수 없는 탄식으로 기도하시고 우리를 위해 근심하시고 또 우리를 사랑하신다(롬 8:26, 엡 4:30, 롬 15:30). 하나님은 영이시고(요 4:24) 하나님은 사랑이시다(요일 4:8,16). 성령 하나님도 영이시고 사랑이시다. 인격적인 하나님인 것이다.

인격적인 성령님을 거부하고 모독하면 성령께서 근심하시며 우리 가운데 역사하시지 않는다. 성령께서 역사하지 않으시니 우리의 마음이 죄를 깨달을 수 없고 마음을 열어 예수님을 나의 구주로 받아들일 수도 없는 것이다. 이런 면에서 우리는 히브리서 말씀을 다시 한번 묵상할 필요가 있다.

"우리가 진리를 아는 지식을 받은 후 짐짓 죄를 범한즉 다시 속죄하는 제사가 없고"(히 10:26).

여기서 '짐짓'이란 말은 헬라어 '헤쿠시오스'라는 단어로 '고의로'(deliberately, intentionally)란 뜻이다. 진리를 듣고도 고의로 진리를 거부한다는 것이다. 이는 고의로 성령을 모독하고 그의 사역을 거부하는 행동을 의미한다. 그렇게 될 때 죄 사함을 받을 수 없게 되는 것이다.

우리 중에도 혹시 나는 성령 훼방죄를 저지르지 않았나 걱정하고 염려하는 사람들이 있지 않겠는가? 그렇다면 이 문제를 어떻게 할 것인가? 감사한 것은 이 죄를 저질렀을까 봐 두려워하는 사람은 아직 이 죄를 저지르지 않았다는 사실이다. 두려움은 회개의 가능성을 포함하기 때문이다. 두려워한다는 것은 아직 성령의 책망에 열려 있음을 의미한다. 진실한 믿음을 갖고 죄를 두려워하며 회개하려는 사람은 이 죄를 지은 것이 아니다. 하지만 성령의 조명과 감동 자체도 거부하는 사람은 두려움조차 없게 된다.

주의할 것은 성령 훼방죄와 의심은 다르다는 사실이다. 단순한 의심은 죄가 아니다. 의심은 찾고 탐구하며 더 그 뜻을 알아가도록 애쓰는 동기가 된다. 반면 성령을 모독하는 것은 모든 가능성을 차단하는 것과 같다. 신약성경에서 바리새인들은 예수님이 성령의 능력으로 치유하시자 이는 귀신의 대왕, 바알세불의 능력으로 감당하는 것이라고 비난했다(마 12:22). 그렇게 성령의 역사를 부인하자 죄를 깨닫게 하고 구원을 주시는 성령의 역사가 일어나지 못하고 결국 용서함을 받지 못하는 상태로 가게 된 것이다.

성도는 성령 훼방죄를 두려워하지 말고 도리어 교회의 하나 됨을 힘써 지키며 성령을 기쁘시게 하는 일들을 힘써 행해야 한다. 성령의 인도하심에 따라 성령의 열매를 맺으며 성령으로 충만하여 성령께서 우리 삶을 다스리고 인도하시도록 내어드려야 한다. 그리고 그의 인도하심에 순종해야 한다. 또 성령께서 하나 되게 하신 교회를 힘써 지키며 하나 되도록 해야 한다. 이단 교주의 가르침을 거역하고 거부하는 것? 이것은 성령 훼방죄와 전혀 상관이 없다. 오직 주의 성령을 따라 하나님을 기쁘시게 하는 성도로 바로 서자.

[Section 10. 각주]

63) 유석재, "중력이 사라지면 칼슘 빠져나가...우주여행 걸림돌은 '뼈'", 조선일보, 2023. 6. 10.
64) 양형주, 정윤석, 「내가 신이다」(용인: 기독교포털뉴스, 2023), 293-295쪽.
65) 위의 책, 28-34쪽.

여기까지 오느라 수고하셨다. 본서에서 제시한 자료들은 이단 예방설교의 분류에 따라 대표적인 자료들을 제시한 것이다. 내용 중에는 다소 중첩되는 부분도 있음을 알아채는 이들도 있을 것이다. 이는 이단 예방설교가 1년에 한두 차례씩 행해지기에 강조하려는 부분을 다시 언급하면서 생긴 것이다. 목양적 관점에서 중요한 부분을 재차 삼차 강조하는 것은 필요하다. 그래야 성도들이 그나마 기억할 수 있다. 특히 교묘한 거짓 가르침의 미혹을 경계하기 위해서는 주요한 미혹 부분에 대한 예방백신을 반복적으로 집중하여 접종하는 것이 필요하다.

이단 예방설교를 고민하며 이 책을 정독한 분들 중에는 지금보다 이단 대처 능력을 더 키워 목회에 접목시킬 수 있는 방법은 없을까를 고민하는 분들이 있을 것이다. 악한 마귀는 지금도 두루 다니며 거짓 진리로 삼킬 자를 찾는다(벧전 5:8). 이에 대응하여 이단들의 교리를 좀 더 체계적으로 배우고 이를 반증할 수 있는 역량을 키울 수 있다면 더할 나위 없이 좋다. 이런 역량이 있어야 주님의 몸 된 교회를 바른 진리로 굳건하게 지킬 수 있다. 이런 열망이 있는 분들이라면 필자가 섬기는 바이블백신센터(bv.or.kr)에서 진행하는 '이단상담사 전문가과정'에 초대한다. 이 과정에는 국내 최고의 이단 전문가들의 탁월한 명강의가 준비되어 있다. 이단상담사 전문가과정은 1학기를 8주로 구성하여, 1년 4학기의 집중적인 공부를 통해 이단들의 교묘한 논리를 해박하고도 날카롭게 파악, 분석하고 이단에 빠진 이들을 적극적으로 상담할 뿐 아니라 성도들에게 바른 교리와 함께 바른 요한계시록을 설교할 수 있는 역량까지 갖추도록 돕는다. 본 과정은 해외 선교지와 전국의 목회자들을 배려하여 온라인 줌으로 제공하며 일주간 다시보기 기능을 제공한다.

요컨대, 이단 문제는 목회와 선교 현장에서 피할 수 없는 핵심 이슈다. 더는 회피하지 말고 이제는 직면해야 한다. 부디 교회와 선교지를 바른 진리로 수호하고 건강하게 세워나가 건강한 열매들이 많이 맺어지기를 소망한다.

[참고 문헌]

1. 성경
- 개역성경
- 개역개정
- 새번역 성경
- 새한글 성경

- BHS. Biblica Hebraica Stuttgartensia
- NA²⁷ Novum Testamentum Graece. ²⁷th. ed.

- ESV English Standard Version
- NIV New International Version
- NRSV New Revised Standard Version

2. 단행본
- 교과서진화론개정추진회, 「교과서 속 진화론 바로잡기」, 서울: 생명의말씀사, 2011.
- 김세윤, 「데살로니가전서 강해」, 서울: 두란노, 2002.
- 김지찬, 「데칼로그: 십계명, 어떻게 이해할 것인가」, 서울: 생명의말씀사, 2016.
- 류모세, 「열린다 성경: 식물이야기」, 서울: 두란노, 2008.
- 박영호, 「빌립보서」 그리스도인을 위한 통독 주석 시리즈, 서울: 홍성사, 2017.
- 박익수, 「디모데전.후서/디도서」 대한기독교서회 창립100주년기념 성서주석 45, 서울: 대한기독교서회, 1994.
- 박창환, 김경희, 「베드로전.후서/유다서」 대한기독교서회 창립100주년기념 성서주석, 서울: 대한기독교서회, 1996.
- 송지섭, 「그리스도를 그려내는 설교: 신천지 대처를 위한 설교 가이드」, 대전: 한국침례

　　신학대학교출판부, 2022.

– 양형주, 「내 인생에 비전이 보인다」, 서울: 홍성사, 2007.

– 양형주, 「바이블백신 1」, 서울: 홍성사, 2019.

– 양형주, 「바이블백신 2」, 서울: 홍성사, 2019.

– 양형주, 「평신도를 위한 쉬운 로마서」, 서울: 브니엘, 2022.

– 양형주, 「신천지 돌발 질문에 대한 친절한 답변」, 용인: 기독교포털뉴스, 2022.

– 양형주, 「평신도를 위한 쉬운 마가복음 2」, 서울: 브니엘, 2022.

– 양형주, "인에비터블 컬트", 지용근 외, 「한국 교회트렌드 2024」, 서울: 규장, 2023.

– 양형주, 「정말 구원받았습니까」, 서울: 브니엘, 2023.

– ＿＿＿＿, 「평신도를 위한 쉬운 요한계시록」, 서울: 브니엘, 2023.

– 양형주, 정윤석, 「내가 신이다」, 용인: 기독교포털뉴스, 2023.

– 유성국, 「여호와의 증인의 실체와 전도」, 부천: 부크크, 2016.

– 이만희, 「천지창조」, 과천: 도서출판신천지, 2007.

– 이윤호, 「가계에 흐르는 저주를 이렇게 끊어라」, 서울: 베다니출판사, 1999.

– 린훙원, 허유영 역, 「TSMC, 세계 1위의 비밀」, 서울: 생각의힘, 2024.

– 메릴린 히키, 최기운 역, 「가계에 흐르는 저주를 끊어야 산다」,
　　서울: 베다니출판사, 1997.

– 요세푸스, 김지찬 역, 「요세푸스 III: 유대 전쟁사」, 서울: 생명의말씀사, 1987.

– 워치타워성서책자협회, 「성서는 실제로 무엇을 가르치는가?」, 뉴욕: 워치타워성서책자
　　협회, 2016.

– 웨인 그루뎀, 박세혁 역, 「조직신학 1」, 서울: 복있는사람, 2024.

– 위트니스 리, 「왕국」, 서울: 한국복음서원, 1992.

– 피터 T, 오브라이언, 정일오 역, 「골로새서, 빌레몬서」 WBC 44, 서울: 솔로몬, 2008.

3. 기사 및 논문

– 강용규, "1992년 10월 28일 재림론 20년, 비판적 평가", 「신학지남」 제79권 제4집,
　　2013. 6.

- 김성현, "[클래식 따라잡기] 피아노 학원서 만나는 공포의 연습곡…체르니가 만들었죠 카를 체르니", 조선일보, 2024. 8. 27.
- 김정우, "언약의 저주에서 본 소위 '가계에 흐르는 저주 신학'의 문제점", 「헤르메니아 투데이」 29, 2005. 1.
- 김현경, "두문불출 신천지 교주 이만희, 코로나19 사태에 '마귀 짓'", 한국경제, 2020. 2. 21.
- 뉴스원, "광주서 신천지 대구교회 예배 참석자 추가 확인돼", AI Times, 2020. 2. 28.
- 박지민, "전쟁이 키운 괴물…항생제 안 듣는 수퍼 박테리아 급증", 조선일보, 2024. 11. 30.
- 심윤지, "대구 한마음아파트 주민 3분의 2는 왜 신천지 교인이 됐을까", 경향신문, 2020. 3. 8.
- 안용현, "[만물상] '중국발 전염병' 왜 많은가", 조선일보, 2020. 1. 24.
- 안재광, "비주류는 어떻게 주류를 밀어내나", 한국경제, 2024. 9. 14.
- 양형주, "2025, 이단 예방설교 계획과 방법", 「목회와 신학」, 서울: 도서출판 두란노.
- 양형주 외, "심층기획: 한국교회 주요 이단 사이비 종파와 핵심 교리", 「목회와 신학」, 서울: 도서출판 두란노, 2020. 3.
- 오요셉, [CBS 뉴스] "신천지 '육체영생' 교리, 포교방식이 코로나19 확산 키웠다", CBS크리스천노컷뉴스, 2020. 2. 20.
- 유석재, "중력이 사라지면 칼슘 빠져나가…우주여행 걸림돌은 '뼈'", 조선일보, 2023. 6. 10.
- 유영대, "유인원의 인류진화설은 허구", 국민일보, 2016. 11. 4.
- 이인규, "'가계 저주론'의 성경적인 비판", 당당뉴스, 2013. 8. 20.
- 임보혁, "유튜브 목사를 주의하세요: 바이블백신센터, "반성경적이고 검증되지 않은 설교 메시지 전하는 유튜브 영상 조심해야", 국민일보, 2024. 5. 12.
- 정신영, "명품 플랫폼 '짝퉁과의 전쟁' 신뢰 회복 사활", 국민일보, 2022. 11. 12.
- 최수호, "대구 문성병원 코로나19 첫 확진 직원 '신천지 교인' 신분 숨겨", 연합뉴스, 2020. 3. 7.